LEVITICUS & DEUTERONOMY

십자가로 푸는 율법

| **김영길** 지음 |

쿰란출판사

머리말

코로나19 바이러스로 온 세계가 경직되었습니다. 두려움이 온 지구를 둘러싸고 있습니다. 어찌 보면 강한 독감이나 별로 다를 바 없는데, 공포의 파장은 비길 수가 없습니다. 그렇잖아도 짧은 로스앤젤레스의 봄을 코로나19 때문에 통째로 반납했습니다. 지금까지 두 달 동안 갇혀 지냈는데 언제 풀릴지, 풀려도 이전처럼 자유로울 수 있을지, 아직 분명하지 않습니다. 아마 새로운 삶의 형태가 자리잡게 되겠지요.

금년 초부터 레위기와 신명기를 가슴으로 읽기 시작했지만 진도가 느렸습니다. 그러다가 자가 격리가 시작되었습니다. 마치 광야생활 같습니다. 광야는 하나님을 만나는 장소입니다. 광야에는 분주함이 없습니다. 요란함이나 소란함도 없습니다. 버스에서 강제로 하차당한 후 모래언덕을 걸어가는 느낌입니다. 정신적 긴장이 풀어지고 육체도 이완됩니다. 어느새 광야의 느림과 무료함에 익숙해져 갑니다.

그런데 갑자기 이전에 듣지 못했던 소리가 들려왔습니다. 그것은 하나님의 음성이었습니다. 지난 두 달 동안 저는 레위기와 신명기를 가슴으로 읽으면서 하나님의 음성을 들었습니다. 격리의 시간이 없었더라면 이 책의 탈고가 훨씬 더 늦어질 뻔했습니다.

레위기와 신명기는 율법의 보물창고입니다. 해야 할 일과 해서는 안 될 일들을 명백하게 구별해 놓은 하나님의 계명들이 쌓여 있습니다. 계명에 순종하면 축복을 받고 불순종하면 저주를 받는다는 이분법(二分法)이 주를 이루고 있습니다. 코로나19 바이러스가 가져다 준 적막 속에서 율법과 규례와 조문들이 제각각 목소리를 내고 있습니다. 우리가 오랫동안 잊고 살아왔던 경고음을 내고 있습니다.

이 책의 제목을 《십자가로 푸는 율법》으로 정했습니다. 십자가를 통하여 율법이 이해되고 재생되고 존중히 여김을 받게 되었습니다. 예수님이 말씀하신 '율법의 엄중함'과 바울이 말한 '율법의 유익'을 찾아보려고 노력했습니다. 하나님의 말씀을 묵상하다가 회개와 자책의 심연(深淵)을 드나들었습니다. 하나님의 은혜는 고난의 때에 더 풍성하게 임하는가 봅니다.

달이 없는 밤이면 별빛이 더 유난합니다. 어떤 분이 요세미티 공원에서 캠핑을 하다가 밤하늘의 별들이 계곡으로 쏟아져 내려오는 것 같아 하늘을 쳐다보기가 무서웠다고 했습니다. 십자가의 렌즈로 율법을 읽다 보면 하나님의 선하심과 인자하심이 별빛처럼 쏟아집니다. 이런 은혜가 이 책을 읽으시는 여러분께 함께하시기를 간절히 기원합니다.

2020년 6월

로스앤젤레스에서

차례

신명기

가슴으로
읽는 5
성경

LEVITICUS &
DEUTERONOMY

율법과 신약성경

율법에 대한 그리스도인들의 견해는 크게 세 가지로 나누어진다. 첫째로, 율법은 믿음의 반대이며 그리스도인들과 상관없는 이스라엘의 종교적 유산이라는 생각이다. 일종의 율법 폐기론(廢棄論)이다. 다음과 같은 바울의 글을 소극적으로 해석하면 그렇게 주장할 수 있을 것이다.

> "그러므로 사람이 의롭다 하심을 얻는 것은 율법의 행위에 있지 않고 믿음으로 되는 줄 우리가 인정하노라"(롬 3:28).

둘째로, 믿음으로 구원을 받지만 그래도 율법을 지키지 않으면 심판을 면할 수 없다는 견해다. 이들은 인간의 선행과 공로를 높이 평가하고 구원의 한 요소로 생각한다. 야고보 선생의 말을 오해한 결과다.

> "이로 보건대 사람이 행함으로 의롭다 하심을 받고 믿음으로만은 아니니라"(약 2:24).

셋째로, 믿음으로 구원받은 사람은 율법의 정신을 삶 속에서 실현해야 한다는 견해다. 일종의 율법 유용론(有用論)이다. 최근에 신학자들 사이에서 이런 주장이 설득력을 얻고 있다. 이것은 바울의 말을 적극적으로 해석하는 경우다.

"그런즉 우리가 믿음으로 말미암아 율법을 파기하느냐. 그럴 수 없느니라. 도리어 율법을 굳게 세우느니라"(롬 3:31).

이제 율법에 대한 바른 이해를 신약성경에서 찾아보기로 하자.

1. 산상수훈

:: 마 5-7장 ::

"내가 율법이나 선지자를 폐(기)하러 온 줄로 생각하지 말라. 폐하러 온 것이 아니요 완전하게 하려 함이라. 진실로 너희에게 이르노니 천지가 없어지기 전에는 율법의 일점일획도 결코 없어지지 아니하고 다 이루리라. 그러므로 누구든지 이 계명 중의 지극히 작은 것 하나라도 버리고 또 그같이 사람을 가르치는 자는 천국에서 지극히 작다 일컬음을 받을 것이요 누구든지 이를 행하며 가르치는 자는 천국에서 크다 일컬음을 받으리라. 내가 너희에게 이르노니 너희 의가 서기관과 바리새인보다 더 낫지 못하면 결코 천국에 들어가지 못하리라"(마 5:17-20).

우리는 이 구절들에서 율법에 대한 예수님의 관점을 발견할 수 있다.

첫째로, 예수님은 율법을 부인하지 않으셨다. 오히려 그의 오심을 율법과 연계시키셨다. 예수님은 자신이 율법을 폐하기 위해 오신 것이 아니고 완전하게 하기 위해 오셨다고 말씀하셨다. '폐한다'는 말은 '폐기처분'을 의미한다. 집을 허물어버린다는 뜻이다. 한편, '완전하게 한다'는 헬라어 '플레로오'(πληρόω)는 '충만하게 함, 충만할 때까지 채움, 끝까지 채움, 충만함에 조금도 부족함이 없게 함', 이런 의미들이다. 예수님은 율법에 나타난 하나님의 뜻을 온전히 성취하시기 위해 세상에 오셨다. 그리하여 선지자들을 통해 주셨던 하나님의 약속들을 다 이루셨다.

둘째로, 예수님은 율법의 경중(輕重)을 따지지 않으셨다. 모든 율법이 다 성취될 것이라고 하셨다. "천지가 없어지기 전에는 율법의 일점일획도 결코 없어지지 아니하고 다 이루리라"는 말씀은 율법의 절대가치를 의미한다. 율법은 반드시, 그리고 온전하게 이루어져야 할 존재 목적을 가지고 있다는 말씀이다. 율법은 서서히 사라지는 것이 아니고 오히려 완전하게 될 것이다. 촬영기법으로 말하면 '페이드아웃'(fade out)이 아니고 '페이드인'(fade in)이다. 예수님 때문에 율법의 의미가 더 분명해질 것이다.

셋째로, 모든 인간은 율법에 대한 절대 책임을 면할 길이 없다. "누구든지 이 계명 중의 지극히 작은 것 하나라도 버리고 또 그같이 사람을 가르치는 자는 천국에서 지극히 작다 일컬음을 받을 것이요." 예수님은 '율법'을 '계명'이라고 부르셨다. 계명은 하나님의 명령이다. 그래서 절대 순종을 요구한다. 특히 계명을 가르치는 선생에게는 더 큰 책임이 주어진다. 하나님께서 주신 계명을 취사선택할 권리가 어느 누구에게도 없다.

넷째로, 제자들의 의(義)가 서기관과 바리새인보다 훨씬 더 나아야 한다. 율법과 계명을 지키는 일에 있어서 그들보다 더 온전해야 한다. 그런데 그 일이 가능할까? 서기관과 바리새인이 누구인가? 율법을 가장 잘 지킨다고 자타가 인정하는 사람들이 아닌가? 서기관(書記官, scriber)들은 단순히 성경을 옮겨 적는 사람들이 아니다. 그들은 평생 동안 성경을 연구하며 가르치는 선생들이다. 바리새인들은 613가지의 율법뿐만 아니라 그 율법에서 파생되는 수천 가지 전통들을 완벽하게 지킨다고 자부했다. 율법과 계명을 지킴에 있어서 누가 그들보다 더 온전할 수 있겠는가?

예수님께서 하신 말씀, "내가 너희에게 이르노니 너희 의가 서기관과 바리새인보다 더 낫지 못하면 결코 천국에 들어가지 못하리라"는 말씀은 '너희 의가 서기관과 바리새인보다 더 나을 수 있다'는 기대와 가능성을 열어두고 있다. 그렇더라도 예수님의 제자들은 소위 '땅의 사람들'(하 아래츠)이다. 율법보다 먹고 사는 문제에 더 관심이 많은 사람들이다. 과연 그들이 바리새인들보다 더 의로운 삶을 살 수 있을까? 그런 일이 일어나리라고 기대해도 좋을까? 장담할 수 없는 일이다.

그런데 예수님은 마태복음 5장 21절 이하에서 '더 나은 의'가 무엇을 의미하는지 가르쳐주셨다. 예를 들면 이런 말씀들이다.

> "옛 사람에게 말한 바 살인하지 말라. 누구든지 살인하면 심판을 받게 되리라 하였다는 것을 너희가 들었으나 나는 너희에게 이르노니 형제에게 노하는 자마다 심판을 받게 되고 형제를 대하여 라가(일종의 욕설)라 하는 자는 공회에 잡혀가게 되고 미련한 놈

이라 하는 자는 지옥 불에 들어가게 되리라"(마 5:21-22).

"또 간음하지 말라 하였다는 것을 너희가 들었으나 나는 너희에게 이르노니 음욕을 품고 여자를 보는 자마다 마음에 이미 간음하였느니라"(마 5:27-28).

"또 옛 사람에게 말한 바 헛 맹세를 하지 말고 네 맹세한 것을 주께 지키라 하였다는 것을 너희가 들었으나 나는 너희에게 이르노니 도무지 맹세하지 말지니…오직 너희 말은 옳다 옳다, 아니라 아니라 하라. 이에서 지나는 것은 악으로부터 나느니라"(마 5:33-34, 37).

"또 눈은 눈으로, 이는 이로 갚으라 하였다는 것을 너희가 들었으나 나는 너희에게 이르노니 악한 자를 대적하지 말라"(마 5:38-39).

"또 네 이웃을 사랑하고 네 원수를 미워하라 하였다는 것을 너희가 들었으나 나는 너희에게 이르노니 너희 원수를 사랑하며 너희를 박해하는 자를 위하여 기도하라"(마 5:43-44).

바리새인들과 서기관들이 문자적으로 율법을 해석했다면 예수님은 율법의 정신인 '사랑'을 강조하셨다. 예수님께서 말씀하신 '더 나은 의'는 바로 '아가페 사랑'이었다. 이웃을 저주하지 않고, 음욕을 품지 않으며, 거짓 맹세하지 않고, 원수를 사랑하는 하나님의 순전한 사랑이었다. 이웃을 사랑함으로 제자들은 서기관이나 바리새인들보다 더 의로운 삶을 살 수 있었다.

예수님은 바리새인들의 외식(外飾, 겉꾸밈)을 책망하셨다. 그들은 쥐꼬리만 한 구제를 하고도 시장터에서 큰소리로 자랑했다. 들으라는 듯이 길모퉁이에서 소리 내어 기도했다. 금식할 때도 눈에 띄게 티를 냈다. 다른 사람의 허물을 무자비하게 비판했다. 남을 비판하면 나의 의로움이 돋보이는 법이다. 예수님은 그들을 향하여 '형제의 눈 속에 있는 티는 보고 자기 눈 속에 있는 들보는 깨닫지 못하는 자들'이라고 꾸짖으셨다.

그렇다면 예수님께서 말씀하신 '더 나은 의'의 삶을 어떻게 살아갈 수 있을까? 예수님의 한마디 말씀이 모든 애매모호함을 정리해준다.

> "그러므로 무엇이든지 남에게 대접을 받고자 하는 대로 너희도 남을 대접하라. 이것이 율법이요 선지자니라"(마 7:12).

2. 너는 율법을 어떻게 읽느냐?

:: 눅 10:25-37; 마 22:34-40 ::

마태복음을 보면, 한 율법사가 예수님에게 이렇게 질문하는 장면이 나온다.

"선생님, 율법 중에서 어느 계명이 크니이까?"

율법과 계명은 무엇이 다를까? 계명은 하나님의 직접적인 명령이고, 율법은 그 명령의 해설판일까? 결론부터 말하자면 서로 다른 점이 없다. 율법도 십계명과 마찬가지로 하나님께로부터 온 명령들이다. 예수님은 율법뿐만 아니라 선지자들을 통해 주신 말씀도 계명과 같은 위치에 두었다.

"예수께서 이르시되 네 마음을 다하고 목숨을 다하고 뜻을 다하여 주 너의 하나님을 사랑하라 하셨으니 이것이 크고 첫째 되는 계명이요, 둘째도 그와 같으니 네 이웃을 네 자신같이 사랑하라 하셨으니 이 두 계명이 온 율법과 선지자의 강령이니라" (마 22:37-40).

왜 예수님께서 계명들을 첫째와 둘째로 나누셨을까?

"하나님을 사랑하라"는 말씀은 신명기 6장 5절에 있고, "네 이웃을 네 자신과 같이 사랑하라"는 말씀은 레위기 19장 18절에 나온다. 예수님은 이 두 계명을 모든 율법과 선지자의 강령이라고 하셨다. '강령'은 영어로 'Suspension'이다.

자동차의 차체와 바퀴를 연결하는 장치를 '서스펜션'이라고 부른다. 이 서스펜션을 통하여 차체와 엔진과 구동장치(驅動裝置)가 하나를 이룬다. 양쪽 기둥에 연결된 다리를 현수교(suspension bridge)라고 부른다. 강의 양안(兩岸)에 있는 두 기둥에 연결된 다리가 공중에 안전하게 떠 있다. 마찬가지로 '첫째와 둘째'라고 말씀하신 이 두 계명에 모든 율법과 선지자들의 글이 다 연결되어 있다. 두 계명에 연결되지 않는 율법이나 선지자의 글은 하나도 없다.

그러면 이 두 가지 계명은 서로 분리되는가? 아니다. 하나이다. 물론 시작의 개념에서 보면 처음과 나중으로 나누어질 수 있다. 하나님을 사랑하라는 계명은 크고 첫째 되는 계명이다. 그보다 더 크고 중요한 계명이 없다. '이웃을 네 자신과 같이 사랑하라'는 둘째 계명은 '마음을 다하여 하나님을 사랑하라'는 첫째 계명에 종속되고 포괄된다. 첫째 계명 때문에 둘째 계명이 존재한다. 하나님을 사랑하는 사람만이 진심으로 이웃을 사랑할 수 있다. 이웃 사랑은 하나님을 사랑하는 사람에게 자연스럽게 나타나는 열매다. 그것이 예수님의 가르치심이었다. 사도 요한도 이 점을 강조했다.

> "우리가 사랑함은 그가 먼저 우리를 사랑하셨음이라. 누구든지 하나님을 사랑하노라 하고 그 형제를 미워하면 이는 거짓말하는 자니 보는바 그 형제를 사랑하지 아니하는 자는 보지 못하는 바 하나님을 사랑할 수 없느니라. 우리가 이 계명을 주께 받았나니 하나님을 사랑하는 자는 또한 그 형제를 사랑할지니라"(요일 4:19-21).

같은 내용이지만 누가는 다른 질문으로 시작한다. 그리고 다른 복음서에 없는 예화 하나를 삽입했다. 어떤 율법교사와 예수님 사이에 오갔던 대화다.

> "선생님, 내가 무엇을 하여야 영생을 얻으리이까?"

"율법에 무엇이라 기록되었으며 네가 어떻게 읽느냐?"
"네 마음을 다하며 목숨을 다하며 힘을 다하며 뜻을 다하여 주 너의 하나님을 사랑하고 또한 네 이웃을 네 자신같이 사랑하라 하였나이다."
"네 대답이 옳도다. 이를 행하라. 그러면 살리라."

율법 선생의 지혜로운 대답은 칭찬받을 만했다. 그래서 예수님은 "이를 (계속) 행하라. 그리하면 살리라"는 칭찬으로 대화를 마무리 지으려 하셨다. 그런데 율법교사가 자기를 옳게 보이려고 한 번 더 질문했다.

"그러면 내 이웃이 누구니이까?"

이웃을 사랑하라는 말씀이 마음에 걸렸다. 그는 평소에 자기의 이웃이 누구라고 생각하고 있었을까? 만일 예수님께서 되물으셨다면 어떻게 대답했을까? 예수님은 그가 무슨 대답을 할지 미리 알고 계셨을 것이다. 그래서 묻지 않으시고 '한 사마리아 사람의 이야기'를 들려주셨다. 강도 만난 사람을 도와준 사마리아인의 이야기다. 이야기를 다 마치신 후에 예수님께서 물으셨다.

"네 생각에는 이 세 사람 중에 누가 강도 만난 자의 이웃이 되겠느냐?"
"자비를 베푼 자니이다."
"가서 너도 이와 같이 하라."

예수님의 말씀은 '이웃에게 자비(사랑)를 베푼 자가 곧 하나님을 사랑하는 자'라는 뜻이다. '이웃 사랑'으로 증명되지 않는 '하나님 사랑'은 위선적인 사랑이라는 말씀이다. 그 율법 선생도 우리들처럼 예수님의 말씀을 깨달았을까? 모를 일이다.

3. 새 계명을 너희에게 주노니

:: 요 13, 15장 ::

'새 계명'이라는 말은 요한복음에 처음 나온다.

> "새 계명을 너희에게 주노니 서로 사랑하라. 내가 너희를 사랑한 것같이 너희도 서로 사랑하라"(요 13:34).

새 계명의 근원은 예수님에게 있었다. 예수님께서 제자들을 사랑하신 것처럼 제자들도 서로 사랑하라고 말씀하셨다. 요한복음 13장은 새 계명을 이렇게 묘사하고 있다.

> "유월절 전에 예수께서 자기가 세상을 떠나 아버지께로 돌아가실 때가 이른 줄 아시고 세상에 있는 자기 사람들을 사랑하시되 끝까지 사랑하시니라"(요 13:1).

끝까지 사랑하셨다는 말씀은 모든 한계를 넘어서까지 사랑하셨다는 말이다. 예수님은 그런 사랑으로 가룟 유다를 사랑하셨다. 요한복음 15장에서 예수님은 '새 계명'을 다시 한 번 설명해 주셨다.

"아버지께서 나를 사랑하신 것같이 나도 너희를 사랑하였으니 나의 사랑 안에 거하라. 내가 아버지의 계명을 지켜 그의 사랑 안에 거하는 것같이 너희도 내 계명을 지키면 내 사랑 안에 거하리라. 내가 이것을 너희에게 이름은 내 기쁨이 너희 안에 있어 너희 기쁨을 충만하게 하려 함이라. 내 계명은 곧 내가 너희를 사랑한 것같이 너희도 서로 사랑하라 하는 이것이니라"(요 15:9-12).

예수님을 사랑하는 사람은 예수님 안에 거한다. 이런 사랑을 소유한 사람은 이웃을 자기 몸처럼 사랑한다. 이웃의 아픔이 나의 아픔이 되고, 이웃의 기쁨이 나의 기쁨이 된다. 사랑이 있으면 이웃과 통(通)하게 된다.

예수님께서 새 계명으로 주신 사랑은 단순한 감정이 아니다. 행동하는 사랑이다. 예수님께서 우리에게 베푸신 사랑을 행동으로 옮기는 사람은 놀라운 확신을 갖게 된다. 그것은 바로 "사망에서 옮겨 생명으로 들어가는" 확신이다. 사도 요한은 그의 첫 번째 편지에서 이 점을 강조했다.

"우리는 형제를 사랑함으로 사망에서 옮겨 생명으로 들어간 줄을 알거니와 사랑하지 아니하는 자는 사망에 머물러 있느니라. 그 형제를 미워하는 자마다 살인하는 자니 살인하는 자마다 영생이 그 속에 거하지 아니하는 것을 너희가 아는 바라. 그가 우리를 위하여 목숨을 버리셨으니 우리가 이로써 사랑을 알고 우리도 형제들을 위하여 목숨을 버리는 것이 마땅하니라. 누가 이 세상의 재물을 가지고 형제의 궁핍함을 보고도 도와줄 마음을 닫으면 하나님의 사랑이 어찌 그 속에 거하겠느냐. 자녀들아 우리가 말과 혀로만 사랑하지 말고 행함과 진실함으로 하자"(요일 3:14-18).

4. 사도들의 율법 이해

:: 행 13, 15장 ::

사도행전은 처음부터 '율법을 행하는 자들'과 '예수 그리스도를 믿는 자들'을 구별하고 있다. 바울은 1차 선교여행 중에 비시디아 안디옥에서 중요한 선언을 했다. 그것은 '율법을 행함으로는 의롭다 함을 얻지 못하지만 예수님을 믿으면 누구든지 하나님 앞에서 의롭다 하심을 얻는다'는 선언이었다.

"또 모세의 율법으로 너희가 의롭다 하심을 얻지 못하던 모든 일에도 이 사람(예수님)을 힘입어 믿는 자마다 의롭다 하심을 얻는 이것이라"(행 13:39).

유대인들에게 있어서 율법은 금과옥조(金科玉條)였다. 율법을 지키면 당연히 의롭게 된다고 믿고 있었다. 그런데 바울은 율법을 행함으로 의롭게 될 사람은 아무도 없다고 선언했다. 오직 죽은 자 가운데서 살아나신 예수님을 믿어야 의롭다 하심을 얻게 된다고 말했다. 바울의 가르침은 유대인들에게 폭탄과 같은 선언이었다.

사도행전 15장은 예루살렘 교회가 율법에 대한 의제(議題)를 가지고 격론하는 내용이다. 그 이유는 유대로부터 안디옥 교회에 이른 어떤 이들이 "모세의 법대로 할례를 받지 아니하면 능히 구원을 받지 못하리라"고 가르쳤기 때문이다. 바울과 바나바는 이들에게 맞서서 격렬한 논쟁을 했다. 안디옥 교회는 이 문제를 해결하기 위해 바울과 바나바를 예루살렘 교회로 파송했다. 예루살렘 교회에는 사도들과 존경받는 장로들이 있었다. 바울과 바나바가 먼저 선교보고를 했다. 그러자 바리새인으로서 예수님을 믿는 자들이 "이방인에게 할례를 행하고 모세의 율법을 지키는 것이 마땅하다"라고 주장했다. 그때 사도 베드로가 이방인 고넬료의 가정이 주께로 돌아왔던 일을 회고하면서 이렇게 말했다.

> "또 마음을 아시는 하나님이 우리에게와 같이 그들에게도 성령을 주어 증언하시고 믿음으로 그(이방인)들의 마음을 깨끗이 하사 그들이나 우리나 차별하지 아니하셨느니라. 그런데 지금 너희가 어찌하여 하나님을 시험하여 우리 조상과 우리도 능히 메지 못하던 멍에를 제자들의 목에 두려느냐. 그러나 우리는 그들이 우리와 동일하게 주 예수의 은혜로 구원받는 줄을 믿노라"(행 15:8-11).

예수님의 동생 야고보가 베드로의 뒤를 이어 말했다.

> "그러므로 내 의견에는 이방인 중에서 하나님께로 돌아오는 자들을 괴롭게 하지 말고 다만 우상의 더러운 것과 음행과 목매어 죽인 것과 피를 멀리하라고 편지하는 것이 옳으니 이는 예로부터 각 성에서 모세를 전하는 자가 있어 안식일마다 회당에서 그 글을 읽음이라"(행 15:19-21).

회의를 마친 후 예루살렘 교회는 다음과 같은 내용의 편지를 안디옥 교회에 보냈다.

> "성령과 우리는 이 요긴한 것들 외에는 아무 짐도 너희에게 지우지 아니하는 것이 옳은 줄 알았노니 우상의 제물과 피와 목매어 죽인 것과 음행을 멀리할지니라. 이에 스스로 삼가면 잘되리라. 평안함을 원하노라"(행 15:28-29).

사도들은 우상의 제물과 목매어 죽인 것과 피와 음행을 멀리하라고 했다. 그리고 그 밖의 율법들은 일괄적으로 면제해 주었다. 그 중에는 할례도 포함되었다. 이것은 이방인들에게 복음을 전하면서 일어난 큰 변화였다. 그런데 사도행전의 끝 부분에서 우리는 다음과 같은 구절을 발견한다.

> "모세의 율법과 선지자의 말을 가지고 예수에 대하여 권하더라"(행 28:23).

로마에서 연금 상태로 지내던 바울이 모세의 율법과 선지자의 말을 가지고 예수님을 전했다는 내용이다. 그렇다면 율법에 대한 바울의 생각은 무엇일까?

5. 바울에게 있어서 율법과 복음

바울은 '오직 믿음으로만 구원받는다'는 진리를 어떤 경우에도 타협하지 않았다.

> "그러므로 율법의 행위로 그의 앞에 의롭다 하심을 얻을 육체가 없나니 율법으로는 죄를 깨달음이니라"(롬 3:20).

> "사람이 의롭게 되는 것은 율법의 행위로 말미암음이 아니요 오직 예수 그리스도를 믿음으로 말미암는 줄 알므로 우리도 그리스도 예수를 믿나니 이는 우리가 율법의 행위로써가 아니고 그리스도를 믿음으로써 의롭다 함을 얻으려 함이라. 율법의 행위로써는 의롭다 함을 얻을 육체가 없느니라"(갈 2:16).

하나님께서 그의 아들 예수를 세상에 보내셨다. 예수님은 모세와 선지자들이 기다리던 구주이시다. 누구든지 예수님을 믿으면 죄 사함을 받고 의롭다 하심을 얻으며 구원에 이르게 된다. 그러면 이제 율법을 완전히 폐기처분되어야 하는가? 바울은 그럴 수 없다고 단언한다. 예수님께서도 율법을 폐하러 오시지 않고 완전하게 하기 위해 오셨다. 하물며 바울이겠는가?

바울은 아기를 목욕물과 함께 버리지 않았다. 율법에는 분명한 유익이 있었다.

> "그러나 율법은 사람이 그것을 적법하게만 쓰면 선한 것임을 우리는 아노라. 알 것은 이것이니 율법은 옳은 사람을 위하여 세운 것이 아니요 오직 불법한 자와 복종하지 아니하는 자와 경건하지 아니한 자와 죄인과 거룩하지 아니한 자와 망령된 자와 아버지를 죽이는 자와 어머니를 죽이는 자와 살인하는 자며 음행하는 자와 남색하는 자와 인신매매를 하는 자와 거짓말하는 자와 거짓 맹세하는 자와 기타 바른 교훈을 거스르는 자를 위함이니" (딤전 1:8-11).

바울의 가르침을 요약하면 이렇다. 율법의 행위로는 의롭다 하심을 얻을 자가 없다. 그것은 하나님께서 율법을 주신 의도가 아니다. 율법은 죄를 알게 하지만 죄를 용서받고 새 사람이 되게 하는 기능은 없다. 율법 조문을 지킴으로써 영생을 얻으려고 한다면 어리석은 일이다. 다만 믿음으로 구원받은 성도들이 경건한 삶을 살기 위해 율법을 지킨다면 큰 유익이 있을 것이다. 바울의 주장은 단호했다.

> "그런즉 우리가 믿음으로 말미암아 율법을 파기하느냐. 그럴 수 없느니라. 도리어 율법을 굳게 세우느니라"(롬 3:31).

누가 율법을 굳게 세울 수 있는가? 율법의 조문에 얽매인 사람들이 아니다. 믿음으로 의롭다 하심을 받은 사람만이 율법을 온전히 세울 수 있다. 하나님을 사랑하고 이웃을 사랑하는 사람만이 율법을 온전히 지킬 수 있다. 이런 사람만이 율법에 담겨 있는 하나님의 뜻에 절대 순종할 수 있다. 바울은 이런 사람을 가리켜 '영의 사람'이라고 불렀다.

> "이제는 우리가 얽매였던 것(곧 율법)에 대하여 죽었으므로 율법에서 벗어났으니 이러므로 우리가 영의 새로운 것으로(예수님을 믿음으로 얻은 새 생명으로) 섬길 것이요 율법 조문의 묵은 것으로 아니할지니라"(롬 7:6).

바울은 율법을 거절하지 않았다. 다만 율법을 지킴으로 스스로 의롭게 되려는 이들을 책망했다.

> "그런즉 우리가 무슨 말을 하리요. 율법이 죄냐. 그럴 수 없느니라. 율법으로 말미암지 않고는 내가 죄를 알지 못하였으니 곧 율법이 탐내지 말라 하지 아니하였더라면 내가 탐심을 알지 못하였으리라"(롬 7:7).

> "이로 보건대 율법은 거룩하고 계명도 거룩하고 의로우며 선하도다"(롬 7:12).

바울은 '율법을 통하여 성취되어야 할 최종 목표는 사랑'이라고 세 번이나 강조했다.

"피차 사랑의 빚 외에는 아무에게든지 아무 빚도 지지 말라. 남을 사랑하는 자는 율법을 다 이루었느니라"(롬 13:8).

"사랑은 이웃에게 악을 행하지 아니하나니 그러므로 사랑은 율법의 완성이니라"(롬 13:10).

"온 율법은 네 이웃 사랑하기를 네 자신같이 하라 하신 한 말씀에서 이루어졌나니"(갈 5:14).

우리가 구약의 율법에 대하여 어떤 자세를 취해야 할 것인가가 이제 분명해졌다. 가장 중요한 계명은 하나님을 사랑하고 서로 사랑하는 것이다. 그 계명을 지킬 때에 우리는 율법을 온전히 세우는 사람들이 된다. 기독교의 신앙은 진리를 아는 것으로 끝나지 않는다. 진리를 행하는 자들이 되어야 한다.

이제 중요한 질문 앞에 우리 자신을 숨김없이 노출시켜 보자.

'나는 하나님을 사랑하는가? 내 이웃을 내 몸과 같이 사랑하고 있는가? 내가 그렇게 살고 있다면 그 증거는 무엇일까?'

6. 십자가와 율법

우리는 '강령'(綱領, Suspension)에 대해서 살펴보았다. 율법의 모든 조항들은 다 '하나님 사랑'과 '이웃 사랑'에 연결되어 있다. 이 '사랑'

이 예수님의 십자가에서 완성되었다. 십자가를 통하여 하나님의 사랑이 우리에게 흘러 들어왔다. 십자가 때문에 우리는 하나님을 사랑할 수 있게 되었다. 그리고 십자가를 통하여 우리는 이웃을 사랑할 수 있게 되었다.

십자가의 사랑이 모든 계명의 강령이다. 기독교의 신앙생활은 언제나 예수 그리스도의 십자가로 회귀(回歸)된다. 우리는 십자가에 죄를 못 박고 하나님을 향해 살게 된다. 십자가가 없다면 기독교는 아무것도 아니다. 하나님을 사랑하고 이웃을 사랑하는 일, 율법으로부터 자유하며 동시에 율법을 굳건하게 세우는 일, 이 모든 일이 다 십자가에서 성취되었다.

> "율법이 육신으로 말미암아 연약하여 할 수 없는 그것을 하나님은 하시나니 곧 죄로 말미암아 자기 아들을 죄 있는 육신의 모양으로 보내어 육신에 죄를 정하사 육신을 따르지 않고 그 영을 따라 행하는 우리에게 율법의 요구가 이루어지게 하려 하심이니라"(롬 8:3-4).

하나님께서 그의 아들에게 우리의 죄를 전가(轉嫁)시키셨다. 십자가 위에서 모든 인류의 죄가 사함을 받았다. 예수님을 믿는 사람들은 율법에서 자유하게 된다. 율법의 모든 요구가 십자가에서 다 충족되었기 때문이다. 이 진리를 믿으면 의롭다 하심을 얻는다.

> "그리스도는 모든 믿는 자에게 의를 이루기 위하여 율법의 마침이 되시니라"(롬 10:4).

'마침'은 헬라어로 '텔로스'(τέλος)다. 이 단어는 '끝마침'뿐만 아니라 '목적, 완성, 성취, 결말'도 의미한다. 예수님의 십자가에서 율법의 목적이 완성되고 성취되었다. 예수님 자신이 율법을 완전하게 지키셨고 또 그를 믿는 모든 자들로 하여금 율법을 온전히 지킬 수 있게 해주셨다.

예수님께서 율법을 온전히 지키셨다는 말에 오해가 없도록 하자. 예수님은 바리새인들처럼 문자적으로 율법을 지키지 않으셨다. 다만 영으로 지키셨다. 영으로 율법을 지키셨다는 말은 율법을 주신 하나님의 뜻을 따라 사셨다는 말이다.

예를 들어 보자. 안식일에 예수님께서 병든 자를 고쳐주신 일이 항상 논쟁을 불러일으켰다. 바리새인들은 "왜 다른 날도 있는데, 하필 안식일에 병자를 고치느냐?" 하면서 시비를 걸어왔다. 안식일에 일하면 안 된다는 율법 조문 때문이었다. 물론 예수님께서 의도적으로 안식일에만 병든 자를 고치신 적은 없다. 다른 날에도 많이 고쳐주셨다. 그러나 안식일이라고 해서 병든 자를 외면하지 않으셨다. 하나님의 뜻은 병든 자에게 긍휼을 베푸시는 데 있었다. 병자에게는 치료가 곧 안식이었다.

> "또 그들에게 이르시되 너희 중에 누가 그 아들이나 소가 우물에 빠졌으면 안식일에라도 곧 끌어내지 않겠느냐 하시니"(눅 14:5).

한번은 제자들이 안식일에 들판을 지나다가 밀 이삭을 잘라서 손으로 비벼 먹은 일로 바리새인들이 시비를 걸어왔다. 왜 안식일에 추수와 탈곡을 하느냐고 따졌다. 그때 예수님은 제사장들만 먹는 떡을 다윗이 먹었던 예를 들면서 "인자는 안식일의 주인이니라"고 말씀하셨다(눅 6:5). 안식일은 사람을 위해 존재했다.

한 가지 예를 더 들어보자. 마태복음 15장을 보면 예수님의 제자들이 음식 먹을 때에 손을 씻지 않는 것을 보고 바리새인들이 항의하는 장면이 나온다. 그때 예수님께서 이렇게 책망하셨다.

> "대답하여 이르시되 너희는 어찌하여 너희의 전통으로 하나님의 계명을 범하느냐. 하나님이 이르셨으되 네 부모를 공경하라 하시고 또 아버지나 어머니를 비방하는 자는 반드시 죽임을 당하리라 하셨거늘 너희는 이르되 누구든지 아버지에게나 어머니에게 말하기를 내가 드려 유익하게 할 것이 하나님께 드림이 되었다고 하기만 하면 그 부모를 공경할 것이 없다 하여 너희의 전통으로 하나님의 말씀을 폐하는도다"(마 15:3-6).

바리새인들은 율법 조문 하나하나에 얽매여 살았다. 그러나 예수님은 율법의 정신을 가르치셨다. 그렇게 하심으로 예수님은 율법을 온전하게 하셨다. 사람들이 율법에 덧입혀 놓은 형식과 가식을 벗겨내시고 하나님의 원래 의도를 드러내주셨다.

그뿐만 아니라 예수님은 온 마음과 뜻과 정성을 다하여 하나님을 사랑하셨다. 사랑하셨기 때문에 하나님의 명령에 순복하셨다. 그것이 바로 십자가다. 예수님은 또한 자신의 몸처럼 우리를 사랑하셨다. 우리의 죄를 짊어지시고 대신 죽으셨다. 우리를 친구라 부르시며 그의 목숨을 버리셨다. 그것이 바로 십자가의 사랑이다. 그 사랑에 능력이 있다. 죄에 대하여 죽고 하나님을 향하여 살게 하는 능력이 있다.

> "그가 죽으심은 죄에 대하여 단번에 죽으심이요 그가 살아 계심은 하나님께 대하여 살아 계심이니 이와 같이 너희도 너희 자신을 죄에 대하여는 죽은 자요 그리스도 예수 안에서 하나님께 대하여는 살아 있는 자로 여길지어다"(롬 6:10-11).

예수님 안에서 우리는 율법을 향한 바른 자세를 취하게 된다. 그것은 율법을 파기하는 자세가 아니고 세우는 자세다. 우리는 '어떻게 하면 하나님을 더 사랑할 수 있을까? 어떻게 하면 내 이웃을 진심으로 사랑할 수 있을까?' 하는 데 초점을 맞추며 살게 된다. 그때 우리의 의가 바리새인의 의보다 더 낫게 된다.

나는 이 책의 제목을 《십자가로 푸는 율법》이라고 정했다. 십자가가 아니면 율법을 풀어나갈 수 없다. 십자가의 사랑이 없으면 율법의 늪지대에 빠지고 만다. 십자가의 능력이 마치 튼튼한 배처럼 율법의 깊은 바다를 지나가게 한다. 그리하여 우리를 율법의 축복으로 인도한다. 십자가 위에서 보는 율법은, 비록 그 조항들 중의 일부가 광야에서만 유용했을지라도, 하나같이 보배로운 내용들이다. 왜냐하면 그 율법들 속에 하나님의 은혜와 진리와 사랑이 충만하기 때문이다.

이제 가슴으로 레위기와 신명기에 기록된 율법들을 읽어보자.

가슴으로 읽는 성경 5

LEVITICUS & DEUTERONOMY

레위기

어떤 신학자가 "레위기는 이스라엘 어린이들이 가장 먼저 배우는 책이다. 그러나 일반적으로 크리스천들은 맨 나중에 배우는 책이다"라고 말했다. 그만큼 많은 그리스도인들이 성경을 읽다가 레위기에서 멈추곤 한다. 현재 우리들의 신앙생활과 직접적인 관계가 없는 제사와 율법에 대한 내용이기 때문일까. 어느 정도 맞는 말이다. 그런데 이 레위기가 신약성경에 40여 차례나 인용되었다. 그만큼 레위기는 우리의 신앙생활에 중요한 책이다.

레위기를 읽으면서 우리는 제사법을 공부하지 않을 것이다. 예수 그리스도의 십자가 위에서 구약의 모든 제사가 끝이 났기 때문이다. 그러나 제사법과 생활법을 통한 율법의 정신은 끝이 나지 않았다. 오히려 십자가 위에서 완성되었다. 우리는 레위기에서 율법의 정신을 발견하려고 한다. 우선 레위기에 자주 나오는 단어와 구절들을 살펴보자.

레위기에서 가장 자주 나오는 단어는 '거룩'이다. 무려 50구절에 60번이나 나온다. 반면에 신명기에서는 4구절만 나온다. '거룩'은 하나님의 성품이다. 누구든지 하나님 앞에 서는 자는 거룩해야 한다. 이스라엘 백성들에게 있어서 거룩은 생사의 문제였다. 제사법이나 생활법 모두 거룩하신 하나님 앞에서 거룩하게 사는 방식이다. 구약시대뿐만 아니라 우리가 살고 있는 신약시대에도 '거룩함'은 신앙생활의 가장 중요한 덕목(德目)이다. 예수님께서 제자들에게 가르쳐

주신 기도문도 “우리 아버지여, 이름이 거룩히 여김을 받으시오며”로 시작한다. 바울은 “너희 몸을 하나님이 기뻐하시는 거룩한 산 제물로 드리라”고 권면했다(롬 12:1).

거룩은 ‘구별됨’을 말한다. 거룩의 근원은 하나님 자신이다. 하나님은 모든 피조물로부터 구별되신 창조주이시다. 모든 불의와 악과 부정함에서 구별되신다. 그러므로 하나님의 자녀들도 거룩해야 한다. 레위기 11장 45절의 “내가 거룩하니 너희도 거룩할지어다”라는 말씀은 신구약을 꿰뚫고 있는 영원한 진리이다. 거룩은 양면의 칼과 같다. 거룩한 생활을 하면 거룩하신 하나님과 교제할 수 있지만 거룩한 길을 떠나면 심판과 재앙이 임한다. 그래서 레위기는 일상의 삶 속에서 거룩함과 불결함을 예리하게 나누고 있다. 그 경계선이 칼날같이 분명하다. 경계의 침범은 절대로 용납되지 않는다.

또 레위기에 자주 나오는 말은 “여호와께서 모세에게 말씀하여 이르시되”라는 구절이다. 중요한 내용을 언급할 때마다 이 말로 시작한다. 레위기 전체에 35회나 기록되어 있다. 그 대신 신명기에는 모세의 말이 중심을 이룬다. 물론 하나님의 말씀을 설명하고 가르치는 모세의 말이다. 그러나 레위기에는 직접 하나님께서 모세를 통하여 백성들에게 주시는 말씀이 중심을 이룬다.

하나님은 회막에서 모세를 만나셨다. 회막은 이스라엘 진영의 중앙에 있었다. 레위기에 회막이라는 단어가 43회 나온다. 하나님께서 백성들 가운데 거하신다는 사실은 축복이면서 동시에 위험이었다. 하나님 앞에 거룩한 생활을 하지 못하면 하나님의 징계가 즉시 임했기 때문이다.

레위기에 자주 등장하는 또 다른 단어는 ‘제사와 제물’이다. 출애굽기와 신명기에 각각 9구절, 민수기에 75구절에 나오는 반면, 레위기에는 107구절에 나온다. 레위기는 일종의 제사법전이다. 이스라엘 백성들은 죄로 인하여 하나님과의 언약 관계에 문제가 생겼을 때마다 제사를 통하여 해결하고 관계를 새롭게 했다.

히브리어 성경에서 레위기의 제목은 '그(주)가 부르셨다'는 뜻의 '봐이크라'(וַיִּקְרָא)이다. 모든 히브리어 성경책의 제목들은 처음에 나오는 글자들로 구성된다. 우리가 가지고 있는 성경책의 제목 '레위기'(Leviticus, 레위족에 관하여)는 히브리 성경을 헬라어로 번역한 70인역에 처음으로 나타난다. 레위족에 관한 책이지만 레위기에서 '레위'라는 지파의 이름은 두 구절에만 나온다. 그것도 레위인이 담당하는 직분이 아니고 재산권에 관한 내용이다. 그럼에도 불구하고 레위 지파에 관한 책이라고 일컫게 된 것은 성소에서 제사를 드리는 이들이 모두 레위의 후손이었기 때문일 것이다.

제1장

제사를 통하여 하나님께 나아가는 길

(레 1-16장)

레위기는 이스라엘 백성들이 하나님께 나아가는 두 가지 길에 대하여 기록하고 있다. 하나는 제사요(1-16장), 다른 하나는 거룩한 삶이다(17-27장). 우리에게 익숙한 용어로 표현하자면 '예배와 삶'이다.

회막은 하나님께서 임재해 계시는 곳이다. 그러므로 모든 제사는 반드시 회막 안에서 드려야 했다. 회막이 아닌 곳에서 드리는 제사는 우상 숭배에 빠질 수 있었기 때문이다. 그러나 제사만으로는 부족했다. 아무리 많은 제사를 드려도 그들의 삶이 거룩하지 않으면 하나님의 심판이 임했다. 시편의 말씀이다.

"나는 네 제물 때문에 너를 책망하지는 아니하리니 네 번제가 항상 내 앞에 있음이로다…내가 수소의 고기를 먹으며 염소의 피를 마시겠느냐…악인에게는 하나님이 이르시되 네가 어찌하여 내 율례를 전하며 내 언약을 네 입에 두느냐. 네가 교훈을 미워하고 내 말을 네 뒤로 던지며 도둑을 본즉 그와 연합하고 간음하는 자들과 동료가 되며 네 입을 악에게 내어 주고 네 혀로 거짓을 꾸미며 앉아서 네 형제를 공박하며 네 어머니의 아들을 비방하는도다. 네가 이 일을 행하여도 내가 잠잠하였더니 네가 나를 너와 같은 줄로 생각하였도다. 그러나 내가 너를 책망하여 네 죄를 네 눈앞에 낱낱이 드러내리라 하시는도다"(시 50:8, 13, 16-21).

이스라엘 백성들이 드리는 제사들은 크게 '번제, 소제, 화목제, 속죄제, 속건제'였다. 앞의 세 가지는 '여호와께 향기로운 냄새'였고, 나머지 두 가지는 용서와 회복을 위한 제사들이었다. 그러나 가끔 속죄제사에도 '여호와께 향기로운 냄새'라는 표현이 사용되었다. 이 다섯 가지 제사들은 짐승을 잡아서 드리는 제사와 곡물로 드리는 제사로 나누어진다. 곡물로 드리는 제사를 '소제'라고 불렀다.

1. 다섯 가지 제사들

:: 레 1-7장 ::

우리는 모든 제사들을 구구절절 묘사하지는 않을 것이다. 이제는 더 이상 그 제사들이 필요하지 않기 때문이다. 이스라엘 백성들은 끊임없는 제사를 통하여 하나님께 나아갔지만 우리는 예수 그리스도를 통하여 하나님께 나아간다. 예수님 자신이 우리를 위한 영원한 대제사장이 되셔서 그의 피를 가지고 단번에 영원한 지성소로 들어가셨다.

> "그(예수)는 저 대제사장들이 먼저 자기 죄를 위하고 다음에 백성의 죄를 위하여 날마다 제사 드리는 것과 같이 할 필요가 없으니 이는 그가 단번에 자기를 드려 이루셨음이라"(히 7:27).

> "예수께서 이르시되 내가 곧 길이요 진리요 생명이니 나로 말미암지 않고는 아버지께로 올 자가 없느니라"(요 14:6).

이스라엘 백성들이 드렸던 다섯 가지 제사들의 의미와 절차를 간략하게 살펴보자. 레위기 1-5장과 6-7장은 언뜻 보기에 중복된 내용인 것처럼 보인다. 그러나 1-5장은 제사를 드리는 자들의 입장에서 기록했고, 6-7장은 제사장의 입장에서 기록한 내용이다. 6-7장에서 화목제사는 세 번째에서 다섯 번째로 바뀌었다는 점이 다를 뿐이다.

번제(燔祭)(레 1장)

번제는 생축을 잡아 회막에서 불로 태워드리는 제사다. 생활이 넉넉한 사람은 흠 없는 수소나 숫양을 드렸고 넉넉지 못한 사람은 야생 비둘기나 집비둘기 새끼를 드렸다. 짐승으로 제사를 드릴 때에는 드리는 자가 짐승의 머리에 안수한 후에 자기 손으로 직접 죽였다. 왜 안수했을까? 혹자는 짐승의 머리를 누르고 잡았다고 하는데 이는 별 의미가 없어 보인다. 그보다는 다음 구절에서 해답을 찾는 편이 더 낫다.

> “그는 번제물의 머리에 안수할지니 그를 위하여 기쁘게 받으심이 되어 그를 위하여 속죄가 될 것이라”(레 1:4).

안수함으로 제사 드리는 자와 드려지는 짐승이 하나로 연결되었다. 즉 짐승의 죽음이 제사 드리는 자의 죽음으로 여겨졌다는 말이다. 그는 짐승의 머리에 손을 얹음으로 자기의 모든 죄를 전가시켰다. 그 짐승은 자기를 죽이는 자의 죄를 짊어지고 죽었다. 그리하여 그의 죗값이 대신 지불되었다. 그를 위한 속죄제물이 되었다. 산 짐승을 자기 손으로 죽이면서 그는 죽음의 고통과 아픔을 느꼈을 것이다. 짐승이 피를 흘리고 죽어 갈 때에 그는 죄와 형벌의 두려움을 실감했을 것이다.

제사 드리는 자와 제사장의 역할이 분명하게 구별되었다. 제사 드리는 자는 짐승을 잡고 그 피를 제사장에게 가져다주었다. 그러면 제사장은 제단 사방에 그 피를 뿌렸다. 제사를 드리는 자가 기름을 떼어 제사장에게 주면 제사장은 그 기름을 제단 위에서 태웠다. 제사 드리는 자가 고기를 토막 내어 가져오면 제사장은 그것들을 제단의 불 위에 얹었다. 비둘기의 경우에는 제사장이 직접 목을 끊어서 그 피를 제단 곁에 흘리고 몸에서 더러운 것들을 제한 후에 불에 얹어 태웠다. 번제로 드려지는 짐승은 가죽을 제외하고는 남김없이 모두 제단 위에서 불로 태웠다.

신약에서 번제는 예수님의 죽으심과 연결되었다.

> "인자가 온 것은 섬김을 받으려 함이 아니라 도리어 섬기려 하고 자기 목숨을 많은 사람의 대속물로 주려 함이니라"(막 10:45).

> "그리스도께서 너희를 사랑하신 것같이 너희도 사랑 가운데서 행하라. 그는 우리를 위하여 자신을 버리사 향기로운 제물과 희생제물로 하나님께 드리셨느니라"(엡 5:2).

> "너희가 알거니와 너희 조상이 물려 준 헛된 행실에서 대속함을 받은 것은 은이나 금같이 없어질 것으로 된 것이 아니요, 오직 흠 없고 점 없는 어린 양 같은 그리스도의 보배로운 피로 된 것이니라"(벧전 1:18-19).

하나님께서 모세에게 "제단의 불이 꺼지지 않게 하라"고 명령하셨다.

> "제단 위의 불은 항상 피워 꺼지지 않게 할지니 제사장은 아침마다 나무를 그 위에서 태우고 번제물을 그 위에 벌여 놓고 화목제의 기름을 그 위에서 불사를지며 불은 끊임이 없이 제단 위에 피워 꺼지지 않게 할지니라"(레 6:12-13).

어떻게 제단의 불을 1년 365일, 하루 24시간 계속하여 꺼지지 않게 할 수 있을까? 모래바람이 일거나 비가 오는 날에는 어떻게 했을까? 하나님께서 어떤 상황에서도 제단의 불이 꺼지지 않게 하라고 명령하셨다. 꺼지지 않는 제단의 불, 그것은 하나님과 이스라엘 사이의 끊어지지 않는 관계를 의미했다.

소제(素祭)(레 2장)

소제의 '소'(素)는 '흴 소' 자(字)이다. 곡식을 곱게 찧어 만든 흰 가루를 의미한다. 첫 추수 때 거둔 곡식으로 감사 제사를 드렸고 제물의 남은 것은 아론과 그의 자손들의 몫이 되었다. 소제는 가루에 기름을 붓고 그 위에 유향을 얹어 불로 태웠다. 가끔 아무것도 첨가하지 않은 밀가루 떡을 드리는 사람도 있었다. 유향도 구입할 수 없을 만큼 가난한 사람들의 제물이었지만 하나님께는 향기로운 냄새가 되었다. 하나님은 제사의 가치를 제물에 두지 않고 제사 드리는 사람의 마음에 두셨다.

소제물에는 꿀과 누룩을 넣지 않았다. 꿀은 이방인들의 제사와 구별하기 위해서, 그리고 누룩은 부패를 멀리하기 위해서 금지되었다. 그 대신 소금을 넣었다. 이스라엘 백성들에게 소금은 변치 않는 언약을 상징했다.

> "네 모든 소제물에 소금을 치라. 네 하나님의 언약의 소금을 네 소제에 빼지 못할지니 네 모든 예물에 소금을 드릴지니라"(레 2:13).

한번은 예수님께서 성전의 헌금궤 옆에서 사람들이 헌금하는 모습을 보고 계셨다. 여러 부자들은 많은 돈을 넣었지만 한 가난한 과부는 두 렙돈, 곧 한 고드란트를 넣었다. 그 모습을 보고 예수님께서 제자들에게 말씀하셨다.

"내가 진실로 너희에게 이르노니 이 가난한 과부는 헌금함에 넣는 모든 사람보다 많이 넣었도다. 그들은 다 그 풍족한 중에서 넣었거니와 이 과부는 그 가난한 중에서 자기의 모든 소유 곧 생활비 전부를 넣었느니라 하시니라"(막 12:43-44).

렙돈은 로마 동전으로 가장 작은 화폐단위이다. 두 렙돈은 참새 반 마리 값이다. 이 과부는 자기 가진 것을 다 드렸다. 예수님은 부자들도 과부처럼 자기의 가진 것 전부를 드려야 한다고 말씀하지 않으셨다. 그날 성전을 찾은 가난한 사람들이 하나둘이 아니었을 것이다. 그런데 예수님은 이 과부의 하나님에 대한 사랑과 간절함을 보셨다. 그것은 온 마음과 뜻과 정성과 성품을 다하여 하나님을 사랑하는 예배자의 모습이었다. 비둘기 새끼 한 마리나 몇 개의 밀가루 떡을 가지고 성막을 찾아온 가난한 사람의 제사도 하나님을 영화롭게 해드리기에 넉넉했다.

레위기 6장을 보면 아론의 후손이 기름 부음을 받고 제사장이 되는 날에도 소제를 드렸다. 그 소제는 먹지 않고 온전히 불로 태웠다.

화목제(和睦祭)(레 3장)

화목제물의 다른 이름은 감사제물이다.

"여호와께 드릴 화목제물의 규례는 이러하니라. 만일 그것을 감사함으로 드리려면 기름 섞은 무교병과 기름 바른 무교전병과 고운 가루에 기름 섞어 구운 과자를 그 감사제물과 함께 드리고 또 유교병을 화목제의 감사제물과 함께 그 예물로 드리되 그 전체의 예물 중에서 하나씩 여호와께 거제로 드리고 그것을 화목제의 피를 뿌린 제사장들에게로 돌릴지니라"(레 7:11-14).

화목제물은 번제처럼 소나 양이나 염소로 드렸다. 이번에도 짐승의 머리에 제사 드리는 자가 안수했다. 아마도 하나님의 은혜에 감사하는 기도를 드렸을 것이다. 번제에서는 모든 고기들을 다 불로 태웠지만 화목제에서는 하나님께 드리는 부분을 제외하고는 제사장들에게 주어서 당일에 먹게 했다. 서원예물의 경우는 이튿날까지 먹을 수 있었으나 사흘째에는 남은 고기들을 모두 불로 태워야 했다. 화목제물을 먹는 사람들은 자기를 정결한 상태로 유지해야 했다. 부정한 사람이 화목제물의 고기를 먹으면 자기 백성 중에서 끊어졌다.

속죄제(贖罪祭)(레 4장)

속죄제물은 알지 못하는 사이에 계명을 어긴 자들이 드리는 제물이다. 예를 들면, 그가 범한 죄를 누군가 그에게 깨우쳐 주는 경우이다. 번제처럼 속죄제물도 불로 태워 드렸다. 그런데 다른 점이 하나 있다. 전자는 모든 고기를 다 제단 위에서 불로 태우고 제사장은 가죽만 가져갔다. 그러나 후자는 고기의 일부분을 제사장들에게 주어서 먹게 했다. 번제와 속죄제에서 잡을 짐승은 그 사람의 경제적인 형편에 따라 달랐다. 넉넉한 사람은 수소를 드렸고 보통 사람은 양이나 염소를 드렸으며 가난한 사람은 산비둘기나 집비둘기 새끼를 드렸다.

속죄제사를 드리는 네 종류의 사람들이 있었다. 첫째는 기름 부음 받은 제사장, 곧 대제사장이다(수송아지를 드림). 둘째로, 회중 전체이다(수송아지를 드림). 셋째로, 백성의 지도자들이다(숫염소로 드림). 넷째는 평민들이다(암염소를 드림). 직위에 따라 드리는 예물이 각각 다르지만 제사의 내용은 동일했다.

속죄제사의 절차는 특별했다. 제사를 드리는 사람이 먼저 짐승의 머리 위에 손을 얹어 안수했다. 자기의 모든 죄를 그 짐승에게 전가(轉嫁)시키는 행위였다. 그 짐승이 자기의 죄를 대신하여 죽는다는 의식이었다. 제사 드리는 사람이 자기 손으로 그 짐승을 죽였다. 제사장은 그가 가져온 피를 성소의 휘장 앞에 일곱 번 뿌리고 나머지는 번제단 밑에 쏟았다. 염소나 양의 피는 번제단 뿔에 바르고 제단 밑에 쏟았다. (여기에서 '어린 양'이라는 표현이 두 번 나온다.) 그 후에 짐승의 몸에 붙어 있는 기름과 콩팥을 따로 가져오면 제사장은 그것들을 번제단 위에서 태웠다.

평민의 속죄제사와 달리 제사장이나 회중을 위한 속죄제사의 짐승은 제사장도 먹을 수가 없었다. 이때쯤이면 제사를 드린 사람의 손은 피로 범벅이 되고 옷도 피로 붉게 물들었으리라. 짐승을 죽이고 태우는 과정을 통하여 그는 죗값으로 오는 죽음의 고통을 경험하고 있었다. 온 마음을 다하여 진심으로 속죄제사를 드리는 자는 다시는 죄를 범하고 싶지 않을 것이다. 그것이 바로 속죄제사를 통하여 보여주시는 하나님의 뜻이었다.

번제와 마찬가지로 속죄제사도 가난한 사람은 비둘기 두 마리로 대신할 수 있었다. 만일 그의 경제 형편이 비둘기 두 마리에도 미치지 못하면 곡식 가루로 속죄제물을 삼을 수 있었다.

"만일 그의 손이 산비둘기 두 마리나 집비둘기 두 마리에도 미치지 못하면 그의 범죄로 말미암아 고운 가루 십분의 일 에바(2.2리터)를 예물로 가져다가 속죄 제물로 드리되 이는 속죄제인즉 그 위에 기름을 붓지 말며 유향을 놓지 말고 그것을 제사장에게로 가져갈 것이요 제사장은 그것을 기념물로 한 움큼을 가져다가 제단 위 여호와의 화제물 위에서 불사를지니 이는 속죄제라"(레 5:11-12).

지난 35년 동안 나는 항상 예배를 인도하는 자리에 있었다. 그러다가 은퇴한 후에는 성도들과 함께 앉아 예배를 드리고 있다. 그래서인지 예배드림이 전보다 더 감격스럽다. 십자가를 우러러 보면 가슴이 뭉클하다. 예수님의 고난이 가슴 깊이 밀려오고 "다 이루었다"라는 음성이 귓전에 들려온다.

우리는 유대인들처럼 제사 드릴 필요가 없다. 예수님께서 단번에 우리의 죗값을 다 치르셨기 때문이다. 그러나 예배(제사)에 임하는 '진지함', 이 한 가지만은 그들로부터 배워야 한다. 우리의 예배를 통하여 예수님의 죽으심이 나의 죽음이 되는 영적 전이(轉移)가 일어나야 한다. 예수님께서 피 흘려 죽으신 십자가 앞에서 내가 그리스도와 함께 죽고 다시 살아나는 진지함이 있어야 한다. 히브리서 기자의 말이다.

"오직 우리가 천사들보다 잠시 동안 못하게 하심을 입은 자 곧 죽음의 고난 받으심으로 말미암아 영광과 존귀로 관을 쓰신 예수를 보니 이를 행하심은 하나님의 은혜로 말미암아 모든 사람을 위하여 죽음을 맛보려 하심이라"(히 2:9).

"그는 저 대제사장들이 먼저 자기 죄를 위하고 다음에 백성의 죄를 위하여 날마다 제사 드리는 것과 같이 할 필요가 없으니 이는 그가 단번에 자기를 드려 이루셨음이라"(히 7:27).

"그리스도께서는 장래 좋은 일의 대제사장으로 오사…염소와 송아지의 피로 하지 아니하고 오직 자기의 피로 영원한 속죄를 이루사 단번에 성소에 들어가셨느니라"(히 9:11-12).

"…이제 자기를 단번에 제물로 드려 죄를 없이 하시려고 세상 끝에 나타나셨느니라"(히 9:26).

"그러므로 형제들아 우리가 예수의 피를 힘입어 성소에 들어갈 담력을 얻었나니 그 길은 우리를 위하여 휘장 가운데로 열어 놓으신 새로운 살 길이요 휘장은 곧 그의 육체니라"(히 10:19-20).

"그러므로 예수도 자기 피로써 백성을 거룩하게 하려고 성문 밖에서 고난을 받으셨느니라"(히 13:12).

레위기 5장 전반부에는 속죄제사가 필요한 네 가지 경우를 '만일'이라는 조건절로 묶어놓고 있다. 첫째로, 증인의 역할을 등한히 한 경우, 둘째로, 부지중에 부정한 사체(死體)를 만졌을 경우, 셋째로, 부지중에 어떤 사람의 부정에 닿았다가 뒤늦게 깨닫게 된 경우, 넷째로, 부지중에 맹세한 것을 뒤늦게 깨닫는 경우들이다. 그때에 죄를 자복하고 속죄제사를 드리면 죄 사함을 받았다.

> "제사장이 그가 이중에서 하나를 범하여 얻은 허물을 위하여 속죄한즉 그가 사함을 받으리라"(레 5:13).

속건제(贖愆祭)(레 6장)

속건제는 여호와의 성물에 대하여 부지중에 죄를 범한 사람이 드리는 제사다. 또는 남의 재산을 유용하거나 착복한 죄, 혹은 마땅히 해야 할 일을 하지 않은 직무유기의 죄를 범한 사람이 드리는 제사이다.

> "누구든지 여호와께 신실하지 못하여 범죄하되 곧 이웃이 맡긴 물건이나 전당물을 속이거나 도둑질하거나 착취하고도 사실을 부인하거나 남의 잃은 물건을 줍고도 사실을 부인하여 거짓 맹세하는 등 사람이 이 모든 일 중의 하나라도 행하여 범죄하면 이는 죄를 범하였고 죄가 있는 자니…"(레 6:2-4).

속건제를 드리는 사람은 상대방에게 끼친 손해에 20%를 더하여 변상했다. 이 제사에서 사용하고 남은 고기나 곡식 가루는 속죄제사의 경우와 마찬가지로 제사장들의 몫이 되었다.

2. 제사장의 위임식

:: 레 8-10장 ::

모세는 아론과 그의 아들들을 제사장으로 세웠다. 아론이 입은 옷은 여러 가지 보석으로 꾸며져 있어서 위엄이 넘쳤다. 그의 아들들도 세마포로 속옷과 겉옷을 지어 입고 머리에는 빛난 관을 썼다(출 39:28). 모세는 거룩한 기름(관유)을 성막과 그 안에 있는 모든 것에 발라 거룩하게 했다. 제단에 일곱 번 뿌리고 나머지는 아론의 머리에 부어 그를 거룩하게 했다.

모세는 또 아론과 그의 아들들을 위하여 수송아지와 숫양을 잡아 하나님께 제사를 드렸다. 수송아지의 피를 제단 뿔에 바르고 나머지는 제단 밑에 쏟아 제단을 거룩하게 했다. 제물의 고기들은 모두 제단 위에서 태워졌다. 마지막으로 숫양을 무교병과 함께 요제로 드리고 남은 가슴 부분은 모세의 몫이 되었다. 모세는 제단 위의 피를 가져다가 아론과 그의 아들들의 옷에 뿌렸다. 그들은 남은 고기를 삶아 무교병과 함께 먹었고 남은 것들은 불로 태웠다. 이 모든 행사는 일주일 동안 회막 안에서 치러졌고 그 기간 동안에는 아무도 회막을 나갈 수 없었다.

그리고 여덟째 날이 되었다. 그날은 아론과 그의 아들들이 이스라엘 장로들을 위하여 처음으로 제사를 주관하는 감격스런 날이었다. 모세는 제사의 절차가 잘못되지 않도록 세밀하게 감독하며 지시했다. 아론과 그의 아들들은 두려움 가운데서도 실수하지 않고 제사장의 역할을 잘 감당했다. 모세와 아론이 제사를 다 마치고 백성들을 축복했다. 그 순간 여호와의 영광이 온 백성들에게 나타나며 제단에서 불이 나와 모든 번제물과 기름들을 살라버렸다. 이 장면을 보던 온 백성들이 소리 지르고 땅에 엎드렸다. 이제 분명해졌다. 하나님은 살아 계시고 그들이 드리는 모든 제사가 하나님의 명령대로 온전하게 드려졌다는 사실이 분명해졌다.

그런데 문제는 엉뚱한 곳에서 터졌다. 그날 아론의 장남과 차남인 나답과 아비후가 향을 피우기 위해 각기 향로에 불을 담아가지고 성소에 들어갔다. 그런데 갑자기 여호와께로부터 불이 나와서 이 두 사람을 삼켜버렸다. 옷이 불에 타지 않은 채 죽은 것을 보면 그것은 평범한 불이 아니었다. 성경은 그들이 '여호와께서 명령하시지 아니하신 다른 불을 담아 여호와 앞에 분향했다'고 기록하고 있다. 레위기 16장 12절을 보면 향로에 담는 불은 반드시 제단에서 가져와야 했다. 그런데 이 두 사람이 하나님의 명령을 무시하고 보통 불을 가지고 분향하다가 변고가 일어났던 것이다. 하나님께서 말씀하셨다.

> "모세가 아론에게 이르되 이는 여호와의 말씀이라. 이르시기를 나는 나를 가까이 하는 자 중에서 내 거룩함을 나타내겠고 온 백성 앞에서 내 영광을 나타내리라 하셨느니라"(레 10:3).

나답과 아비후가 하나님을 무시했다. 다 같은 불인데, 꼭 제단에서 가져와야 하느냐고 불평했을 것이다. 율법 중에 많은 부분이 '섞지 말라'는 경계선을 다루고 있다. 제단의 불과 다른 불을 섞는 것은 영적으로 볼 때 부정하고 불결한 행위였다. 백성들을 대표하여 하나님을 섬겨야 할 제사장이 하나님의 거룩하심을 소홀히 하다니,

그것은 끔찍한 일이었다. 도저히 용납될 수 없는 일이었다. 그들의 잘못은 반드시 심판을 받아야 했다.

> "모세가 아론과 그의 아들 엘르아살과 이다말에게 이르되 너희는 머리를 풀거나 옷을 찢지 말라. 그리하여 너희가 죽음을 면하고 여호와의 진노가 온 회중에게 미침을 면하게 하라. 오직 너희 형제 이스라엘 온 족속은 여호와께서 치신 불로 말미암아 슬퍼할 것이니라. 여호와의 관유가 너희에게 있은즉 너희는 회막 문에 나가지 말라. 그리하면 죽음을 면하리라. 그들이 모세의 말대로 하니라"(레 10:6-7).

모세의 명령으로 아론의 조카들이 와서 나답과 아비후의 시체를 옷 입은 채로 진영 밖으로 메어다가 장사지냈다. 아론과 남은 두 아들 엘르아살과 이다말은 소리 내어 울지도 못했다. 머리를 풀거나 옷도 찢지 못했다. 보통은 가족들의 장례식장에서 흔히 볼 수 있는 모습들이었다. 그들은 관의 뒤도 따라가지 못하고 회막 안에 머물러 있어야 했다. 만일 그들이 과도하게 슬퍼하고 거대한 장례식을 치렀다면 그것은 하나님의 심판에 대한 불평이 될 것이다. 그들은 회막에서 섬기고 있었기 때문에 부정한 시체를 만질 수도 없었다. 그날은 모두 그렇게 가슴으로 슬퍼하며 지냈다.

> "나는 너희의 하나님이 되려고 너희를 애굽 땅에서 인도하여 낸 여호와라. 내가 거룩하니 너희도 거룩할지어다"(레 11:45).

하나님은 거룩하지 못한 모든 것들을 심판하신다. 나답과 아비후는 하나님의 거룩하심을 무시했다. 그런 자세라면 머지않아 여호와 하나님과 다른 우상들을 구별하지 못할 것이다. 백성의 지도자로서 거룩한 모범도 보이지 못할 것이다. 여호와 하나님의 이름을 이용하여 권력을 남용하고, 불의한 일을 저지르면서도 눈 하나 깜짝하지 않을 것이다. 그런 지도자는 이스라엘 백성들에게 저주가 된다. 절대로 있어서는 안 될 일이다. 그래서 하나님의 불이 그들을 삼켰다. 하나님의 거룩하심은 심판하시는 불과 같다.

그 사건 후에 여호와의 말씀이 모세에게 임했다.

> "여호와께서 아론에게 말씀하여 이르시되, 너와 네 자손들이 회막에 들어갈 때에는 포도주나 독주를 마시지 말라. 그리하여 너희 죽음을 면하라; 이는 너희 대대로 지킬 영영한 규례라. 그리하여야 너희가 거룩하고 속된 것을 분별하며 부정하고 정한 것을 분별하고 또 나 여호와가 모세를 통하여 모든 규례를 이스라엘 자손에게 가르치리라"(레 10:8-11).

어떤 이들은 이 말씀을 두고 나답과 아비후가 그날 술에 취했을 것이라고 추측하지만 확인할 수는 없다. 주의 종들은 항상 거룩과 속된 것을 분별하고, 부정과 정한 것을 분별할 줄 알아야 한다. 그래야 백성들을 바른 길로 인도할 수 있다. 어떤 상황에서도 영적으로 깨어 있어야 한다. 늘 하던 일이라고 매너리즘에 빠지면 안 된다. 하나님의 거룩하심 앞에서 늘 자신을 거룩하게 돌보며 살아가야 한다. 왜냐하면 주님께서 그들에게 거룩한 양 떼를 맡기셨기 때문이다.

3. 부정(不淨)에 대한 율법들

:: 레 11–15장 ::

이 장(章)들의 주제는 '정결과 부정'이다. 정결한 짐승과 부정한 짐승(11장), 정결한 여인과 부정한 여인(12장), 부정한 질병들과 치유(13-14장), 부정한 가옥과 유출병 등을 다루고 있다.

레위기 11장에서 '먹지 말라'는 금령이 내려진 생물들은 크게 세 종류다. 첫째로, 땅 위에 걸어 다니는 짐승들 중에 발의 굽이 갈라지고 새김질하는 짐승 외에는 먹을 수가 없다. 두 가지 조건이 모두 충족되어야 먹을 수 있다. 둘째로, 물속에 있는 생물들로서 지느러미와 비늘이 없는 것들도 먹을 수 없다. 셋째로, 날아다니는 새들은 개별적으로 정함과 부정함이 나누어졌다. 먹어도 된다고 말씀하신 곤충은 '메뚜기 종류와 베짱이 종류와 귀뚜라미 종류와 팥중이 종류'가 전부이다. 먹기에 부정한 생물들은 죽은 사체마저도 부정했다.

이런 분류를 어떻게 이해해야 할까? 무엇보다도 이 명령들이 주어진 시간과 장소가 중요하다. 시간적으로 보면 이스라엘 백성들이 애굽에서 나온 지 갓 1년이 조금 지났을 무렵이다. 광야의 열악한 환경 가운데서 집단생활을 하던 때이다. 아무것이나 잡아먹기에 딱 좋은 환경이다. 그러다가 음식물이 잘못되어 탈이 나고 그것이 전염된다면 이스라엘 백성들은 집단적으로 위태로운 지경에 이르게 될 것이다. 하나님께서 식용으로 금하신 어떤 짐승들은 분명히 그런 위험요소를 내포하고 있었다.

하나님께서는 출애굽을 통하여 그의 백성들이 애굽인들과 구별되기를 원하셨다. 레위기 11장과 신명기 14장은 동물들의 정함과 부정함을 다루고 있다. 레위기의 마지막 부분과 신명기의 첫 부분에 다음과 같은 말씀이 기록되어 있다.

> "나는 여호와 너희의 하나님이라. 내가 거룩하니 너희도 몸을 구별하여 거룩하게 하고 땅에 기는 길짐승으로 말미암아 스스로 더럽히지 말라. 나는 너희의 하나님이 되려고 너희를 애굽 땅에서 인도하여 낸 여호와라. 내가 거룩하니 너희도 거룩할지어다"(레 11:44-45).

> "너는 네 하나님 여호와의 성민이라. 여호와께서 지상 만민 중에서 너를 택하여 자기 기업의 백성으로 삼으셨느니라. 너는 가증한 것은 무엇이든지 먹지 말라"(신 14:2-3).

두 구절 모두 '하나님의 거룩하심'과 '그의 백성의 거룩함'을 강조하고 있다. 음식물의 정함과 부정함은 결국 하나님의 거룩하심과 성도의 거룩함에 연결된다.

그러면 신약시대에 사는 우리들은 이 계명을 어떻게 받아들여야 할까? 어느 날 제자들이 손을 씻지 않고 떡 먹는 것을 바리새인들이 보았다. 그들은 "제자들이 장로들의 전통을 지키지 않는다"라고 예수님에게 격렬하게 항의했다. 그러자 예수님은 "너희가 하나님의 계명을 버리고 사람의 전통을 지킨다"라고 책망하시면서 이렇게 말씀하셨다.

"무엇이든지 밖에서 사람에게로 들어가는 것은 능히 사람을 더럽게 하지 못하되 사람 안에서 나오는 것이 사람을 더럽게 하는 것이니라"(막 7:15-16).

그리고 제자들에게 그 말씀의 뜻을 풀어주셨다.

"예수께서 이르시되 너희도 이렇게 깨달음이 없느냐. 무엇이든지 밖에서 들어가는 것이 능히 사람을 더럽게 하지 못함을 알지 못하느냐. 이는 마음으로 들어가지 아니하고 배로 들어가 뒤로 나감이라. 이러므로 모든 음식물을 깨끗하다 하시니라. 또 이르시되 사람에게서 나오는 그(악한)것이 사람을 더럽게 하느니라" (막 7:18-20).

이 말씀 중에서 "이러므로 모든 음식물을 깨끗하다 하시니라"는 마가의 부연설명이다. 마가에게 영향을 끼쳤던 베드로가 어느 날 이방인 백부장 고넬료의 집에 보내심을 받았다(행 11장). 사도로서 최초로 이방인에게 복음을 전한 이야기이다. 이방인의 집에 들어가기를 꺼려하는 베드로에게 주님께서 환상을 보여주셨다. 하늘에서 내려온 보자기 안에 각종 네 발 가진 짐승과 기는 것과 공중에 나는 새들이 들어 있는데, 하나같이 부정한 것들이었다. 하늘로부터 "베드로야, 일어나 잡아먹어라" 하는 소리가 들려왔다. 베드로가 펄쩍 뛰며 말했다.

"주여 그럴 수 없나이다. 속되고 깨끗하지 아니한 것을 내가 결코 먹지 아니하였나이다."

하늘로부터 두 번째 소리가 들려왔다.

"하나님께서 깨끗하게 하신 것을 네가 속되다 하지 말라."

예수님의 말씀에 대한 마가의 해석, 곧 "이러므로 모든 음식물을 깨끗하다 하시니라"는 설명은 이런 배경 그림 앞에서 이해되어야 한다. 예수님께서 구약의 음식물에 대한 율법적 정함과 부정함의 경계를 허물어 주셨다. 특히 이방인들에게 복음을 전하는 사도들의 입장에서는 할례와 함께 음식물에 대한 율법이 무거운 멍에였다. 훗날 바울은 거짓 선지자들이 율법을 가지고 성도들을 미혹하려고 할 때마다 단호히 대항했다.

"(그들이) 혼인을 금하고 어떤 음식물은 먹지 말라고 할 터이나 음식물은 하나님이 지으신 바니 믿는 자들과 진리를 아는 자들이 감사함으로 받을 것이니라. 하나님께서 지으신 모든 것이 선하매 감사함으로 받으면 버릴 것이 없나니 하나님의 말씀과 기도로 거룩하여짐이라"(딤전 4:3-5).

바울은 오직 '하나님의 말씀과 기도로 거룩하여진다'고 선언했다. 거룩함은 무엇을 먹을 것인가, 무엇을 먹지 말 것인가에 달려 있지 않다. 오직 예수님을 믿는 믿음으로 거룩하게 된다. 정결과 부정의 율법은 예수님 안에서 다 이루어졌다. 물론 건강에 해를 끼치는 음식물은 당연히 멀리해야 한다. 과식(過食)도 피해야 한다. 문화적으로 혐오감을 주는 음식물도 피하는 편이 좋다. 그러나 기본적으로 어떤 음식물에 대한 호불호(好不好)의 판단은 그 사람의 자유의지에 달려 있다.

물론 우리는 믿음이 약한 형제들을 배려해야 한다. 이전에 우상을 숭배하던 사람들은 그 우상에게 바쳐진 짐승의 고기가 생각나서 채식주의를 고집할 수 있다. 바울은 그들을 '믿음이 연약한 자들'이라고 불렀다. 다른 말로 하면 이제 믿음이 성장하기 시작하는 '영적으로 어린아이'라는 뜻이다.

> "믿음이 연약한 자를 너희가 받되 그의 의견을 비판하지 말라. 어떤 사람은 모든 것을 먹을 만한 믿음이 있고 믿음이 연약한 자는 채소만 먹느니라. 먹는 자는 먹지 않는 자를 업신여기지 말고 먹지 않는 자는 먹는 자를 비판하지 말라. 이는 하나님이 그를 받으셨음이라"(롬 14:1-3).

레위기 12장은 출산에 대한 율법이다. 특별히 산모에 대한 규례가 엄격했다. 남자 아이를 낳으면 33일 후에 산혈(産血)이 깨끗해지고, 여자 아이를 낳으면 66일을 경과해야 깨끗해졌다. 왜 그 기간이 다를까? 성경은 달리 설명하지 않고 있다. 아마도 문화적 배경 때문이었을 것이다. 중요한 점은 산모에 대한 배려이다. 옛날에는 목숨을 걸고 출산했다. 실제로 출산하다가 생명을 잃는 경우들이 있었다. 출산 때문에 건강을 해칠 수도 있었다. 내가 어렸을 때만 해도 많은 여성들이 '산후 조리를 잘못해서' 건강을 잃었다고 원망했다.

그런데 하나님은 아기를 낳은 어머니들이 충분한 시간을 가지고 산후조리를 할 수 있도록 규례를 만들어 주셨다. '산혈이 깨끗해졌다'는 말은 산모의 건강이 완전히 회복되었다는 표현이다. 이 기간이 끝나면 산모들이 하나님 앞에 나가 제사를 드렸다. 건강한 자녀를 주시고 자신의 건강을 회복시켜 주신 하나님께 감사 제사를 드렸다.

레위기 13장과 14장은 전염성 피부병들과 곰팡이에 대한 율법이다. 나병(癩病, leprosy)이 피부를 통한 전염병이라면 곰팡이는 의복이나 가옥을 통해 전염되는 병균이었다. 그 당시 군집(群集) 생활을 하는 광야에서 전염병은 공동체의 안전을 크게 해칠 수 있었다. 그래서 제사장들에게 전염병을 진단하고 예방할 수 있는 권위와 지침을 주셨다. 진단에 필요하면 일주일씩 두 번 환자를 격리시킬 수 있었다. 그 후에는 나병이 아니라든지, 완치되었다든지, 아니면 나병 환자가 되었다든지 하는 판단을 내렸다. 완치되었을 때에는 제사장에게 보이고 제사를 드려서 본인이 정결하게 되었음을 증명했다. 그러나 나병을 앓고 있는 환자는 진영에서 떠나 생활하며 길에서 사람을 만나면 자신이 나병 환자임을 알려야 했다.

"나병 환자는 옷을 찢고 머리를 풀며 윗입술을 가리고 외치기를 부정하다 부정하다 할 것이요 병 있는 날 동안은 늘 부정할 것이라. 그가 부정한즉 혼자 살되 진영 밖에서 살지니라"(레 13:45-46).

의복이나 가옥에 생겨난 곰팡이가 사라지지 않으면 의복을 태우고 가옥을 무너뜨려서 쓰레기 버리는 곳에 내다 버려야 했다. 이스라엘 백성들에게 있어서 '정함'과 '부정함'을 구별하는 일은 이처럼 치명적(致命的)으로 중요했다.

레위기 15장은 유출(병)에 대한 율법들이다. 일회적인 유출(流出)일 수도 있고 고질적인 유출병일 수도 있다. 남자와 여자의 몸이 질병에 노출되지 않도록 미리 예방하고 정결하게 하는 규례들이다. 유출로 인하여 전염병이 시작할 수 있으므로 일주일 동안 격리시키고 그가 만지거나 입었던 옷들은 물에 빨았다. 이 규례는 성생활의 정결함을 강조하고 있다.

지금까지 정결함과 부정함에 대한 율법들을 살펴보았다. 정결과 부정을 분별하는 기준은 무엇일까? 왜 모든 것을 이렇게 이분법으로 나누었을까? 어떤 학자들은 이스라엘 백성들이 하나님의 계명에 순종하는지 알아보려는 시험지의 역할이었다고 주장한다. 어떤 학자들은 전염병을 막기 위한 위생적인 목적이었다고 주장한다. 둘 다 맞는 말이다. 그러나 그보다 더 중요한 이유가 있다. 정결한 자는 하나님께 제사드릴 수 있지만 부정한 자는 제사에서 제외된다는 점이다. 이 기준에 영향을 미친 요소들이 여럿일 것이다. 단순한 질병 예방일 수도 있고 우상 숭배의 문화로부터 구별되려는 노력일 수도 있으며, 또 우리가 알지 못하는 또 다른 이유일 수도 있을 것이다.

4. 대속죄일

:: 레 16장 ::

한번은 비행기 안에서 코너스톤(Cornerstone, San Antonio) 교회의 존 헤기(John Hagee) 목사님의 책을 읽다가 혼자 웃은 적이 있다. 이런 내용이었다.

조그만 소도시의 재판소에서 일어난 일이다. 탐슨이라는 젊은 검사가 자기의 첫 번째 증인으로 할머니 한 분을 증언대에 세웠다. 그녀의 이름은 오그덴(Ogden)인데, 탐슨 검사를 어렸을 때부터 잘 알고 있던 사람이었다. 검사는 오그덴 부인 앞으로 다가서면서 물었다. "미세스 오그덴, 저를 아시지요?" 그러자 오그덴 부인은 확신에 넘치는 목소리로 이렇게 대답했다.

> "그럼요, 탐슨 씨, 당신이 어린아이였을 때부터 알고 있지요. 솔직히 말해도 된다면 당신은 항상 저를 실망시켰습니다. 당신은 기회 있을 때마다 거짓말을 했고, 당신의 아내에게 불충실했으며, 다른 사람들을 지배하려 들고, 언제나 친구들 등 뒤에서 험담이나 했지요. 당신은 자신을 거물이라고 생각하지만 사실은 기껏해야 별로 의미 없는 서류나부랭이나 작성하는 사람이라는 사실은 모르고 있죠. 그럼요, 탐슨 씨, 나는 당신을 아주 잘 알고 있습니다."

그 말을 듣고 자지러지게 놀란 젊은 검사가 잠시 후 정신을 차리고 앞에 앉아 있는 변호사를 가리키면서 물었다. "오그덴 부인, 그럼 저 스티븐 씨도 잘 아시겠네요?" 그러자 오그덴 부인은 다시 한 번 단호하게 대답했다.

"알고말고요. 스티븐 씨도 어렸을 때부터 아주 잘 알고 있지요. 아주 게으르고 고집불통이고 술버릇이 고약한 사람이지요. 내가 알기로 그는 우리 주에서 제일 무능한 변호사인 주제에 자기 아내를 속이고 세 명의 다른 여인들과 놀아났지요. 그중의 한 명이 지금 당신의 부인이 되었다는 것을 알고 있어요? 그럼요, 스티븐 변호사도 제가 아주 잘 알고 있지요."

그 말을 들은 변호사도 거의 정신을 잃었다. 그러자 판사가 검사와 변호사를 자기 앞으로 불렀다. 그리고 낮지만 아주 엄한 목소리로 이렇게 경고했다.

"만일 당신들 중에 누구라도 저 오그덴 부인에게 나에 대하여 아느냐고 멍청한 질문을 하기만 해봐. 그때에는 당신 둘 모두 감옥에서 평생 동안 나오지 못할 줄 알아!"

혼자 웃기가 민망해서 비행기 창문 밖을 내다보았다. 땅은 벌써 어둠으로 덮여 있는데 멀리 서산 위로 넘어가는 해가 주변 구름들을 붉게 물들이고 있었다. 그때 갑자기 "피와 같은 붉은 죄 눈같이 희겠네"라는 찬송가 가사가 생각났다. 만일 우리가 "하나님, 저 아시지요?" 하고 묻는다면 저렇게 주홍빛 같은 죄, 부끄러워 얼굴도들 수 없는 죄, 피와 같이 붉은 죄들이 얼마나 많이 드러날까 하는 생각에 이르자 내 얼굴에서 웃음이 사라졌다.

바울은 로마서 3장에서 “의인은 없나니 하나도 없다”라고 하였으며, 또 “모든 사람이 죄를 범하여 하나님의 영광에 이르지 못한다”라고 하였다. 모든 사람들이 죄인이다. 그래서 일 년에 한 번은 전체 이스라엘 백성들의 죄 사함을 위해 큰 제사를 드려야 했다. 대속죄일(Yom Kippur, ‘덮는 날’이라는 뜻이다)은 유대 민간력으로 새해가 시작되는 티쉬리(7)월의 10일째였다. 우리가 사용하는 양력으로 치면 9월 말경이다. 참고로 2020년도의 대속죄일은 9월 28일 월요일이다. 성경은 이날을 ‘안식일 중의 안식일’이라고 불렀다. 엄밀한 의미에서 이날은 안식일이 아니다. 다만 안식일의 모든 축복들이 이날에 다 이루어지기 때문에 그렇게 불렀다.

대속죄일은 대제사장이 일 년에 단 한 번 속죄제물의 피와 거룩한 향로를 가지고 지성소에 들어가는 날이다. 이스라엘의 회막은 직사각형 모양이다. 그중에 동편에 있는 3분의 2 크기를 ‘성소’라 부르고, 서쪽에 있는 3분의 1 크기를 ‘지성소’라 불렀다. 성소와 지성소 사이에는 두터운 휘장이 드리워져 있는데 대속죄일에 대제사장 혼자서 이 휘장을 지나 지성소로 들어갔다.

> “기름 부음을 받고 위임되어 자기의 아버지를 대신하여 제사장의 직분을 행하는 제사장은 속죄하되 세마포 옷 곧 거룩한 옷을 입고 지성소를 속죄(정결하게)하며 회막과 제단을 속죄하고 또 제사장들과 백성의 회중을 위하여 속죄할지니 이는 너희가 영원히 지킬 규례라. 이스라엘 자손의 모든 죄를 위하여 일 년에

한 번 속죄할 것이니라"(레 16:32-34).

대속죄일이 이르면 아론과 그의 아들들은 자기들을 위하여 먼저 수송아지와 숫양을 준비했다. 이스라엘 백성들을 위한 속죄제물로 숫염소 두 마리와 숫양 한 마리도 준비했다. 두 마리의 염소들은 제비를 뽑아 하나는 여호와를 위한 제사용으로, 그리고 다른 하나는 백성들을 위한 '아사셀'용으로 미리 구별해 두었다. 아론은 보석으로 장식된 옷을 벗고 온몸을 씻은 후에 세마포 속옷과 바지에 띠를 띠고 머리에는 관을 썼다. 하나님 앞에서 정결함과 겸손함이 흠뻑 묻어나는 모습이었다.

아론은 그날 지성소에 세 번 들어갔다. 처음에는 향로를 가지고 들어가서 그 향연이 증거궤를 덮게 했다. 증거궤는 속죄소 혹은 시은좌라고 불렸다. 그 안에는 십계명 돌판과 만나를 담은 항아리, 그리고 아론의 싹 난 지팡이를 넣어두었다. 속죄소는 대속죄일에 대제사장이 어린 양의 피를 가지고 들어가 백성들의 죄를 용서받는 곳이다. 시은좌는 하나님께서 이스라엘 백성들에게 은혜를 베푸시는 자리다.

아론은 두 번째로 지성소에 들어가기 전에 숫양을 번제로 드렸다. 그리고 자기와 자기 가문을 위하여 잡은 수송아지의 피를 가지고 들어가서 손가락으로 속죄소의 동쪽과 그 앞에 피를 뿌렸다.

세 번째는 백성을 위한 속죄제로 미리 준비해둔 염소의 피를 가지고 들어가서 속죄소 위와 아래에 뿌렸다. 그렇게 함으로 이스라엘 자손들이 범한 모든 죄와 부정으로부터 지성소와 회막을 정결하게 했다. 아론이 지성소에 들어가 있는 동안에는 아무도 회막 안에 머물 수가 없었다. 지성소에서 나온 아론은 번제단 귀퉁이의 뿔에 수송아지의 피와 염소의 피를 발랐다. 그리고 제물의 남은 부분들은 모두 밖으로 내다가 불로 태웠다.

마지막으로 아론은 '아사셀'용으로 구별해 놓은 염소 앞에 섰다. '아사셀'은 '내보낸다'라는 뜻이다. 아론은 염소의 두 뿔 사이에 두 손을 얹고 이스라엘 백성들이 범한 모든 죄를 하나님께 아뢰었다. 그 후에 사람을 시켜 먼 광야로 그 염소를 내보냈다. 아사셀 염소는 그렇게 백성들의 죄를 짊어지고 광야로 나갔다. 그것은 다시 돌아올 수 없는 죽음의 길이었다.

대속죄일의 제사를 마친 아론은 성소에 세마포 옷을 벗어두고 자기 몸을 씻었다. 그리고 원래의 복장으로 갈아입은 후에 준비해 두었던 두 마리의 양으로 자기와 백성을 위하여 번제를 드렸다. 이 날 백성들은 아무 일도 하지 않고 금식하며 스스로를 괴롭게 했다. 자신들의 죄를 회개하며 하루를 보냈을 것이다. 대속죄일은 백성들이 모든 부정함으로부터 정결케 되는 날이었다. 성경은 이날을 '안식일 중의 안식일'이라고 불렀다. 안식일은 하나님의 평화가 임하는 날이다. 이 세상에 죽을죄를 용서 받는 평화보다 더 큰 평화가 어디 있겠는가.

이제 '아사셀' 염소에 대하여 좀 더 살펴보자. 이스라엘 백성들의 죄를 짊어지고 광야로 죽으러 나갔던 염소 말이다. 아사셀 염소는 예수님을 상징한다. 세례 요한은 예수님을 보고 "보라 세상 죄를 지고 가는 하나님의 어린 양이로다" 하고 외쳤다(요 1:29). 마태는 예수님께서 해가 맞도록 병든 자를 고쳐주시는 모습을 보면서 이사야 53장 5절 말씀을 회상했다.

"이는 선지자 이사야를 통하여 하신 말씀에 우리의 연약한 것을 친히 담당하시고 병을 짊어지셨도다 함을 이루려 하심이더라" (마 8:17).

히브리서 기자는 광야로 나간 아사셀 염소와 예루살렘 성 밖에서 돌아가신 예수님을 대비(對比)했다.

"그러므로 예수도 자기 피로써 백성을 거룩하게 하려고 성문 밖에서 고난을 받으셨느니라"(히 13:12).

예수님께서 우리를 위한 아사셀 염소가 되시기 위해 세상에 내려오셨다. 그리고 우리의 죄를 짊어지시고 십자가에 달려 죽으셨다. 예수님께서 하신 말씀이다.

"인자가 온 것은 섬김을 받으려 함이 아니라 도리어 섬기려 하고 자기 목숨을 많은 사람의 대속물로 주려 함이니라"(막 10:45).

레위기 16장을 읽으면서 나는 깊은 생각에 잠겼다. 과연 수송아지와 숫염소의 피가 이스라엘 백성들의 모든 죄를 용서할 만큼 위력이 있었을까? 아닐 것이다. 핵심은 짐승의 피가 아니었다. 죄인을 용서하시려는 하나님의 긍휼하심이었다. 백성들의 눈앞에서 짐승을 죽일 때, 그 짐승의 생명과 같은 피를 쏟을 때, 그리고 대제사장이 그 피를 속죄소에 뿌릴 때에, 하나님께서 이스라엘의 죄를 용서하셨다고 선포하셨다.

중요한 것은 짐승의 피가 아니고 하나님의 사랑이었다. 속죄제사, 그것은 하나님의 용서의 사랑이 담긴 위대한 상징이었다. 그리고 그 상징이 예수 그리스도의 십자가에서 실재가 되었다. 하나님의 아들이 단번에 자신의 몸을 제물로 드리심으로 우주적인 죄 사함이 선포되었다. 예수님께서 우리 모두의 죄를 담당하셨다. 누구든지 예수님을 믿기만 하면 구원을 얻을 수 있는 길이 되셨다. 예수님 이후에 지옥에 가는 사람은 그를 위해 죽으신 예수님을 믿지 않았기 때문이다.

이스라엘 백성들은 여전히 같은 죄를 반복했다. 그래서 매년 수송아지와 숫염소의 피를 흘려야 했다. 그러나 예수님은 단번에 자신을 영원한 제물로 드리셨다. 또다시 속죄제사를 드릴 필요가 없다. 예수님께서 '단번에 그리고 영원히' 끝내셨기 때문이다. 그렇다면 예수님을 믿는 우리들에게도 영원히, 그리고 단번에 어떤 일이 일어나야 한다. 그것이 바로 거듭남이다. 히브리서 기자는 그 진리를 이렇게 설명했다.

"그러나 그리스도께서는 이미 이루어진 좋은 일의 대제사장으로 오셔서 사람의 손으로 만들지 않은 성막, 곧 이 세상의 창조물에 속하지 않은 더 크고 완전한 성막에 들어가셨습니다. 그리고 염소나 송아지의 피가 아닌 자기 피를 가지고 단 한 번 지성소에 들어가셔서 우리의 영원한 구원을 획득하셨습니다. 염소와 황소의 피와 암송아지의 재도 더러워진 사람들에게 뿌리면 그 육체를 깨끗하고 거룩하게 했는데 하물며 영원하신 성령님을 통해 흠 없는 자기 자신을 하나님께 드린 그리스도의 피가 죽음에 이르게 하는 행위에서 어찌 여러분의 양심을 깨끗하게 하여 살아 계신 하나님을 섬기게 하지 못하겠습니까?"(히 9:11-14, 현대인의 성경)

제2장

하나님 앞에서의 거룩한 삶

(레 17-27장)

레위기의 전반부(1-16장)는 하나님을 사랑하는 법에 대한 말씀이다. 대부분이 제사법전이다. 후반부(17-27장)는 어떻게 이웃을 사랑해야 하는가에 대한 말씀이다. 소위 생활법전이다. 대표적인 구절은 레위기 19장 18절 말씀이다.

"원수를 갚지 말며 동포를 원망하지 말며 네 이웃 사랑하기를 네 자신과 같이 사랑하라. 나는 여호와이니라."

위의 구절을 이렇게 읽어보면 어떨까.

'나는 여호와이니라. 그러므로 너는 네 이웃을 네 자신처럼 사랑해야 한다.'

이웃 사랑은 하나님 사랑에 종속된다. 하나님의 사랑 때문에 우리가 이웃을 사랑해야 하며 또 사랑할 수 있다. 사도 요한의 말을 들어보자.

> "사랑은 여기 있으니 우리가 하나님을 사랑한 것이 아니요 하나님이 우리를 사랑하사 우리 죄를 속하기 위하여 화목 제물로 그 아들을 보내셨음이라. 사랑하는 자들아 하나님이 이같이 우리를 사랑하셨은즉 우리도 서로 사랑하는 것이 마땅하도다"(요일 4:10-11).

레위기 17장부터 27장까지는 거의 매 장마다 "여호와께서 모세에게 말씀하여 이르시되"라는 구절로 시작된다. 성결한 생활에 대한 법전도 하나님께서 직접 명령하신 내용들이다.

1. 제물을 드리는 곳

:: 레 17장 ::

광야생활을 하는 동안, 모든 짐승은 회막문 앞에서 잡으라고 하셨다. 그 짐승은 화목제물로 여겨져서 피와 기름을 제단 위에 태우고 고기는 제사를 드리는 자들의 몫이 될 것이다. 만일 아무데서나 짐승을 잡아먹게 되면 이전에 우상을 숭배하던 시절로 돌아갈 위험이 있었다. 모세가 여호와의 말씀을 전했다.

"그들은 전에 음란하게 섬기던 숫염소에게 다시 제사하지 말 것이니라"(레 17:7)

짐승을 잡을 때에는 피를 제사장에게 주어 제단에 뿌리게 했다.

"육체의 생명은 피에 있음이라. 내가 이 피를 너희에게 주어 제단에 뿌려 너희의 생명을 위하여 속죄하게 하였나니 생명이 피에 있으므로 피가 죄를 속하느니라"(레 17:11).

피에 생명이 있다. 피를 제단 위에 뿌릴 때에 제사 드리는 사람의 생명도 함께 드려졌다. 짐승의 죽음이 곧 그의 죽음이 되었다. 피 뿌림을 통하여 죄 사함을 받았다. 죗값이 지불되었기 때문이다. 과거 이스라엘 백성들은 짐승의 피를 드림으로 일시적인 죄 사함을 받았다. 그러나 우리는 예수님의 피로 영원한 죄 사함을 얻었다. 우리가 예수님과 함께 죽고 함께 살아났기 때문이다. 이것이 바로 '피가 죄를 속하느니라'는 말씀의 의미다. 이 규례는 사냥에도 적용되었다. 사냥한 짐승의 피는 땅에 쏟은 후에 흙으로 덮었다.

2. 성생활에 관한 규례들

:: 레 18장 ::

애굽에서 나올 때에 이스라엘 백성들은 우상 숭배와 더불어 온

갖 더럽고 추한 풍습과 문화를 뒤로하고 나왔다. 여호와께서 모세에게 하신 말씀이다.

"너는 이스라엘 자손에게 말하여 이르라. 나는 여호와 너희의 하나님이니라. 너희는 너희가 거주하던 애굽 땅의 풍속을 따르지 말며 내가 너희를 인도할 가나안 땅의 풍속과 규례도 행하지 말고 너희는 내 법도를 따르며 내 규례를 지켜 그대로 행하라. 나는 너희의 하나님 여호와이니라"(레 18:2-4).

이스라엘 백성들은 그동안 애굽인들의 악한 풍습을 보며 살아왔다. 이제는 하나님의 백성들로서 모든 더러운 행위들을 벗어버리고 거룩한 생활을 해야 한다. 먼저 근친상간의 악습을 버려야 한다. 어머니와 계모, 친자매와 이복자매, 손녀나 외손녀, 계모의 딸, 고모와 이모 및 숙모, 자부나 형제의 아내를 멀리해야 한다. 이 말씀 속에는 자기 딸이나 자기 부인의 딸도 암시적으로 포함되어 있다. 당시의 주변 사회가 그런 생활을 하고 있었기 때문에 이스라엘도 어느 정도 악한 영향을 받았을 것이다. 성경을 보면 출애굽 시대 이전에 야곱이 두 자매를 아내로 택한 경우가 있었다. 이제는 그런 풍습도 버려야 했다.

19절부터는 부정한 부부관계, 이웃과의 간음, 우상 숭배, 그리고 동성애, 짐승과의 수간(獸姦)을 금하는 말씀이다. 그것은 거룩한 백성들이 멀리해야 할 부정한 생활이었다. 바울은 동성애를 인간 범죄의 최후 단계라고 말했다.

"이 때문에 하나님께서 그들을 부끄러운 욕심에 내버려 두셨으니 곧 그들의 여자들도 순리대로 쓸 것을 바꾸어 역리로 쓰며 그와 같이 남자들도 순리대로 여자 쓰기를 버리고 서로 향하여 음욕이 불일 듯하매 남자가 남자와 더불어 부끄러운 일을 행하여 그들의 그릇됨에 상당한 보응을 그들 자신이 받았느니라"(롬 1:26-27).

당시 이방인들은 몰렉(혹은 몰록, 밀곰, 말감)에게 어린아이를 불로 태워 제사 드리는 관습이 있었다.

"너는 결단코 자녀를 몰렉에게 주어 불로 통과하게 함으로 네 하나님의 이름을 욕되게 하지 말라. 나는 여호와이니라"(레 18:21).

몰렉은 성경에 몰록(왕상 11:7), 밀곰(왕상 11:33), 말감(습 1:5)으로 기록된 가나안 족속의 우상이었다. 사람들은 이 우상 앞에서 어린 자식을 불 가운데로 지나가게 하거나 불로 태워 제사를 지냈다. 인간으로서는 상상할 수도 없는 잔혹한 행위였다. 훗날에 이스라엘 백성들이 이런 우상 숭배에 물든 적이 자주 있었다(렘 32:35). 솔로몬 왕도 예루살렘 앞산에 몰록을 위한 산당을 지었다(왕상 11:7). 왜 하나님께서 이스라엘 백성들에게 이런 일들을 금하셨을까? 그렇게 살던 나라와 백성들이 망했기 때문이다.

"그러므로 너희 곧 너희의 동족이나 혹은 너희 중에 거류하는 거류민이나 내 규례와 내 법도를 지키고 이런 가증한 일의 하나라도 행하지 말라. 너희 전에 있던 그 땅 주민이 이 모든 가증한 일을 행하였고 그 땅도 더러워졌느니라. 너희도 더럽히면 그 땅이 너희가 있기 전 주민을 토함같이 너희를 토할까 하노라"(레 18:26-29).

인생을 살면서 우리가 유혹을 당할 때 하나님께서 경고를 주신다.

'그렇게 하지 마라.'

그런데 그 유혹을 떨치기가 아쉬워서 우리가 마음으로 항의한다.

'다 그렇게 사는데, 왜 나는 그렇게 하면 안 되나요?'

하나님의 대답은 간결하고 단호하시다.

"나는 너희의 하나님 여호와이니라"(레 18:30).

왜 우리가 세상 사람들과 다른 삶을 살아야 하는가? 이유는 단순하다. 우리를 구원하신 하나님이 거룩하시기 때문이다. 레위기에 거룩이라는 단어가 50구절에 나온다. 대표적인 세 구절을 읽어보자.

"나는 나를 가까이하는 자 중에서 내 거룩함을 나타내겠고 온 백성 앞에서 내 영광을 나타내리라"(레 10:3).

"나는 너희의 하나님이 되려고 너희를 애굽 땅에서 인도하여 낸 여호와라. 내가 거룩하니 너희도 거룩할지어다"(레 11:45).

"너희는 내 규례를 지켜 행하라. 나는 너희를 거룩하게 하는 여호와이니라"(레 20:8).

우리의 거룩은 '…으로부터의 거룩'이 아니고 '하나님을 위한 거룩'이다. 율법을 진지하게 살펴보면 언제나 그 명령이 하나님의 거룩하심과 연결이 되어 있다. 여기에서 벗어나는 율법은 하나도 없다. 광야를 지나면서 먹을 것과 먹지 말아야 할 것을 구별하는 율법마저도 모두 이 범주 안에 포함된다. 모든 율법은 하나님 사랑과 이웃 사랑의 관점에서 이해하고 실천해야 한다. 사랑을 제외한 율법은 하나님의 법이 아니다. 사도 바울은 이 점을 누차 강조했다.

"피차 사랑의 빚 외에는 아무에게든지 아무 빚도 지지 말라. 남을 사랑하는 자는 율법을 다 이루었느니라…사랑은 이웃에게 악을 행하지 아니하나니 그러므로 사랑은 율법의 완성이니라"(롬 13:8, 10).

"온 율법은 네 이웃 사랑하기를 네 자신같이 하라 하신 한 말씀에서 이루어졌나니 만일 서로 물고 먹으면 피차 멸망할까 조심하라"(갈 5:14-15).

이런 관점에서 나머지 율법들을 살펴보자.

3. 거룩한 생활을 위한 규례

:: 레 19장 ::

하나님께서 모세에게 말씀하셨다.

"너는 이스라엘 자손의 온 회중에게 말하여 이르라. 너희는 거룩하라. 이는 나 여호와 너희 하나님이 거룩함이니라"(레 19:2).

성경은 예수님을 믿는 우리들을 가리켜 '성도'(聖徒), 곧 '거룩한 무리들'이라고 부른다. 우리가 세상 사람들과 똑같다면 그것은 슬픈 일이다. 우리를 거룩하게 하시기 위해 예수님께서 죽으셨기 때문이다.

그러면 어떤 면에서 구별되어야 할까? 먼저 부모를 공경하고 안식일을 지키는 면에서 구별되어야 한다. 그리스도인들은 부모를 존경하고 순종하는 삶을 살아야 한다. "저 집의 자녀들은 부모에게 특별하게 잘 한다"라는 칭찬을 들어야 한다. 그 칭찬이 하나님을 기쁘시게 한다.

다음으로 안식일, 곧 주일도 잘 지켜야 한다. 정성을 다하여 예배를 드려야 한다. 늘 하나님을 의식하면서 살아가야 한다. 삶이 예배가 되고 예배가 삶이 되어야 한다. 삶의 헛된 것들에 얽매이지 않아야 한다. 무엇이 헛된 삶인가? 애쓰고 수고했는데 아무런 열매도 맺지 못한 삶이다. 바람을 잡는 삶이다.

나아가서 하나님의 백성들은 인간관계에서 세상 사람들과 구별되어야 한다. 하나님의 명령이다.

"너희가 너희의 땅에서 곡식을 거둘 때에 너는 밭모퉁이까지 다 거두지 말고 네 떨어진 이삭도 줍지 말며, 네 포도원의 열매를 다 따지 말며 네 포도원에 떨어진 열매도 줍지 말고 가난한 사람과 거류민을 위하여 버려두라. 나는 너희의 하나님 여호와이니라. 너희는 도둑질하지 말며 속이지 말며 서로 거짓말하지 말며, 너희는 내 이름으로 거짓 맹세함으로 네 하나님의 이름을 욕되게 하지 말라. 나는 여호와이니라. 너는 네 이웃을 억압하지 말며 착취하지 말며 품꾼의 삯을 아침까지 밤새도록 네게 두지 말며, 너는 귀먹은 자를 저주하지 말며 맹인 앞에 장애물을 놓지 말고 네 하나님을 경외하라. 나는 여호와이니라. 너희는 재판할 때에 불의를 행하지 말며 가난한 자의 편을 들지 말며 세력 있는 자라고 두둔하지 말고 공의로 사람을 재판할지며, 너는 네 백성 중에 돌아다니며 사람을 비방하지 말며 네 이웃의 피를 흘려 이익을 도모하지 말라. 나는 여호와이니라. 너는 네 형제를 마음으로 미워하지 말며 네 이웃을 반드시 견책하라. 그러면 네가 그에 대하여 죄를 담당하지 아니하리라. 원수를 갚지 말며 동포를 원망하지 말며 네 이웃 사랑하기를 네 자신과 같이 사랑하라. 나는 여호와이니라"(레 19:9-18).

이 말씀 중에서 특이한 점을 발견하였는가? 그렇다. 명령이 끝날 때마다 마치 후렴처럼 반복되는 '나는 (너희의 하나님) 여호와이니라'는 말씀이다. 모든 명령들이 여호와 하나님과 연결되어 있다. 하나님의 백성들이 아니라면 상관없는 말씀들이다. 세상 사람들에게는 부담스러운 명령들이다. 그러나 하나님의 백성들이라면 반드시 순종해야 할 말씀들이다. '나는 여호와이니라', 이 말씀은 '만일 너희가 나를 사랑한다면 너희 이웃도 그렇게 사랑해야 한다'고 다짐하시는 말씀이다. 이 말이 레위기 전체에 40여 회 나오는데, 19장에서만 15회 기록되어 있다.

거룩한 삶의 규례는 남녀관계뿐만 아니라 옷감 짜는 일과 농사짓는 일과 가축을 치는 일에도 적용된다. 율법은 '혼합'을 금하고 있다. 여종을 함부로 대하지 말라고 명하시고 과일 나무를 심은 후에는 4년째에 첫 열매를 따서 하나님께 드리고 그 다음 해부터 따 먹으라고 명령하신다.

어떤 말씀은 우리가 다 이해할 수 없다. 하나님만 아시는 이유가 있을 것이다. 하나님은 이방 사람들의 흉내를 내지 말라고 하셨다. 문신이나 머리 깎는 모양, 점치는 사람들과 술사들을 멀리하라고 하셨다. 영적인 생활에서는 낮은 담장보다 높은 담장이 여러 가지로 안전하다. 이방인의 문화와 관습에서 가능한 한 더 멀리 떨어져 있는 편이 안전하다.

"너는 센 머리 앞에서 일어서고 노인의 얼굴을 공경하며 네 하나님을 경외하라. 나는 여호와이니라"(레 19:32).

노인을 공경하는 사회는 성숙하고 안전한 사회이다. 하나님은 이스라엘 가운데 사는 외국인들을 차별하지 말고, 저울로 속이지 않으며, 공평한 재판을 하라고 명하셨다. 이 모든 일들이 다 하나님을 사랑하고 이웃을 사랑하라는 계명에 연결되어 있다.

4. 큰 벌을 받게 될 죄들

:: 레 20장 ::

죄에도 경중(輕重)의 차이가 있다. 우상 숭배의 죄(1-8절)와 근친상간과 수간(獸姦)을 포함한 각종 성적 범죄(9-21절)는 사형에 해당하는 중범이었다. 그중에 가장 작은 죄라도 백성에게서 끊어지는 형벌을 받았다. 사형은 화형(火刑)이나 돌로 쳐 죽이는 방법으로 집행되었다. 사형 당하는 자나 사형 시키는 자들이 모두 이스라엘 공동체였다. 범죄에는 언제나 공동체의 아픔과 고통이 수반되었다.

성경을 읽다보면 떠나지 않는 의문점이 하나 있다. 그것은 '왜 그렇게 선하시고 인자하신 하나님을 믿는 이스라엘 백성들이 그토록 어리석은 우상 숭배에 쉽게 빠져드는가?' 하는 질문이다. 그것이 보편적 인성(人性)일까? 깨끗함을 싫어하고 더러움을 선호하는 본성이 인간에게 있는 것일까? 하나님께서 다시 한 번 애절한 마음으로 권면하셨다.

> "너희는 스스로 깨끗하게 하여 거룩할지어다. 나는 너희의 하나님 여호와이니라. 너희는 내 규례를 지켜 행하라. 나는 너희를 거룩하게 하는 여호와이니라"(레 20:7-8).

마지막 구절은 위로의 말씀이다. '왜 우리는 거룩하게 살 수 없는가?' 하고 탄식할 때에 하나님의 음성이 들려온다. "나는 너희를 거룩하게 하는 여호와이니라." 그렇다면 우리는 하나님의 도우심을 구해야 한다. 하나님을 더욱 사랑할 수 있게 도와주시기를 간구해야 한다. 하나님을 사랑하는 사람은 거룩한 생활을 할 수 있다. 하나님의 거룩한 영이 그를 도와주시기 때문이다.

하나님께서 사람을 사랑하는 법에 대하여 가르쳐 주셨다. 그중의 첫째가 부모에 대한 효도였다.

> "만일 누구든지 자기의 아버지나 어머니를 저주하는 자는 반드시 죽일지니 그가 자기의 아버지나 어머니를 저주하였은즉 그의 피가 자기에게로 돌아가리라"(레 20:9).

예나 지금이나 부모를 멸시하고 함부로 대하는 자녀들이 있다. 하나님은 그들의 죄를 중하게 다루셨다. 부모에게 감사하고 부모를 공경하는 사람은 인간관계에서도 신뢰할 만하다.

20장은 다시 한 번 하나님의 거룩하심을 강조하며 끝난다. 그 땅에 살던 사람들의 풍속을 따르지 말고 백성 중에 박수무당이 생기거든 돌로 쳐서 죽이라고 엄히 명하셨다.

> "너희는 나의 모든 규례와 법도를 지켜 행하라. 그리하여야 내가 너희를 인도하여 거주하게 하는 땅이 너희를 토하지 아니하리라. 너희는 내가 너희 앞에서 쫓아내는 족속의 풍속을 따르지 말라. 그들이 이 모든 일을 행하므로 내가 그들을 가증히 여기노라"(레 20:22-23).

'거룩'은 공허한 개념이 아니다. 구체적인 삶이다. 하나님을 향한 우리들의 생각과 행동과 삶이다. 왜 하나님에게 거룩해야 하는가?

하나님께서 우리를 그의 아들 예수 그리스도의 피로 값 주고 사셔서 그의 소유로 삼으셨기 때문이다. 거룩은 선택이 아니고 필수다. '하나님에게 거룩한 삶', 이 진리가 구약과 신약을 꿰뚫고 있다.

5. 제사와 희생에 대한 법들

:: 레 21-22장 ::

제사장들은 직계 가족이 죽을 때에 그 사체로 인하여 잠시 부정할 수는 있었다. 그러나 이방의 제사장들이 하는 것처럼 머리를 밀거나 수염을 둥글게 깎거나 자기 몸을 상하게 해서는 안 된다. 어떤 형태로든지 이방 제사장들의 풍속이 이스라엘 제사장들에게 스며들지 않도록 경계해야 한다. 제사장의 자녀도 거룩하게 양육되어야 했다.

대제사장들에게는 더욱 엄격한 규제가 주어졌다. 아무리 감정이 격해지더라도 머리를 풀거나 옷을 찢지 말라고 하셨다. 부모의 시체도 가까이 해서는 안 되었다. 대제사장으로 섬길 때에는 성소에만 머물러 있어야 했다. 결혼도 정숙한 처녀와 해야 했다. 이유는 단 한 가지였다. 하나님을 위하여 거룩하게 구별되었기 때문이다. 그런데 다음 말씀이 우리를 주춤하게 한다.

"여호와께서 모세에게 말씀하여 이르시되, 아론에게 말하여 이르라. 누구든지 너의 자손 중 대대로 육체에 흠이 있는 자는 그 하나님의 음식을 드리려고 가까이 오지 못할 것이니라"(레 21:16-17).

지체 장애자는 제사장으로 섬길 수 없다는 말이다. 어떻게 해석해야 할까? 우선 이 말씀이 하나님께로부터 나왔다는 사실은 인정하자. 그렇다면 장애를 가졌기 때문에 하나님을 섬길 수 없을까? 극단적인 이들의 주장처럼 장애자는 목회자가 될 수 없는 것일까? 장애인들은 이 구절을 어떻게 이해하고 있을까? 15세에 시력을 잃었지만 미국에서 박사학위를 마치고 총신대학교에서 교수로 봉직하다가 지금은 그 대학교의 총장이 된 이재서 박사는 레위기 21장 16-23절을 이렇게 해석하고 있다.

거기 언급된 장애인은 모두 중증장애를 가진 자들로 민첩한 행동이 힘들거나 제물을 정결하게 다루기에 부적절한 건강 상태를 지닌 자들이었다. 그들의 체력 조건으로는 상당한 물리력을 필요로 하는 간단치 않은 당시 제사 업무를 수행하기가 실제로 어려운 측면이 있었다. 아론의 자손인 그들은 자동적으로 제사장 직분을 받았음에도 그 직무를 금지 당한 것은 그런 신체적 조건을 감안한 조처라 볼 수 있다. 그러한 신체적 상황에 있는 그들에게 제사 직무의 수행을 강요하지 않은 것은 오히려 그들에 대한 보호의 측면이 강하다 할 것이다.

그들은 제사의 집행을 금지 당한 것 외에는 쫓겨나거나 차별을 받지 않았고 제단의 제물은 똑같이 먹도록 허용되었다(레 21:22). 제물에는 지성물과 성물이 있는데 지성물은 제사장만이 먹을 수 있었고 성물은 그 가족도 같이 먹었다. 그들이 두 가지를 다 먹을 수 있었던 것은 제사의 집행은 안 할지라도 제사장으로서의 다른 특권은 그대로 유지되었던 것을 뜻한다. 그래서 흔히 연상하는 것처럼 그들이 그렇게 심하게 무시당하거나 비참하게 배척당한 것이 아니었음을 알 수 있다.

그러나 그 무엇보다도 이 본문이 영적으로 갖고 있는 의미가 더 크고 중요하다는 것을 간과해서는 안 된다. 흠이 없는 온전한 제사장만이 하나님과 인간 사이의 진정한 중보자가 될 수 있음을 가르치며 그런 제사장으로 세상에 오셔서 인류의 죄 문제를 완전히 해결하실 대제사장 예수님을 암시하는 말씀인 것이다.

그래서 여기에 열거되고 있는 신체적 장애들은 영적인 결함을 상징하려는 것이 본질이다. 예수님이 여신 복음의 시대에는 그런 신체적 장애가 있을지라도 얼마든지 하나님께 영적인 제사를 드릴 수 있고, 건장한 신체를 가졌을지라도 영적인 장애를 지닌 자는 하나님 앞에 나아갈 수가 없는 것이다. ('신학으로 이해하는 장애인', 세계밀알, 2009, 페이지 40-41)

율법 중에 어떤 것은 예수 그리스도 안에서 마침이 되었다는 점을 우리는 이미 살펴보았다. 신약에는 구약시대의 제사 제도가 더 이상 존재하지 않는다. 예수님께서 그의 몸과 피를 제물 삼아 하늘의 지성소로 들어가셔서 우리를 위한 영원한 제사를 드리셨기 때문이다.

"오직 그리스도는 죄를 위하여 한 영원한 제사를 드리시고 하나님 우편에 앉으사 그 후에 자기 원수들을 자기 발등상이 되게 하실 때까지 기다리시나니 그가 거룩하게 된 자들을 한 번의 제사로 영원히 온전하게 하셨느니라"(히 10:12-14).

예수님은 지체가 부자유한 많은 이들을 고쳐주셨다. 신체적 장애를 가진 사람들을 차별하지도 않으셨다. 장애자나 비장애자나 모두 그리스도 안에서 하나가 되었다. 사도 베드로는 예수님을 믿는 사람들은 누구나 '왕 같은 제사장'들이라고 했다(벧전 2:9).

그 많은 율법의 조항들 가운데 어떤 것들은 이미 그 효력이 그쳤다. 예수님께서 십자가 위에서 율법을 다 이루셨기 때문이다. 우리는 율법으로부터 자유하게 되었다. 사도들은 이 진리를 한 목소리로 선포했다.

"성령과 우리는 이 요긴한 것들 외에는 아무 짐도 너희에게 지우지 아니하는 것이 옳은 줄 알았노니, 우상의 제물과 피와 목매어 죽인 것과 음행을 멀리할지니라. 이에 스스로 삼가면 잘되리라. 평안함을 원하노라"(행 15:28-29).

물론 율법의 정신으로부터도 자유롭게 된 것은 아니다. 율법의 정신은 하나님을 사랑하고 이웃을 사랑하는 삶이다. 하나님을 사랑하는 가장 중요한 덕목은 '거룩함'이다. 이웃을 사랑하는 가장 중요한 덕목은 '긍휼히 여김'이다.

하나님은 제사장들과 그들의 가족이 먹는 '성물(제사 드리고 남은 음식물)'에도 '거룩'의 개념을 적용하셨다(레 22장). 제사의 음식물이 거룩하기 때문에 부정한 사람이나 가족이 아닌 사람(출가한 딸까지 포함하여)은 먹을 수 없었다. 여기에서 '부정한 사람'은 장애를 가진 사람이 아니다. 율법을 어기고 자기 몸을 불결하게 만든 사람이다. 출가했다가 과부가 되어 돌아온 딸이나 돈 주고 산 종들은 먹을 수 있었다. 그들은 한 가족이기 때문이다.

> "너희는 내 성호(聖號, 거룩한 이름)를 속되게 하지 말라. 나는 이스라엘 자손 중에서 거룩하게 함을 받을 것이니라. 나는 너희를 거룩하게 하는 여호와요 너희의 하나님이 되려고 너희를 애굽 땅에서 인도하여 낸 자니 나는 여호와이니라"(레 22:32-33).

6. 절기들에 대한 율법

:: 레 23장 ::

레위기 23장은 안식일을 비롯하여 이스라엘 백성들이 지켜야 할 절기들을 기록하고 있다. 그들은 절기들을 지킴으로 하나님의 구원의 능력을 기억하며 거룩한 삶을 살아갈 수 있었다.

모세는 절기들을 다루기 전에 먼저 안식일에 대해 언급했다.

> "엿새 동안은 일할 것이요 일곱째 날은 쉴 안식일이니 성회의 날이라. 너희는 아무 일도 하지 말라. 이는 너희가 거주하는 각처

에서 지킬 여호와의 안식일이니라"(레 23:3).

신약시대에는 안식 후 첫날, 곧 예수님께서 부활하신 날을 '주의 날'로 기념하고 예배를 드렸다. 한 주에 한 번씩 온 교회가 모여서 함께 예배드린다는 사실이 얼마나 큰 축복인가. 그 예배를 통하여 우리의 영혼이 회복되고 은혜와 사랑이 강물처럼 흘러간다. 성도들의 얼굴에는 기쁨이 가득하고 새로운 주간을 살아갈 수 있는 생기가 넘쳐난다.

요즘 코로나19 바이러스(Covid-19)가 온 세계에 창궐하고 있다. 내가 살고 있는 미국에서도 사회활동이 거의 마비되었다. 모두들 집 안에만 머물러 있다. 확진자는 200만 명에 육박하고 실직자도 3,000만 명을 훌쩍 넘어섰다. 눈에 안 보이는 코로나 바이러스가 온 세계를 마비시키고 있다. 그 파괴력이 세계대전(世界大戰) 못지않다.

무엇보다도 그리스도인들에게 가장 고통스러운 일은 함께 모여 예배드릴 수 없다는 사실이다. 대부분의 교회가 문을 닫고 인터넷으로 예배를 드린다. 그나마도 감사한 일이다. 내가 섬겨왔던 감사한인교회도 인터넷으로 예배를 드린다. 화면의 빈자리에 내가 앉아 있는 모습이 스쳐 지나가면 만감이 교차한다. 그래도 빈 공간에서 온 힘을 다해 말씀을 전하시는 담임목사님이 고맙고 감사하다. 처음으로 인터넷 예배를 드린 주일 오후에 최영선 목사님에게서 카톡이 왔다. 은퇴하신 후에 나와 함께 우리 교회에 출석하고 계시는 목사님이시다. 그분의 허락을 받고 카톡 내용을 여기에 올린다.

〈지상(地上) 교회, 어째서 필요한가?

어제는 내가 이제껏 경험해 본 적이 없는 본 교회 주일 대예배를 인터넷으로 드리며 어색했습니다. 목욕재계하고 습관을 따라 *마음을 다하고, *뜻을 다하고, *성품을 모아, 정착(正着)/정시(正視)/정청(正聽)/정복(正服)으로 보이지 않는 회중과 함께 찬송을 부르는데 눈시울이 뜨거워졌습니다. 양 볼에 의미를 알 수 없는 눈물이 주르르 흘러내렸습니다. 먼저 감사했고요, 무한 고마웠습니다. 표현은 어색해도 영상으로 만나는 주님을 향해 엎드려 절이라도 하고픈 심정이었습니다.

본당 예배만은 못했지만 그래도 웬 은혜입니까? 그러나 나는 구(舊)세대가 분명한가 봅니다. 알기는 하겠는데 느낌까지는 모르겠고, 머리까지는 왔는데 가슴까지는 미치지 못하는, 아쉬운 심령은 무엇으로 채워야 할꼬. '간 세대'는 어쩔 수 없나 봅니다. 내일은 교회 건물이라도 바라보며 지나쳐야 심정이 풀리겠다고 생각하며 영상예배를 끝냈습니다.

첫 경험인데도 내 심령에 진하게 남는 고마움이 있습니다. 인터넷을 통해서라도 내 마음을 제단 위에 올려놓을 수 있었다고 생각하니 날아갈 듯 예쁜 추억이 될 것 같습니다. 그러나 교회에 나아가 매 주일 예배하던 그 자리에서 "주님, 내가 여기 왔사오니 나를 받으소서"라고 이렇게 뜨거운 가슴으로 기도하며 목사님과 마주하는 주일이 벌써부터 그리워집니다. 지상교회가 어째서 필요한가를 몸으로 체험케 해주신 주님께 감사드립니다.〉

주일에 성도들이 함께 모여 드리는 예배는 축복이다. 우리는 이런 예배를 통하여 천국의 일상을 맛보게 된다. 그러므로 어떤 상황에서도 예배를 소중히 여겨야 한다. 다시 이스라엘의 절기로 돌아가 보자.

첫째 절기는 유월절과 무교절이다. 이스라엘이 애굽에서 보낸 마지막 날, 하나님의 사자가 온 애굽의 장자들을 죽이던 그날 저녁, 문틀에 어린 양의 피를 바른 이스라엘 집은 천사가 그냥 건너갔다. 그래서 '넘어간다'(Passover)라는 뜻의 유월절(逾越節)이 생겨났다. 유월절 다음 날은 안식일이다. 그날부터 일주일 동안 누룩을 넣지 않은 떡과 쓴 나물을 먹으며 무교절(無酵節)을 지켰다. 무교절은 애굽에서 종살이하던 고통을 기억하고, 구원해 주신 하나님의 은혜에 감사드리는 절기였다. 유월절과 무교절에는 번제와 속건제를 드렸다. 유월절은 이스라엘 달력으로 니산월 14일이다. 태양력으로는 3-4월 중 어느 날이다.

둘째 절기는 초실절(初實節)이다. 말 그대로 '처음 익은 곡식으로 하나님께 감사 제사를 드리는 절기'였다. 농부들이 곡식 단을 가져오면 제사장들은 하나님 앞에서 그 단을 흔들며 감사 제사를 드렸다. 초실절은 유월절과 무교절에 잇대어 있었다. 이스라엘의 절기들은 이렇게 집중되어 있어서 그 의미가 극대화되었다. 유월절과 무교절을 통해 구원의 은혜에 감사하고, 초실절에는 지난 겨울 동안 돌보아주신 은혜에 감사했다. 초실절의 예물을 드리기 전까지는 일절 새로운 곡식으로 만든 음식을 먹지 않았다. 무엇보다 먼저 감사하는 백성이 되었다.

셋째 절기는 오순절(五旬節)이다. 양력으로 치면 5-6월경이다. 초실절에 처음 익은 곡식 단을 드린 후 50일째 되는 날, 이번에는 처음 익은 밀 이삭으로 추수감사 제사를 드렸다. 물론 초실절 때와 마찬가지로 여러 짐승들의 화제를 곁들여 드렸다. 신약시대에는 예수님께서 약속하신 성령님이 오순절에 임하셨기 때문에 성령강림절로 기념되고 있다. 두 번째 추수절을 지키라는 말씀 중에 불쑥 다음과 같은 구절이 나온다.

> "너희 땅의 곡물을 벨 때에 밭모퉁이까지 다 베지 말며 떨어진 것을 줍지 말고 그것을 가난한 자와 거류민을 위하여 남겨두라. 나는 너희의 하나님 여호와이니라"(레 23:22).

과부와 고아, 가난한 자, 함께 살고 있는 거류민(타국인)들, 하나님께서는 항상 이들을 기억하셨다. 어렸을 때의 한 장면이 기억난다. 밭에서 보리를 거두던 날, 어머니는 밭 귀퉁이를 베지 않고 남겨두셨다. 족히 다섯 평 정도의 넓이였다. 왜 거두지 않느냐고 물었더니 "없는 사람들 먹게 놔둬라" 하는 대답이 돌아왔다. 그때는 이해할 수가 없었다. 지금 생각해 보면 아마도 부흥회에서 그런 말씀을 듣고 나름대로 실천하셨던 것 같다.

어머니를 생각하면 또 한 가지 잊을 수 없는 일이 있다. 1961년 5월 16일에 혁명이 일어나고, 25일에 '농어촌 고리채 정리령(令)'이 내려졌다. 지금 읽어보아도 복잡한 법령인데 당시의 농민들이야 오죽했으랴. 단순하게 모든 빚이 면제된다고 이해했다. 어머니는 아무것도 없는 집에 시집 오셔서 땀과 눈물로 집안을 일으키셨다. 그때는 땅 없는 사람들이 남의 집에 가서 일하고 품삯을 받아 살았다. 일거리가 없는 겨울에는 쌀을 빚내다가 허기를 면했다. 봄이 오면 일해주고 품삯으로 내신하겠다고 약속했다. 그러나 일로는 그 빚을 다 갚을 수가 없었다. 이집 저집에서 꾸어다가 먹었으니까…. 그래서 빚은 자꾸만 늘어갔다. 당시의 이자는 1년에 50%였다. 쌀 한 가마를 빌려다 먹으면 다음 해에 한 가마 반을 갚아야 했다. 가난한 사람들은 빚에서 헤어날 길이 없었다. 그래서 만든 법이 '고리채(높은 이자로 빌리는 돈) 정리법'이었다.

내 기억으로는 어머니도 100여 가마나 되는 쌀을 포기하셔야 했다. 지금도 잊히지 않는 것은 그때 보여주신 어머니의 의연한 모습이었다. 어머니는 그렇게 해서라도 가난한 사람들이 살게 되었으니 잘된 일 아니냐고 말씀하셨다. 세상 교육은 받지 못했지만 하나님의 말씀을 따라 선하고 바르게 사셨던 아름다운 모습이 지금도 내 마음에 선명하게 남아 있다.

넷째 절기는 나팔절과 초막절이다. 이스라엘력(歷)으로 7월 1일이면 신년(新年)이 시작된다. 태양력으로 치면 9-10월경이다. 이날 전국 각지에서 나팔을 불며 새해를 축하했다. 이날에는 모든 노동을 쉬고 하나님께 제사를 드렸다.

그 달의 10일은 대속죄일로 지켰다. 유월절을 중심으로 무교절과 초실절이 모여 있었던 것처럼, 7월에도 나팔절과 속죄일과 초막절이 모여 있었다. 속죄일의 행사에 대해서는 레위기 16장에서 이미 자세히 설명했다. 그날 해야 할 중요한 일이 하나 더 있었다.

> "이는 너희가 쉴 안식일이라. 너희는 스스로 괴롭게 하고 이 달 아흐렛날 저녁 곧 그 저녁부터 이튿날 저녁까지 안식을 지킬지니라"(레 23:32).

가끔 절기를 안식일로 표현할 때가 있다. 그것은 6일 동안 일하고 7일째에 쉬는 의미의 안식일이 아니다. 7월 10일에 지키는 속죄일도 안식일로 지키라고 했다. 그런데 속죄일에는 한 가지 일을 더했다. 그것은 '스스로 괴롭게 하는 일'이었다. '스스로 괴롭게 하다'의 히브리어 어근(語根)은 '아나'(עָנָה)로서 '스스로 겸손하다. 머리를 숙이다. 자책하다. 자신을 비하하다. 괴롭히다. 낮추다. 의기소침하다'라는 뜻이다. 속죄일에 자기를 괴롭히지 않으면 백성들 중에서 끊어질 것이라고 하셨다. 어떻게 스스로를 괴롭힐 수 있을까? 이것은 육체적인 괴롭힘이 아니다. 성경은 이교도들처럼 자기 몸에 상처를 입히고 피를 흘리는 행위를 권장한 적이 없다. 물론 금식하는 경우는 있었다. 그러나 속죄일에 금식하라는 명령은 없었다. 그렇다면 스스로를 괴롭히는 방법은 한 가지뿐이다. 그것은 통회하고 자복하며 회개하는 일이다. 속죄와 회개보다 더 조화(調和)를 이루는 말도 없다.

속죄일은 전적으로 회개하는 날이었다. 회개하지 않고 어떻게 속죄제사를 드리겠는가? 그리스도인들은 회개하는 사람들이다. 회개는 축복이다. 무거운 죄짐을 벗고 새로운 삶을 시작하기 때문이다. 하나님께서 회개하는 자의 눈물을 닦아주시고 새 사람이 되게 하신다. 입에는 찬송이 가득하고 눈에는 눈물이 가득하다. 회개가 우리에게 최고의 기쁨과 자유를 선물해 준다.

오늘 아침에 동부에 계시는 목사님과 통화를 했다. 양로원에 계시던 어머니가 폐렴으로 세상을 떠나셨는데 코로나 바이러스 같다고 했다. 임종도 지켜보지 못한 채 화장터로 가셨는데 오늘 아침에 분(粉)으로 오셨다고 했다. 위로의 말씀을 드렸지만 마음이 편치 않았다. 왜 이런 일이 전 세계적으로 일어나고 있을까? 우리는 그 원인을 가볍게 단정할 수 없다. 의료계의 전문가들이 차차 밝혀낼 것이다. 아니면 영구히 묻혀버릴 수도 있다. 치료하기 위해 애쓰는 의료진들이 참 고맙다. 뒤에서 재난을 다스리기 위해 주야로 수고하는 모든 분들이 감사하다. 그런데 하나님을 믿는 우리가 이때에 할 수 있는 다른 일은 없을까?

솔로몬이 성전 건축을 마친 후에 하나님께서 약속의 말씀을 주셨다.

> "밤에 여호와께서 솔로몬에게 나타나사 그에게 이르시되, 내가 이미 네 기도를 듣고 이곳을 택하여 내게 제사하는 성전을 삼았으니 혹 내가 하늘을 닫고 비를 내리지 아니하거나 혹 메뚜기들에게 토산을 먹게 하거나 혹 전염병이 내 백성 가운데에 유행하게 할 때에 내 이름으로 일컫는 내 백성이 그들의 악한 길에서 떠나 스스로 낮추고 기도하여 내 얼굴을 찾으면 내가 하늘에서 듣고 그들의 죄를 사하고 그들의 땅을 고칠지라. 이제 이곳에서 하는 기도에 내가 눈을 들고 귀를 기울이리니 이는 내가 이미 이 성전을 택하고 거룩하게 하여 내 이름을 여기에 영원히 있게 하였음이라 내 눈과 내 마음이 항상 여기에 있으리라"(대하 7:12-16).

베드로의 말처럼 우리는 왕 같은 제사장들이다(벧전 2:9). 제사장의 사명은 백성들을 위하여 하나님께 제사를 드리고 간구하는 일이다. 이 어려운 시절에 우리가 해야 할 일도 세계를 대신하여 하나님 앞에 회개하며 간구하는 일이다. 오늘날 이 세상은 하나님을 무시하고 멸시한다. 하나님의 도우심 없이도 얼마든지 살아갈 수 있다고 큰 소리 친다. 모든 일에 자신만만하다.

지난 수십 년 동안 세상은 눈부시게 발전해 왔다. 별들을 향해 우주선을 보내고 정복자의 꿈을 꾸며 생명도 창조해 낼 수 있다고 큰 소리쳤다. 아무도 하나님의 주권 앞에 무릎 꿇으려고 하지 않는다. 세상의 문화는 걸핏하면 예수님을 모욕한다. 예수님을 믿는 우리들은 어떤가. 그의 거룩하신 이름이 멸시를 당하는데도 우리는 가슴 아파하지 않는다. 그냥 대수롭지 않게 생각하며 살아간다.

눈에 보이지 않는 바이러스 때문에 온 세계가 두려움에 잠겨 있다. 바이러스를 예방할 백신도 잘해야 1년 후에나 나오리라고 한다. 이때에 우리 그리스도인들이 할 수 있는 일은 무엇일까? 왕 같은 제사장으로서 하나님 앞에 스스로 겸비하게 낮추고 이 세상의 죄를 용서해 주시라고 회개해야 하지 않겠는가? 이 세계를 긍휼히 여겨 주시라고 부르짖어야 하지 않겠는가? 다른 사람의 죄라고 탓할 필요는 없다. 제사장은 백성을 탓하는 사람들이 아니다. 백성의 허물을 짊어지고 하나님 앞에 나아가는 사람들이다. 긍휼히 여기심을 구하며 무릎 꿇는 사람들이다. 그러다가 자신의 죄가 기억나면 함께 회개하면 된다. 그것은 가외(加外)의 축복이다. 언젠가는 유행병(Pandemic)이 끝나고 일상으로 돌아갈 것이다. 그러나 우리는 하나님의 제사장들로서 이 세상을 위하여 회개하는 일을 멈추지 말아야 한다. 두문불출(杜門不出)한 채 레위기를 읽으면서 나는 지금 그런 회개의 기도를 드리고 있다.

대속죄일이 끝나면 초막절(草幕節)이 시작된다. 이스라엘 달력으로 7월 15일부터 한 주간 동안 지키는 절기다. 훗날에는 장막절 혹은 수장절이라고도 불렸다. 이때는 모든 곡식을 다 거둔 때였으므로 추수감사절의 의미도 있었다. 이스라엘 백성들은 종려나무와 버드나무와 무성한 나무의 가지들로 초막을 짓고 일주일 동안 그 안에서 지냈다. 광야에서 40년 동안 그들의 조상들을 인도해 주셨던 하나님의 은혜를 회상하고 감사드리는 시간이었다. 지금도 전통적인 유대인들은 아버지와 아들들이 일주일 동안 이 초막 안에서 지내면서 구약의 말씀들을 읽고 배운다고 한다.

인생을 살다 보면 생일, 졸업, 결혼기념일 등등 많은 기념일들이 있다. 신앙생활에도 기념일 몇 개쯤 있다면 훨씬 더 뜻깊을 것이다. 예를 들면, 예수님을 특별히 만난 날, 성령으로 충만함을 받은 날, 큰 잘못을 깨닫고 회개하며 돌아선 날, 오랫동안 껄끄러웠던 사람과 화해했던 날, 극심한 시련과 환난으로부터 벗어난 날 등을 기억한다면 행복할 것이다.

7. 의식적(儀式的)이고 도덕적인 규례들

:: 레 24장 ::

제사의식과 성결의식은 하나님을 기억하는 최선의 방법이다. 그 규례들이 아브라함과 이삭과 야곱을 택하신 하나님, 이스라엘을 애굽에서 건져내신 하나님, 광야를 지날 때 함께하시고 마침내 약속하신 가나안 땅을 기업으로 주신 하나님을 기억하도록 도와준다. 그러므로 성소에서 드리는 제사와 의식들은, 적어도 예수 그리스도께서 그 모든 법을 다 성취하실 때까지 계속되어져야 했다.

그러나 성경을 읽어보면 금으로 만든 등잔에 대한 언급이 솔로몬의 손자 아비야 왕 이후에 사라졌다(대하 13:11). 스가랴 선지자가 금 등잔을 몇 번 언급했지만 그것은 환상에서 보았던 등잔이었다. 성소에 일주일에 한 번씩 새 것으로 올리던 '거룩한 떡'도 다윗 이후에 더 이상 언급이 없다. 그러다가 히스기야 왕과 요시야 왕 때에 대대적인 종교개혁이 일어났다. 아마 그때에 잠시 동안 성소의 금 등잔에 불이 켜지고 떡 상에 거룩한 떡이 올려졌을 것이다. 이스라엘 백성들은 이상할 정도로 쉽게 하나님을 잊어버렸다. 그러자 두 가지 결과가 다가왔다. 하나는 우상 숭배요 다른 하나는 하나님의 진노였다.

> "하나님을 잊어버린 너희여 이제 이를 생각하라. 그렇지 아니하면 내가 너희를 찢으리니 건질 자 없으리라"(시 50:22).

성소의 등잔에는 최상급 감람유를 사용하라고 하셨다. 저녁 해 지기 전부터 다음 날 아침 해가 뜰 때까지 등잔의 불이 타올라야 했다. 이 일을 맡은 제사장은 늘 깨어 있어야 했다. 성소의 거룩한 떡들은 광야에서 이스라엘을 돌보시던 하나님의 인자하심과 자비하심을 기억나게 했다. 일주일에 한 번씩 새로운 떡으로 바꾸어 드렸다.

성소의 등잔과 떡은 예수님을 상징한다. 예수님께서 생명의 빛으로 세상에 오셨다(요 1:4). 그리고 우리들을 빛의 사람들이 되게 하셨다. 우리는 세상을 비추는 등잔이다. 내 안에서 꺼지지 않는 빛은 바로 예수님이시다. 그리스도인의 신앙생활은 내 속에 계시는 예수님을 의식하는 삶이다. 한 사람의 빛은 약하지만 함께 있으면 온 세상이 환해진다.

예수님은 또한 우리에게 생명을 주시는 떡으로 오셨다.

> "나는 하늘에서 내려온 살아 있는 떡이니 사람이 이 떡을 먹으면 영생하리라 내가 줄 떡은 곧 세상의 생명을 위한 내 살이니라 하시니라"(요 6:51).

등불과 떡이 항상 있었던 것처럼 우리도 예수님과 동행해야 한다. 혹시 분주한 세상일들로 잠시 예수님을 잊었다면 즉시 되돌아가야 한다. 천국에서 영원히 예수님과 함께 살 때까지 우리의 영혼에 등불이 꺼지지 않고 떡이 떨어지지 않게 해야 한다. 왜냐하면 우리가 곧 하나님의 성전이기 때문이다.

> "너희는 너희가 하나님의 성전인 것과 하나님의 성령이 너희 안에 계시는 것을 알지 못하느냐. 누구든지 하나님의 성전을 더럽히면 하나님이 그 사람을 멸하시리라. 하나님의 성전은 거룩하니 너희도 그러하니라"(고전 3:16-17).

다음에는 여호와의 이름을 모독한 죄에 대한 처벌이 나온다. 이스라엘 회중 가운데서 싸움이 일어났다. 개인적인 다툼이었다. 그 중의 한 사람은 슬로밋이라고 하는 여인의 아들이었다. 아버지는 애굽인이었다. 왜 굳이 아버지가 애굽인이었다고 기록했을까? 아마도 싸움의 동기가 거기에 있었을지 모른다. 이 사람이 싸우면서 하나님의 이름을 모독하고 저주했다. 모세는 어떻게 처결해야 할지 먼저 하나님께 물었다. 그리고 이튿날 하나님의 말씀을 따라 온 회중이 그를 돌로 쳐 죽였다.

> "너는 이스라엘 자손에게 말하여 이르라. 누구든지 그의 하나님을 저주하면 죄를 담당할 것이요 여호와의 이름을 모독하면 그를 반드시 죽일지니 온 회중이 돌로 그를 칠 것이니라. 거류민이든지 본토인이든지 여호와의 이름을 모독하면 그를 죽일지니라"(레 24:15-16).

하나님은 온 세계를 지으신 창조주이시다. 만물이 다 그의 것이다. 하나님은 과거의 하나님만이 아니시다. 모세 때에 그의 이름을 거룩하게 여기셨던 하나님께서 지금은 달라지셨을까? 아니다. 변치 않으신다. 근래 들어 입에 담을 수 없는 말들로 하나님을 모독하는 세상을 본다. 잊어버릴 만하면 예수님을 모독하는 영화들이 제작되곤 한다. 그런데 왜 지금은 아무 일도 일어나지 않고 있을까? 사도 베드로는 이렇게 대답했다.

> "사랑하는 자들아 주께는 하루가 천 년 같고 천 년이 하루 같다는 이 한 가지를 잊지 말라. 주의 약속은 어떤 이들이 더디다고 생각하는 것같이 더딘 것이 아니라 오직 주께서는 너희를 대하여 오래 참으사 아무도 멸망하지 아니하고 다 회개하기에 이르기를 원하시느니라. 그러나 주의 날이 도둑같이 오리니 그날에는 하늘이 큰 소리로 떠나가고 물질이 뜨거운 불에 풀어지고 땅

과 그중에 있는 모든 일이 드러나리로다"(벧후 3:8-10).

심판은 반드시 찾아온다. 지체되는 까닭은 하나님의 사랑 때문이다. 더 많은 사람들이 구원받기 원하시는 하나님의 인자하심 때문이다. 우리는 이 세상이 하나님의 사랑에 올바른 반응을 보이고 회개할 수 있도록 기도하고 외쳐야 한다.

24장 후반에는 사람이나 짐승에게 상해를 입혔을 때의 규례가 나온다.

"사람이 만일 그의 이웃에게 상해를 입혔으면 그가 행한 대로 그에게 행할 것이니 상처에는 상처로, 눈에는 눈으로, 이에는 이로 갚을지라. 남에게 상해를 입힌 그대로 그에게 그렇게 할 것이며"(레 24:19-20).

원수를 갚으면 속이 시원할까? 하나님께서 우리를 속 시원하게 하시려고 이 율법을 주셨을까? '율법의 마침'이 되신 예수님은 이 율법을 이렇게 해석하셨다.

"또 눈은 눈으로, 이는 이로 갚으라 하였다는 것을 너희가 들었으나 나는 너희에게 이르노니 악한 자를 대적하지 말라. 누구든지 네 오른편 뺨을 치거든 왼편도 돌려 대며"(마 5:38-39).

구약의 하나님과 신약의 예수님이 서로 상반된 말씀을 하고 계신가? 아니다. 예수님은 '아버지와 나는 하나'라고 말씀하셨다(요

10:30). 예수님께서 우리에게 율법의 진의(眞意)를 가르쳐주셨다. '상처에는 상처로, 눈에는 눈으로, 이에는 이로' 갚게 하라는 하나님의 말씀은 예방적 차원의 말씀이다. 하나님의 말씀은 '이웃을 내 몸과 같이' 사랑하고 존중히 여기라는 뜻이다. 물론 의도적으로 살인한 자는 마땅히 죽임을 당해야 했다. 그러나 실수로 타인을 죽게 한 사람은 생명을 부지할 수 있도록 '도피성'을 마련해 주셨다.

예수님께서 "악한 자를 대적하지 말라"고 하셨다. 세상에는 정말로 악한 자들이 있다. 까닭 없이 남을 해치려는 사람들이 있다. 그런 자들과 다툼을 피하려면 아예 대적하지 말아야 한다. 대적한다는 말은 되갚아준다는 뜻이다. 되갚아주려다가 도리어 다툼이 커질 수 있다. 상대가 계속 악을 행하거든 법정에 호소하라. 그러나 은연중에 원수를 갚으려는 마음은 버리자. 원수 갚는 방법은 따로 있다. 바울의 권면이다.

> "내 사랑하는 자들아 너희가 친히 원수를 갚지 말고 하나님의 진노하심에 맡기라. 기록되었으되 원수 갚는 것이 내게 있으니 내가 갚으리라고 주께서 말씀하시니라. 네 원수가 주리거든 먹이고 목마르거든 마시게 하라 그리함으로 네가 숯불을 그 머리에 쌓아 놓으리라"(롬 12:19-20).

율법의 완성은 원수 갚는 것이 아니고 용서하는 삶이다. 예수님의 말씀이다.

> "너희가 사람의 잘못을 용서하면 너희 하늘 아버지께서도 너희

잘못을 용서하시려니와 너희가 사람의 잘못을 용서하지 아니하면 너희 아버지께서도 너희 잘못을 용서하지 아니하시리라"(마 6:14-15).

8. 안식년과 희년에 대한 규례들

:: 레 25장 ::

안식년은 땅을 묵혀두는 해다. 안식년은 가나안 땅에 들어간 지 7년째부터 지키라고 하셨다. 왜 땅에 안식년이 필요할까? 땅이 힘을 잃으면 곡식을 길러내지 못한다. 소위 지력(地力)이 상실되었기 때문이다. 여러 가지 이유들이 있다. 식물은 자라면서 토양에 독성을 뿜어낸다. 비가 자주 오지 않으면 땅이 그 독성을 이겨내지 못하고 주저앉게 된다. 그래서 농부들은 여러 가지 식물을 번갈아 심거나 아니면 일정한 크기의 땅을 돌아가면서 한두 해 동안 쉬게 한다. 이런 땅을 휴한지(休閑地) 혹은 휴경지(休耕地)라고 부른다.

하나님께서 7년째에 모든 땅을 쉬게 하셨다. 보통 땅은 3-4년마다 쉬어야 한다. (참고로, 벼농사는 물을 가두어놓고 짓기 때문에 땅을 쉬게 할 필요가 없다.) 그렇다면 작은 강수량으로 농사를 지으며 7년 마다 쉬는 가나안 땅은 말 그대로 '젖과 꿀이 흐르는 땅'이다. 안식년에는 저절로 자란 곡식과 과일을 따 먹었다. 그것도 가난한 사람들과 거류민들이 주인과 함께 나누어 먹었다. 6년째 되는 해에는 두 해 동안 먹을 양식을 하나님께서 주시겠다고 약속하셨다. (안식년에 대한 규정은 신명기 15장에서 자세히 다루려고 한다.)

일곱 번째 안식년을 지나고 맞는 해는 희년(禧年)이다. 그해에도 땅을 쉬게 했다.

"너희는 오십 년째 해를 거룩하게 하여 그 땅에 있는 모든 주민을 위하여 자유를 공포하라. 이 해는 너희에게 희년이니 너희는 각각 자기의 소유지로 돌아가며 각각 자기의 가족에게로 돌아갈지며 그 오십 년째 해는 너희의 희년이니 너희는 파종하지 말며 스스로 난 것을 거두지 말며 가꾸지 아니한 포도를 거두지 말라. 이는 희년이니 너희에게 거룩함이니라. 너희는 밭의 소출을 먹으리라"(레 25:10-12).

희년에는 자유를 선포했다. 백성들 가운데 팔려갔던 종들이 가족에게로 돌아갔다. 팔렸던 땅이나 집도 원래 주인에게로 돌아갔다. 희년이 되기 전에도 그 땅을 무를 권리가 땅의 주인에게 있었다. 자신이 돈을 모아 땅값을 돌려줄 수 있다면, 혹은 그의 가까운 친척이 넉넉하여 도와줄 수 있다면, 땅을 샀던 사람은 언제라도 그들의 요구에 응해야 했다. 그러나 희년에는 따로 돈을 지불할 필요가 없었다. 희년은 모든 사람들이 다시 시작하는 은혜의 해였다.

희년이 오기 전에 하나님께서 3년치 먹을 양식을 주시겠다고 약속하셨다. 안식년과 희년, 그리고 그 다음 해에 추수할 때까지 먹을 양식이다. 얼마나 큰 축복인가? 희년이 오면 흩어졌던 가정이 회복되고, 빈부의 격차가 해소되며, 조상들이 받았던 땅을 되찾았다. 그런데 이스라엘의 역사를 보면 이 복된 제도가 오래 가지 못했다.

왜 그랬을까? 탐욕 때문이었을 것이다. 탐욕은 하나님의 선하심과 인자하심에 대한 불신앙에서 온다. 탐욕은 내 능력으로 살아보려고 하는 사람들의 교만에서 온다. 탐욕이 우리를 넘어지게 한다. 탐욕으로 성공한 사람은 아무도 없다.

오랫동안 잊고 살던 희년을 예수님께서 회복시켜 주셨다. 예수님께서 선포하신 희년은 50년마다 오는 희년이 아니고 영원한 희년이 되었다. 유대인들에게만 적용되는 희년이 아니고 온 세계 모든 민족들이 함께 누리는 희년이 되었다. 예수님을 믿는 사람은 희년, 곧 은혜의 해를 누리며 살아가야 한다.

> "예수께서 그 자라나신 곳 나사렛에 이르사 안식일에 늘 하시던 대로 회당에 들어가사 성경을 읽으려고 서시매 선지자 이사야의 글을 드리거늘 책을 펴서 이렇게 기록된 데를 찾으시니 곧, '주의 성령이 내게 임하셨으니 이는 가난한 자에게 복음을 전하게 하시려고 내게 기름을 부으시고 나를 보내사 포로 된 자에게 자유를, 눈 먼 자에게 다시 보게 함을 전파하며 눌린 자를 자유롭게 하고 주의 은혜의 해를 전파하게 하려 하심이라' 하였더라. 책을 덮어 그 맡은 자에게 주시고 앉으시니 회당에 있는 자들이 다 주목하여 보더라. 이에 예수께서 그들에게 말씀하시되, 이 글이 오늘 너희 귀에 응하였느니라 하시니"(눅 4:16-21).

이스라엘의 토지 값은 희년을 중심으로 매겨졌다. 희년까지의 햇수가 많이 남아 있으면 비싸게 거래했고, 적게 남아 있으면 싸게 거래했다. 희년이 오면 원래 주인에게 그 땅을 돌려주어야 했기 때문이다. 왜 하나님께서 이런 법을 제정하셨을까? 하나님이 땅의 주인이시기 때문이다. 어찌 땅뿐이겠는가? 생명의 주인은 아니신가? 재물도 우리의 소유가 아니다. 하나님께서 잠시 맡겨주신 것들이다.

> "토지를 영구히 팔지 말 것은 토지는 다 내 것임이니라. 너희는 거류민이요 동거하는 자로서 나와 함께 있느니라"(레 25:23).

가옥에 관한 법은 조금 달랐다. 성 밖에 있는 가옥은 땅처럼 무르거나 희년에 되돌려 받을 수 있었다. 그러나 성 안에 있는 가옥은 무를 수 있는 기한이 1년이었다. 그 기간이 지나면 새로운 소유주가 영원한 주인이 되었다. 한편 레위인들의 가옥과 토지는 희년의 법에 의해 영원히 그들의 것으로 되돌아갔다.

하나님께서 두 번이나 "너희 각 사람은 그의 형제를 속이지 말라"고 하셨다. 속이는 사람은 형제에게 큰 해를 끼친다. 하나님은 그들과 함께 사는 타국인들에게 사랑을 베풀라고 하셨다. 이스라엘도 애굽에서 거류민으로 살았기 때문이다. 또한 가난한 형제들을 외면하지 말라고 명하셨다.

> "너는 그에게 이자를 받지 말고 네 하나님을 경외하여 네 형제로 너와 함께 생활하게 할 것인즉 너는 그에게 이자를 위하여 돈을 꾸어 주지 말고 이익을 위하여 네 양식을 꾸어 주지 말라"(레 25:36-37).

옛말에 '돈 잃고 사람 잃는다'는 말이 있다. 돈을 꾸어주고 돌려받지 못할 때 하는 말이다. 돈을 갚지 못한 사람들은 미안해서 멀리 피해 다닐 것이다. 성도들은 교회 내에서 이자를 받을 목적으로 돈을 꾸어주지 말아야 한다. 나라가 원금을 보증하는 은행이 있으니 그곳을 이용하면 된다. 35년 동안 목회하면서 나는 늘 "성도들 사이에 이윤을 목적으로 돈을 꿔주는 일을 삼가라"고 강단에서 가르쳤다. 돈을 꾸어준 후에 좋은 결말을 본 적이 없었기 때문이다. 혹시 돌려받지 않아도 괜찮다면 거저 주시라. 오른손이 하는 것을 왼손이 모르게 조용히 도와주시라. 그러면 하나님께서 갚아주실 것이다.

9. 다섯 가지 축복과 네 가지 저주

:: 레 26장 ::

레위기 26장은 신명기 28장과 더불어 언약의 백성들이 받을 축복과 저주에 대한 말씀이다. 이스라엘 자손들이 반드시 지켜야 할 '규례와 법도와 율법'을 주신 후에 하신 말씀이다. 순종하면 상을 받을 것이고 불순종하면 벌을 받을 것이다.

순종과 불순종의 분수령은 두 가지다. 하나는 우상 숭배를 멀리하는 일이요, 다른 하나는 안식일을 준수하고 성소에서 하나님을 섬기는 일이다. 사실상 이 두 가지는 하나다. 안식일을 잘 지키고 성소를 중심으로 사는 백성들은 자연히 우상을 멀리하게 될 것이다. 우상은 나무로 깎거나 쇳물을 부어서 만든다. '우상'이라는 단어는 '헛된, 공허한, 텅 빈, 무가치한, 아무것도 아닌'이라는 의미다. 이사야서에서 대표적인 몇 구절을 읽어보자.

> "보라 그들은 다 헛되며 그들의 행사는 허무하며 그들이 부어 만든 우상들은 바람이요 공허한 것뿐이니라"(사 41:29).

> "(나무를 가져다가) 그중의 절반은 불에 사르고 그 절반으로는 고기를 구워 먹고 배불리며 또 몸을 덥게 하여 이르기를 '아하 따뜻하다 내가 불을 보았구나' 하면서 그 나머지로 신상 곧 자기의 우상을 만들고 그 앞에 엎드려 경배하며 그것에게 기도하여 이르기를 너는 나의 신이니 나를 구원하라 하는도다"(사 44:16-17).

안식일을 지키면 하나님을 경외(敬畏)하는 삶을 살게 된다. 이런 사람은 절대로 우상을 숭배할 수 없다. 레위기 26장 3-13절까지는 하나님을 섬기는 자들이 받을 축복들이고 14-39절까지는 우상을 숭배하는 자들이 받을 저주들이다. 그리고 40절부터 46절까지는 '그럼에도 불구하고 그의 백성들을 구원하시는 하나님의 은혜'에 대한 말씀이다. 한 단락씩 살펴보자.

이스라엘 백성들이 하나님의 말씀에 순종하면 다섯 가지의 축복을 받게 된다.

첫째로, 소산의 축복이다(레 26:3-5). 하늘은 철을 따라 비를 내리고 땅은 산물을 내며 나무는 풍성한 열매를 맺는다. 너무 농사가 잘되어서 6월에 시작한 타작이 9월 포도 딸 때까지 계속되고, 9월부터 따기 시작한 포도는 이듬해 3월에 첫 추수를 할 때까지 남아 있다. 소산의 풍성함을 묘사하는 데 이보다 더 멋있는 표현도 없을 것이다.

둘째로, 평화의 축복이다(레 26:6-8). 아무리 소산이 풍성해도 마음에 평화가 없으면 무용지물이다. 하나님께서는 그를 섬기는 백성들에게 평화를 주신다. 누워 잠들 때도 두렵게 할 자가 없고 심산계곡을 홀로 지날 때도 사나운 짐승이 가까이하지 못할 것이다. 칼을 들고 침략하는 외적이 없고, 설사 적군이 온다 할지라도 다섯이 백 명을 쫓아내고 백 명이 만 명을 쫓아낼 것이다. 그리하여 주변의 대적들이 모두 이스라엘 앞에서 엎드러질 것이다.

셋째로, 번성의 축복이다(레 26:9). 하나님께서 이스라엘을 향해 얼굴을 드시고 돌보신다. 훌륭한 농부가 농사를 잘 짓는 것처럼 창조주 하나님께서 돌보아주시니 이스라엘은 번성하게 된다. 출산의 축복이 임하여 인구가 늘어나고, 나라가 튼튼하여 주변 국가들 중에 으뜸이 되게 하신다. 그리하여 하나님께서 아브라함과 이삭과 야곱에게 하셨던 모든 약속이 다 이루어질 것이다.

넷째로, 번영의 축복이다(레 26:10). 번성이 사람에 대한 축복이라면 번영은 물질적인 축복이다. 묵은 곡식을 다 먹지 못한 채 햇곡식을 먹게 될 것이다. 그래서 묵은 곡식을 버려야 한다. 그 당시에는 상상도 할 수 없는 대풍작이다. 넉넉하게 하시는 은혜, 염려와 근심이 없게 하시는 은혜, 꾸어줄 수 있는 은혜를 주신다. 인심은 곳간에서 난다고 했다. 주변 나라들이 이스라엘을 부러워할 것이다.

다섯째로, 하나님께서 동행하시는 축복이다(레 26:11-13). 하나님께서 그의 거처를 그들 가운데 두신다. 아무리 아름다운 성전을 건축해도 하나님께서 거하시지 않으면 쓸모가 없다. 그러나 천막일지라도 하나님께서 임재하시면 세상이 달라진다. 하나님께서 그들을 싫어하지 않으신다. 진심으로 사랑하신다. 세상은 하나님께서 그들과 함께하신다는 증거들을 보게 될 것이다. 이스라엘은 '우리는 하나님의 백성'이라고 서로 화답한다. 그들의 조상에게 하나님께서 행하신 일들을 기억하며 감사드린다. 종살이하던 이스라엘을 인도해 내시고, 어깨에 멘 무거운 빗장을 부수며, 저는 다리를 곧게 해주신 하나님, 민족의 수치를 제하시고 영광스럽게 해주신 하나님의 은혜를 찬양한다.

그런가 하면 우상을 숭배하는 자들에게 네 가지의 저주가 임한다. 모든 계약서에는 위반 시에 받는 책벌이 있다. 하나님과 이스라엘 사이의 언약에도 그런 조항들이 있었다. 그런데 이 조항들은 마치 파도 위에 다른 파도가 밀려오는 것처럼 그 저주가 점점 더 커진다. 하나님께서 왜 그토록 중한 벌을 내리실까? 자녀들로 하여금 죄를 회개하고 돌아오게 하시기 위해서였다.

첫째로, 질병의 저주다(레 26:16). 질병의 고통은 아무리 미화(美化)시켜도 아름답지 않다. 물론 신앙으로 질병의 고통을 이겨내며 그 가운데서 삶의 진리를 발견한 사람들도 있다. 대표적인 인물들 가운데 한 사람이 '빙점'이라는 신앙소설로 일본과 세계를 감동시킨 미우라 아야코(三浦 綾子) 여사다. 젊은 시절에 폐결핵으로 9년, 척추 만성염증으로 3년을 앓았고, 77세에 세상을 떠나는 날까지 직장암과 파킨슨 같은 중병과 싸우며 살았다. 그러나 그는 질병의 고통을 신앙으로 승화시켰다. 수년 전 홋카이도 아사히카와 시(市)에 있는 그녀의 문학 기념관에서 감명 깊게 읽었던 짧은 글이다.

"아프지 않으면 드리지 못할 기도가 있다.
아프지 않으면 듣지 못할 말씀이 있다.
아프지 않으면 접근하지 못할 성전이 있다.
아프지 않으면 우러러보지 못할 거룩한 얼굴이 있다.
아아, 아프지 않으면 나는 인간일 수가 없다."

그러나 하나님을 모르는 사람은 이런 고백을 할 수가 없다. 더구나 저주로 다가오는 질병이다. 그들은 질병의 고통 속에서 탄식하면서도 하나님을 찾지 않는다. 그런 사람에게 '질병도 축복'이라는 말은 사치에 불과하다. 오히려 분노를 일으킬 것이다.

둘째로, 가난의 저주다(레 26:16-17). 먹을 것이 없어서 사흘을 굶어 보라. 어깨가 축 늘어진 자녀들을 연상해 보라. 가난에는 아름다움이 없다. 악순환이다. 파종해도 싹이 나지 않는다. 그나마 추수해 놓으면 원수들이 와서 빼앗아간다. 바치는 조공 때문에 허리가 휘고 좌절한 백성들은 고향을 떠난다. 때때로 하나님께서 고난을 통하여 그의 백성들이 돌아오기를 기다리신다. 그런데도 이스라엘이 하나님께로 돌아오지 않으면 어떻게 될까? 이전에 내렸던 재앙이 일곱 갑절이나 더 심하게 임한다.

"또 만일 너희가 그렇게까지 되어도 내게 청종하지 아니하면 너희의 죄로 말미암아 내가 너희를 일곱 배나 더 징벌하리라"(레 26:18).

질병과 가난의 재앙도 감당할 수 없는데 거기에다 일곱 갑절이라니, 백성들이 이 둘째 단계의 경고를 제대로 듣기나 했을까? 들었더라면 셋째 단계로 넘어가기 전에 회개하고 돌아섰을 것이다. 둘째 단계에서 하나님은 이스라엘의 교만을 꺾으신다.

> "내가 너희의 세력으로 말미암은 교만을 꺾고 너희의 하늘을 철과 같게 하며 너희 땅을 놋과 같게 하리니 너희의 수고가 헛될지라. 땅은 그 산물을 내지 아니하고 땅의 나무는 그 열매를 맺지 아니하리라"(레 26:19-20).

교만은 우두둑 꺾임을 받아야 끝나는가 보다. 교만의 배후에는 언제나 악한 세력이 있다. 이 세력은 영적인 강팍함이다. 교만은 개인적, 사회적, 정치적인 강고(强固)함이다. 교만의 표어는 '나는 무엇이든지 할 수 있다'(Nothing impossible for me!)이다. 하나님께서 개입하실 자리가 없다. 도움 없이도 얼마든지 잘할 수 있다고 생각한다. 교만한 사회에는 그런 신념과 자신감이 팽배하다. 어떤 때에는 성도들의 가슴에도 그런 바이러스가 들어온다. 어떻게 알 수 있는가? 기도하는 시간이 점점 줄어들다가 어느 순간부터 사라질 때다. 그때는 이미 교만의 영역으로 들어선 후다.

18세기에 이신론(理神論)이라는 신학사조(神學思潮)가 있었다. 계몽주의에 영향을 받은 이신론자들은 표면적으로 하나님의 계심을 믿었다. 그러나 인간이 워낙 탁월한 존재로 지어졌기 때문에 하나님께서 굳이 간섭하실 필요가 없다고 주장했다. 정도의 차이는 있지만 모든 이신론자들에게 한 가지 공통점이 있었다. 그들은 성경의 계시와 기적을 부인했다. 왜 계시를 부인했을까? 말씀하지 않아도 다 알고 있다는 교만함 때문이다. 왜 기적을 부인했을까? 기적은 인간사에 대한 하나님의 필요 없는 개입이라고 생각했기 때문이다. 그들은 하나님의 영역인 '초자연적'이란 말을 거부하고 인간의 영역인 '자연적'이란 말을 선호했다. 그들에게 있어서 하나님은 만날 수도 없고, 관계할 수도 없고, 이해할 수도 없는 사진틀 속의 사진 같은 분이었다.

결국 하나님은 부정되고 인간만 남게 되었다. 그들은 서서히 무신론자들이 되어갔다. 아니면 기껏해야 형식적인 종교인이 되어갔다. 어쨌든 그들은 자신감이 넘쳤다. 모든 일을 잘해 나갈 수 있다고 자신했다. 인류의 미래는 환하게 빛나고 있었다. 인간은 이성적인 존재이며 동시에 지선(至善)의 존재이기 때문이다. 적어도 그들의 생각에는 그랬다.

그런데 이런 생각이 산산이 부서지는 사건이 일어났다. 1914년부터 1918년까지 4년 반 동안 유럽을 초토화시킨 제1차 세계 대전이었다. 다닥다닥 붙어 있는 유럽의 작은 나라들에서 무려 7천여만 명이 전투에 참가했고 그중에 9백여만 명이 전사했다. 인류 역사상 그때까지 사망자가 가장 많은 전쟁이었다. 인간이 짐승과 다를 바 없는 상태로 전락했다. '인간의 위대함'에 대한 무한한 교만은 바닥에 내동댕이쳐지고 폐허 속에 허무주의만 남게 되었다.

하나님께서 교만을 꺾으실 때 어떤 일이 일어나는가? 하늘은 철이 되고 땅은 놋이 된다. 천재지변이 일어난다. 땅은 산물을 내지 않고 나무는 열매를 맺지 못한다. 사람들의 모든 수고와 노력이 절망과 체념 상태에 이르고 만다. 그래도 회개하지 않으면 그 재앙이 일곱 배나 더 강렬해질 것이다.

> "너희가 나를 거슬러 내게 청종하지 아니할진대 내가 너희의 죄대로 너희에게 일곱 배나 더 재앙을 내릴 것이라. 내가 들짐승을 너희 중에 보내리니 그것들이 너희의 자녀를 움키고 너희 가축을 멸하며 너희의 수효를 줄이리니 너희의 길들이 황폐하리라"(레 26:21-22).

셋째로, 대적에게 침략을 당하는 저주다.

> "이런 일을 당하여도 너희가 내게로 돌아오지 아니하고 내게 대항할진대 나 곧 나도 너희에게 대항하여 너희 죄로 말미암아 너희를 칠 배나 더 치리라"(레 26:23-24).

사람이 사람에게 대항해도 괴로운 일인데 하나님께서 사람을 대항하시면 얼마나 고통스러울까? 비유로 들 만한 마땅한 이야기가 없다. 그냥 하나님의 말씀을 읽어보자.

> "내가 칼을 너희에게로 가져다가 언약을 어긴 원수를 갚을 것이며 너희가 성읍에 모일지라도 너희 중에 염병을 보내고 너희를 대적의 손에 넘길 것이며 내가 너희가 의뢰하는 양식을 끊을 때에 열 여인이 한 화덕에서 너희 떡을 구워 저울에 달아 주리니 너희가 먹어도 배부르지 아니하리라"(레 26:25-26).

성 밖에는 적군이 주둔하고 성 안에는 먹을 것이 없다. 열 명의 여인들이 한 주먹도 안 되는 밀가루로 빵 하나를 만든다. 그리고 저울을 가져다가 10등분으로 나눈다. 그 조각이 얼마나 작겠는가? 누구의 배를 채울 수 있겠는가? 모세는 성중에 전염병이 확산되고, 대적에게 끌려가며, 양식마저 바닥난 처참한 장면을 한 컷의 흑백 삽화(揷畵)로 처리하고 있다.

넷째로, 성읍이 황폐하게 되는 저주다.

> "너희가 이같이 될지라도 내게 청종하지 아니하고 내게 대항할진대 내가 진노로 너희에게 대항하되 너희의 죄로 말미암아 칠 배나 더 징벌하리니 너희가 아들의 살을 먹을 것이요 딸의 살을 먹을 것이며 내가 너희의 산당들을 헐며 너희의 분향단들을 부수고 너희의 시체들을 부서진 우상들 위에 던지고 내 마음이 너희를 싫어할 것이며 내가 너희의 성읍을 황폐하게 하고 너희의 성소들을 황량하게 할 것이요 너희의 향기로운 냄새를 내가 흠향하지 아니하고 그 땅을 황무하게 하리니 거기 거주하는 너희의 원수들이 그것으로 말미암아 놀랄 것이며 내가 너희를 여러 민족 중에 흩을 것이요 내가 칼을 빼어 너희를 따르게 하리니 너희의 땅이 황무하며 너희의 성읍이 황폐하리라"(레 26:27-33).

포로로 잡혀간 자나 고향에 남아 있는 자나 두렵기는 매한가지였다. 얼마나 두려웠던지 '바람에 불린 잎사귀 소리'에도 놀라 도망치곤 했다(레 26:35). 좁은 길로 군중이 함께 도망가다가 짓밟혀 죽는 사람도 있었다. 한참 후에 뒤돌아보면 쫓아오는 사람이 아무도 없었다. 그것이 망한 나라의 망한 백성들이 사는 모습이었다. 실제로 어머니가 자기 자식을 삶아먹는 장면이 열왕기하 6장에 기록되어 있다. 왜 그렇게 되었는가? 우상을 숭배하고 안식일을 지키지 않으며 하나님의 계명을 무시했기 때문이다.

그러나 저주에는 반드시 목적이 있다. 저주는 하나님의 백성들을 은혜로 인도한다. 회개하는 자에게 주시는 하나님의 은혜다.

> "그들이 나를 거스른 잘못으로 자기의 죄악과 그들의 조상의 죄악을 자복하고 또 그들이 내게 대항하므로 나도 그들에게 대항하여 내가 그들을 그들의 원수들의 땅으로 끌어갔음을 깨닫고 그 할례 받지 아니한 그들의 마음이 낮아져서 그들의 죄악의 형벌을 기쁘게 받으면 내가 야곱과 맺은 내 언약과 이삭과 맺은 내 언약을 기억하며 아브라함과 맺은 내 언약을 기억하고 그 땅을 기억하리라"(레 26:40-42).

이 말씀 중에 '자복, 깨달음, 낮아짐'이라는 중요한 세 단어가 나온다. 자복은 하나님께서 하신 책망의 말씀에 동의하고 시인하는 행위다. "하나님, 맞습니다. 우리가 이렇게 고난을 당하는 것이 마땅합니다. 우리가 잘못했습니다" 하는 자백이다. 그런 다음에 무엇을 잘못했는지 구체적으로 고백해야 한다. 잘못에 대한 깨달음이 없으면 돌이킬 수도 없다. 마지막으로 교만을 버리고 낮아져야 한다. 그러면 하나님께서 아브라함과 이삭과 야곱과 맺은 언약을 기억하고 그들의 땅을 기억하실 것이다. 기억하신다는 말씀은 약속하신 젖과 꿀이 흐르는 땅으로 돌아가게 하신다는 말씀이다.

> "그런즉 그들이 그들의 원수들의 땅에 있을 때에 내가 그들을

내버리지 아니하며 미워하지 아니하며 아주 멸하지 아니하고 그들과 맺은 내 언약을 폐하지 아니하리니 나는 여호와 그들의 하나님이 됨이니라"(레 26:44).

아주 멸하시지 않으시는 하나님, 아주 버리시지 않으시는 하나님, 그의 언약을 영원히 폐하시지 않으시는 좋으신 하나님이시다. 우리는 하나님의 사랑을 받을 만한 자격도 없고 가치도 없다. 그런데 왜 하나님께서 우리를 긍휼히 여기실까? 그분이 우리의 하나님이시기 때문이다. 그분 스스로 우리의 아버지 하나님이 되셨기 때문이다. 여기에 기독교의 신비가 있다. 그것은 말로 설명할 수 없는 은혜의 신비이다.

북왕국 이스라엘은 주전 722년에 앗수르에 망하고, 남왕국 유다는 주전 606년에 바벨론에 침략을 당하기 시작했다. 그러다가 주전 585년에는 성전이 불에 타고 성벽에는 돌 위에 돌 하나 남지 않았다. 하나님께서 그의 이름을 두셨던 성읍은 황량한 폐허가 되었다. 그러나 훗날 하나님의 은혜가 임했다. 유대인들은 포로로 잡혀간 지 70년 만에 다시 돌아와서 성전을 건축했다. 그 70년은 그 땅이 안식년과 희년으로 쉬지 못했던 기간이었다.

"너희가 원수의 땅에 살 동안에 너희의 본토가 황무할 것이므로 땅이 안식을 누릴 것이라. 그때에 땅이 안식을 누리리니 너희가 그 땅에 거주하는 동안 너희가 안식할 때에 땅은 쉬지 못하였으나 그 땅이 황무할 동안에는 쉬게 되리라"(레 26:34-35).

10. 맹세와 서원과 십일조에 대한 규례

:: 레 27장 ::

레위기의 마지막 장은 서원(誓願)에 대한 규례를 다루고 있다. 서원의 대상은 크게 '사람, 가축, 집, 그리고 토지'였다. 어떤 사람이 이런 대상을 하나님께 드리기로 했다면 사람은 성소의 세겔로, 그 외에는 그 대상이나 혹은 성소의 세겔로 성전에 드릴 수 있었다. 서원하여 드렸던 집과 토지는 희년이 오면 원래 주인에게로 돌아갔다. 서원은 하나님을 기쁘시게 하기 위해 자원하여 드리는 예물이다. 강요된 서원은 서원이 아니다. 서원할 때는 심사숙고해야 하고, 또 서원한 것은 반드시 드려야 한다.

> "네 하나님 여호와께 서원하거든 갚기를 더디 하지 말라. 네 하나님 여호와께서 반드시 그것을 네게 요구하시리니 더디면 그것이 네게 죄가 될 것이라"(신 23:21).

> "서원하고 갚지 아니하는 것보다 서원하지 아니하는 것이 더 나으니 네 입으로 네 육체가 범죄하게 하지 말라"(전 5:5-6).

하나님은 사람으로 제물을 삼는 것을 허락하지 않으셨다. 그것은 우상을 숭배하는 자들의 악한 행위였다. 사람을 드리기로 서원한 경우에는 성소의 세겔로 남녀 성별과 나이 차이에 따라 드렸고, 형편이 그에 미치지 못할 때에는 제사장이 정한 최소한의 금액으로 대신했다. 사사기에서 입다가 잘못된 서원을 하고 자기 딸을 죽인 것은 이런 말씀을 잘 알지 못했기 때문이다(삿 11장).

레위기 27장 28-29절에 나오는 '여호와께 온전히 바친 모든 것'은 국가적인 서원을 의미한다. 예를 들면 여리고 성에서 탈취한 모든 것은 다 불에 태우라고 말씀하셨다. 그것들은 팔 수도 없고 무를 수도 없다. 하나님 앞에서 저주를 받은 것들이기 때문이다.

마지막으로 소산과 가축의 십일조를 드리라고 명하셨다. 십일조는 아브라함 시절까지 거슬러 올라간다. 십일조는 성전에서 섬기는 제사장들과 성전 관리를 위해, 그리고 때로는 가난한 회중을 위해 사용되었다. (십일조에 관해서는 신명기에서 좀 더 자세하게 나누려고 한다.)

지금까지 우리는 레위기를 가슴으로 읽어왔다. 레위기 전반부는 주로 제사에 대한 법들이고 후반부는 생활에 대한 법들이다. 이 두 가지 종류의 율법들에 하나님의 소원이 담겨 있다. 그것은 그의 백성들을 거룩하게 하시려는 하나님의 소원이다. 이제 이런 법들에 근거하여 모세가 모압 땅에서 마지막으로 백성들에게 율법을 해석하고 가르쳤던 신명기로 넘어가기로 하자.

가슴으로 읽는 성경 5

LEVITICUS & DEUTERONOMY

신명기

레위기의 특색이 '하나님께서 모세에게 하신 말씀'이었다면 신명기의 특색은 '모세가 이스라엘 백성들에게 선포한 말씀'이다. 무엇이 다를까. 레위기가 가감 없는 1차적 말씀이라면 신명기는 모세가 해석하고 강조한 2차적인 말씀이라는 점이 다르다. 물론 이 말은 신명기가 레위기보다 가치가 떨어진다는 뜻이 아니다. 오히려 백성들이 하나님의 말씀을 삶 가운데 적용할 수 있도록 잘 설명해 놓은 하나님의 말씀이라는 뜻이다. 예를 들면 다음과 같은 경우이다.

> "모세가 온 이스라엘을 불러 그들에게 이르되, 이스라엘아 오늘 내가 너희의 귀에 말하는 규례와 법도를 듣고 그것을 배우며 지켜 행하라"(신 5:1).

그래서 신명기를 가리켜 '모세의 설교'라고 한다. 설교는 하나님의 말씀을 삶의 상황 속에서 해석하고 권면하여 듣는 이들로 하여금 올바른 반응을 하도록 하는 행위이다. 설교라는 관점에서 신명기를 읽어보면 크게 네 단계로 나누어진다.

첫 번째 단계에서는 광야의 삶을 회상한다(신 1-4장).

두 번째 단계에서는 시내 산의 언약을 지키라고 당부한다(신 5-26장).

세 번째 단계에서는 언약을 지키는 자와 지키지 않는 자가 받을 축복과 저주를 선포한다(신 27-28장).

네 번째 단계에서는 언약을 지키고 복 받는 백성이 되라고 다시 한 번 간곡히 부탁한다(신 29-30장).

나머지는 모세가 지은 노래와 여호수아에게 지도권을 위임하는 내용, 그리고 그의 임종에 관한 기록이다(신 31-34장).

신명기의 이름은 한문으로 '申命記'이다. '신'(申) 자는 '펴다'라는 뜻이다. 모세는 하나님의 명령을 백성들이 잘 이해할 수 있도록 자세히 풀어주었다. 신명기 1장 5절을 보면 "모세가 요단 저쪽 모압 땅에서 이 율법을 설명하기 시작하였더라"고 하였다. 그러므로 신명기는 모세가 이스라엘 백성들에게 '신신당부(申申當付)한 하나님의 말씀'이라고 쉽게 이해할 수 있다.

신명기의 영어 이름(Deuteronomy)은 헬라어 '두 번째'(δευτερονομιον)라는 단어에서 왔다. 신명기 17장 18절에 나오는 율법서의 '등사본'이란 히브리어를 70인역에서 헬라어로 잘못 번역한 결과이다. 신명기는 두 번째 율법이 아니다. 시내 산에서 하나님께로부터 받은 계명을 모세가 그의 생애 마지막 해에 이스라엘 백성들에게 다시 가르친 내용이다. 히브리어 성경의 본래 제목은, 언제나 그랬던 것처럼, 그 책의 첫 단어를 사용하여 "이것은 … 말씀이니라"는 의미의 '엘레 하드바림'(אֵלֶּה הַדְּבָרִים)이다.

모세 오경 중에 신명기에만 자주 나오는 경구(警句)가 있다. 그것은 "기억하라"는 명령으로서 열 번 나온다. 젖과 꿀이 흐르는 땅에서 태어날 후손들에게 하나님께서 하셨던 일과 말씀을 기억하라는 명령이다.

이제 신명기를 모세의 가슴으로 읽어보자.

제1장

모세의 첫 번째 설교, '반성과 회상'

(신 1:1-4:43)

1. 역사적 반성

:: 신 1:1-4 ::

모세의 설교는 역사적 반성으로 시작된다. 역사적 반성은 건강하고 복된 미래를 위해서 필요하다. 후손들은 왜 그들의 조상이 모두 광야에 묻혔는지 알아야 한다. 그래야 조상들처럼 범죄하지 않을 것이다. 모세의 반성은 단순히 이스라엘 백성들만을 위해서가 아니다. 그가 기록한 오경을 읽는 우리들에게도 큰 유익을 끼쳐준다.

"이는 모세가 요단 저쪽 숩 맞은편의 아라바 광야 곧 바란과 도벨과 라반과 하세롯과 디사합 사이에서 이스라엘 무리에게 선포한 말씀이니라. 호렙 산에서 세일 산을 지나 가데스 바네아까지 열하룻 길이었더라. 마흔째 해 열한째 달, 그 달 첫째 날에 모세가 이스라엘 자손에게 여호와께서 그들을 위하여 자기에게 주신 명령을 다 알렸으니 그때는 모세가 헤스본에 거주하는 아모리 왕 시혼을 쳐죽이고 에드레이에서 아스다롯에 거주하는 바산 왕 옥을 쳐죽인 후라"(신 1:1-4).

모세는 이 설교를 젖과 꿀이 흐르는 땅의 맞은편에 있는 모압 평지에서 했다. 그는 이스라엘의 불순종과 반역 때문에 150마일, 열하루면 들어갈 수 있는 약속의 땅을 40년이 지난 이제야 들어가게 되었다고 반성했다. '40년이나 허송세월했다'는 사실을 더 강렬하게 표현하기 위해 '마흔째 해, 열한째 달, 그 달 첫째 날'이라고 했다.

그러나 감사하게도 하나님께서 그들의 불순종을 선용(善用)하셨다. 그 40년 동안 광야에서 이스라엘을 훈련시키시고 하나님을 더 깊이 알게 해주셨다. 그렇다 치더라도 처음부터 순종하고 11일 만에 약속의 땅으로 들어갔더라면 얼마나 좋았을까. 적어도 그 땅을 간절히 보고 싶었던 모세에게는 그 편이 천만 번 더 좋았을 것이다.

요즘 김형석 연세대 명예교수가 신문에 '백세 일기'를 연재하고 있다. 글 자체도 감명적이지만 100세나 되신 분이 지팡이도 의지하지 않고 꼿꼿하게 걸어 다니는 모습이 더 경이롭다. 정말로 백세 시대가 열렸는가 싶다. 그러나 모두가 다 그렇게 살 수는 없다. 일반적으로 대략 85세를 전후해서 세상을 떠날 것이다. 얼마나 오래 살았느냐보다 얼마나 알차게 살았느냐가 중요하다. 알찬 삶은 실수와 후회를 반복하지 않는 삶이다.

열하루면 갈 수 있는 길을 40년에 걸쳐 걸어갔다고 해서 칭찬받을 사람은 아무도 없다. 오히려 지루하고 피곤한 삶이 되었을 것이다. 한 컵의 진한 매실 액을 1,300잔으로 희석해서 마신다고 생각해 보라. (40년을 11일로 나눈 값이다.) 무슨 맛이 있겠는가. 그 긴 세월을 회한(悔恨) 가운데 지낸다면 얼마나 고통스럽겠는가? 이스라엘의 광야 40년이 바로 그런 맛이었다.

핵심은 하나님의 명령이다. 앞으로 이스라엘 민족이 어떤 세월을 살아갈 것인지, 그리고 그들의 자손들이 어떤 역사를 꾸려갈 것인지가 '계명에 대한 순종과 불순종'에 달려 있다. 신명기 전체에 모세의 이런 진지함이 담겨 있다. 신명기는 단순한 회고록이 아니다. 율법의 설명서도 아니다. 사느냐 죽느냐의 문제를 다루는 책이다. 그 절정이 신명기 28장에 나타난다.

신명기의 설교는 모세 자신의 말이 아니다. 하나님께서 그의 백성들에게 주시는 생생한 말씀이다. 그들의 조상처럼 살지 말라는 간절한 당부의 말씀이다. 이스라엘의 역사는 하나님의 계명에 대한 그들의 태도를 보여주고 있다. 계명에 순종하면 축복의 계절이 다가오고 불순종하면 저주의 계절이 다가왔다.

2. 하나님의 능력에 대한 회상

:: 신 1:5-3:29 ::

호렙에서 벧브올까지(신 1:5-46)

"모세가 요단 저편 모압 땅에서 이 율법 설명하기를 시작하였더

라. 일렀으되,"(신 1:5).

'설명'이라는 단어는 '우물을 깊이 판다'는 의미다. 이 단어가 신명기 27장 8절에 한 번 더 나오는데 거기에는 "너는 이 율법의 모든 말씀을 그 돌들 위에 분명하고 정확하게(very clearly) 기록할지니라"로 번역되어 있다. 1장에서 모세는 왜 이스라엘 백성들이 광야에서 40년 동안 머물렀는지 그 사정을 정확하게 설명하고 있다. 이곳에만 기록되어 있는 말씀이다.

호렙 산(혹은 시내 산)에서 지낸 1년 2개월 동안 하나님께서 계명과 율례와 규례들을 주셨다. 그리고 두 번째 유월절과 무교절을 지낸 후에 모세에게 "가라"고 명하셨다. 가나안 땅으로 가라고, 레바논과 유브라데 강까지 가라고, 그들의 조상 아브라함과 이삭과 야곱에게 맹세하여 그들과 그들의 후손에게 주리라고 약속하신 땅으로 가라고 하셨다. 그 땅이 눈앞에 있으니 올라가서 차지하라고 하셨다.

이스라엘 백성들은 호렙 산을 떠난 지 몇 주 후에 가데스 바네아 광야에 이르렀다. (미리암이 사고를 치지 않았더라면 그보다 일주일은 더 빨리 도착했을 것이다.) 손으로 만질 수 있는 지척(咫尺)에 '약속하신 땅'이 그들을 기다리고 있었다. 흥분한 모세가 백성들을 채근했다.

"우리 하나님 여호와께서 우리에게 명령하신 대로 우리가 호렙 산을 떠나 너희가 보았던 그 크고 두려운 광야를 지나 아모리 족속의 산지 길로 가데스 바네아에 이른 때에 내가 너희에게 이르기를 우리 하나님 여호와께서 우리에게 주신 아모리 족속의 산지에 너희가 이르렀나니 너희의 하나님 여호와께서 이 땅을 너희 앞에 두셨은즉 너희 조상의 하나님 여호와께서 너희에게 이르신 대로 올라가서 차지하라. 두려워하지 말라. 주저하지 말라"(신 1:19-21).

호렙 산에서 가데스 바네아에 이르는 150마일 길은 거친 암석들과 모래바람뿐이었다. 불뱀과 전갈이 득실거렸고 마실 수 있는 물도 충분하지 않았다. 그러나 하나님께서 그들을 보호하셨다. 그 길을 무사히 지나 마침내 젖과 꿀이 흐르는 땅 앞에 이르렀다. 그곳은 아무데나 솟아나는 샘물이 지천(至賤)이었다.

"올라가서 차지하라. 두려워하지 말라. 주저하지 말라."

모세의 말을 듣고 백성의 수령들이 모세를 찾아왔다. 원래는 수령제도가 없었다. 백성들의 송사를 혼자서 감당하는 모세를 보고 그의 장인이 낸 아이디어였다. 모세는 장인의 말대로 지도자들을 세웠다. 모세의 짐이 한결 가벼워졌다. 그런데 이번에는 수령들이 문제를 일으켰다. 굴러가는 마차 바퀴의 방향을 바꿔놓는 조약돌처럼 그들이 부정적인 원인을 제공했다. 그들이 모세에게 말했다.

"우리가 사람을 우리보다 먼저 보내어 우리를 위하여 그 땅을 정탐하고 어느 길로 올라가야 할 것과 어느 성읍으로 들어가야 할 것을 우리에게 알리게 하자"(신 1:22).

좋은 말이라고 다 옳은 것은 아니다. 지도자들이 하나님의 명령에 딴죽을 걸었다. 하나님께서 하신 말씀이 참인지 거짓인지 먼저 알아보자고 했다. 좀 더 심하게 표현하면, 어떻게 하나님 말씀을 무조건 다 믿을 수 있느냐고 '합리적인 의심'을 불러일으켰다. 이치에 맞는 말처럼 들렸다. 사리(事理)를 올바로 분별하도록 도와주는 이성(理性)은 하나님께서 주신 축복이다. 그러나 하나님께서 하시는 일을 이성으로 다 이해할 수 없을 때가 있다. "지금 올라가라"는 말씀이 비합리적으로 들릴 수도 있다. 그때는 믿음의 영역으로 들어가야 한다. 하나님의 지적 능력은 우리의 인식력과 비교할 수 없을 만큼 광대하다. 인생을 살다 보면 이성의 경계를 지나 믿음의 세계로 들어가야 할 때가 있다. 그때 순종하면 우리는 하나님의 능력을 경험하고 축복을 맛보게 될 것이다.

모세는 늘 하던 대로 하나님께 수령들의 말을 아뢰면서 어떻게 해야 할지 물었다. 그러자 하나님께서 수령들의 말처럼 그 땅을 먼저 정탐하라고 허락하셨다. 모세도 그들의 말을 좋게 여겼다. 그런데 하나님께서 과연 동의하셨을까? 아니다. 그냥 받아들이셨을 뿐이다. 때때로 하나님께서 인간의 불순종과 반역을 견뎌내실 때가 있다. 그렇지 않으면 그 자리에서 다 심판하셔야 했으니까.

> "여호와께서 모세에게 말씀하여 이르시되 사람을 보내어 내가 이스라엘 자손에게 주는 가나안 땅을 정탐하게 하되 그들의 조상의 가문 각 지파 중에서 지휘관 된 자 한 사람씩 보내라"(민 13:1-2).

열두 명의 정탐꾼들이 선정되었다. 그중에는 갈렙과 여호수아(호세아)도 있었다. 그들은 떠난 지 40일 후에 기쁜 소식을 가지고 돌아왔다.

> "우리의 하나님 여호와께서 우리에게 주시는 땅이 좋더라"(신 1:25).

손에는 탐스러운 열매들이 들려 있었다. 그런데 그들이 한 입으로 두 말을 하기 시작했다. 좋은 열매를 손에 들고도 '이것들은 아주 나쁜 땅에서 나온 것'이라고 험담을 했다. 그곳의 사람들은 견고한 산성에 살고 있기 때문에 절대로 이길 수 없으리라고 단정했다. 갈렙과 여호수아를 제외한 열 명이 똑같이 부정적인 보고를 했다. 그러자 백성들의 원망이 시작되었다.

> "여호와께서 우리를 미워하시므로 아모리 족속의 손에 넘겨 멸하시려고 우리를 애굽 땅에서 인도하여 내셨도다. 우리가 어디로 가랴. 우리의 형제들이 우리를 낙심하게 하여 말하기를 그 백성은 우리보다 장대하며 그 성읍들은 크고 성곽은 하늘에 닿았으며 우리가 또 거기서 아낙 자손을 보았노라 하는도다"(신 1:27-28).

부정적인 말은 파괴적인 감정을 유발시킨다. 하나님께서 그들을 미워하셔서 아모리 손에 죽게 하시려고 애굽에서 인도해냈다고 억지소리를 했다. 절망이 모래바람처럼 밀려왔다. 이제 어디로 간단 말인가? 살다 보면 부정적인 생각이 들어올 때가 있다. 그때에는 마음을 지켜야 한다. 부정적인 감정이 스며들지 못하도록 빗장을 지르고 기도의 골방으로 들어가야 한다. 그리고 다윗처럼 부르짖어야 한다.

> "그러나 여호와여, 나는 주께 기도합니다. 이제는 주께서 들으실 때입니다. 하나님이시여, 주의 크신 사랑과 구원의 진리로 나에게 응답하소서. 진흙탕 속에 빠져 들어가는 나를 건지시고 나를 미워하는 자들에게서 나를 지키시며 깊은 물에서 나를 건지소서. 홍수가 나를 덮치거나 대양이 나를 삼키지 못하게 하시고 내가 웅덩이에 빠지지 않게 하소서"(시 69:13-15, 현대인의 성경).

불행하게도 이스라엘 백성들은 하나님을 찾지 않았다. 모세를 원망하며 악담을 퍼부었다. '그들은 우리의 밥'이라는 갈렙과 여호수아의 외침도 귀에 들어오지 않았다. 그들은 하나님을 향한 믿음을 버렸다. 믿음이 사라지면 백약이 무효다. '부정적 감정'의 골짜기를 지날 때 우리는 스스로 물어야 한다. '나는 하나님을 믿고 있는가?' 하나님께서 나를 사망의 음침한 골짜기에서 능히 건져내실 것이라고 믿는가? 나와 함께하시는 하나님의 지팡이와 막대기가 만져지는가? 으르렁거리는 악마의 세력들이 어느 선(線) 이상을 넘지 못하고 머뭇거리는 모습이 보이는가? 그것은 하나님의 지팡이로 그어놓으신 선(line)이다. 방어선이 아니고 공격선이다. 훗날 사무엘은 블레셋 사람들을 추격하여 벧갈 아래까지 치고 난 후에 기념비를 세우며 이렇게 말했다.

> "사무엘이 돌을 취하여 미스바와 센 사이에 세워 이르되, 여호

> 와께서 여기까지 우리를 도우셨다 하고 그 이름을 에벤에셀이
> 라 하니라"(삼상 7:12).

믿음이 우리를 살린다. 믿음이 우리를 일어나게 한다. 믿음이 우리가 기적을 목격하도록 한다. 믿음이 없으면 하나님을 기쁘시게 할 수 없다. 오늘로 미국의 코로나 바이러스 환자가 200만 명을 넘어섰다. 석 달째 온 국민들이 자가 격리에 들어가 있다. 실업자도 3,000만 명을 훌쩍 넘었다. 대공황 이래로 최대 폭의 마이너스 성장을 기록했다. 머지않아 인내의 한계가 드러날 것이다. 겨울밤처럼 두려움의 찬바람이 스쳐 지나가고 있다.

그러나 어둠이 깊을수록 믿음은 빛을 발한다. 하나님은 살아 계시며 그를 찾는 자들에게 반드시 상 주심을 믿는 믿음, 능히 이 전염병에서 우리를 구원해 주실 수 있다는 믿음이 빛을 발한다. 믿음이 우리를 주장하면 두려울 것이 없다. 하나님을 사랑하는 자들에게는 전염병마저도 합력하여 선을 이루는 도구가 될 것이다.

이스라엘 백성들에게는 그런 믿음이 없었다. 믿음이 사라지니 두려움이 덮쳐왔다. 장막에서 꼼짝할 수가 없었다. 발이 떨어지지 않았다. 모세가 외쳤다.

> "그들을 무서워하지 말라. 두려워하지 말라. 너희보다 먼저 가시는 너희의 하나님 여호와께서 애굽에서 너희를 위하여 너희 목전에서 모든 일을 행하신 것같이 이제도 너희를 위하여 싸우실 것이며, 광야에서도 너희가 당하였거니와 사람이 자기의 아들을 안는 것같이 너희의 하나님 여호와께서 너희가 걸어온 길에

서 너희를 안으사 이곳까지 이르게 하셨느니라"(신 1:29-31).

모세의 말이 허공에 맴돌았다. 백성들의 반응은 차가웠다. 모세는 그때를 회상하며 탄식했다.

"이 일에 너희가 너희의 하나님 여호와를 믿지 아니하였도다."

모세의 말에 아쉬움이 가득했다. 왜 이스라엘 백성들은 하나님을 믿지 못할까? 목석(木石)이라도 그만큼 많은 기적들을 경험했다면 믿었을 것이다. 팥으로 메주를 쑨다고 해도 믿었을 것이다. 이스라엘 백성들의 믿음은 칼로 물을 베는 것 같았다. 하나님의 선하심과 인자하심을 기억하지도 않았다. 아침이 되면 어제 받은 은혜는 흔적도 없었다. 믿음은 쌓여가면서 더 굳어지는 법이다. 그들은 믿음을 귀하게 여기지 않았다. 그럼에도 불구하고 하나님은 밤낮 없이 그들과 동행하셨다. 그들이 하나님을 믿든지 말든지 상관하지 않고 앞서 가시며 여전히 은혜를 베푸셨다.

"그는 너희보다 먼저 그 길을 가시며 장막 칠 곳을 찾으시고 밤에는 불로, 낮에는 구름으로 너희가 갈 길을 지시하신 자이시니라"(신 1:33).

40년 광야생활의 끝자락이 다가왔다. 모세는 저간(這間)의 일들을 회고하는 데 신명기 첫 장을 다 사용했다. 그만큼 후회스러운 일이었다. 앞으로는 이런 일이 절대로 일어나지 말아야 했다. 백성들의 불순종 때문에 모세가 약속의 땅에 들어갈 수 없었다. 그보다 더 억울한 일도 없었다.

> "여호와께서 너희 때문에 내게도 진노하사 이르시되, 너도 그리로 들어가지 못하리라"(신 1:37).

오직 갈렙과 여호수아, 그리고 선악을 알지 못하는 어린아이들만 들어가리라고 말씀하셨다. 그때 20세 미만의 어린아이들이 이제 장년이 되었다. 여호수아와 갈렙이 그들을 데리고 약속의 땅에 들어갈 것이다. 다시는 그들의 조상들이 저질렀던 잘못을 반복하면 안 된다. 절대로 안 된다.

헤스본 왕 시혼과 바산 왕 옥을 치다(신 2-3장)

이스라엘은 가데스 바네아를 떠나 광야로 되돌아 왔다. 그리고 38년을 그곳에서 지냈다. 광야에서 무엇하며 살았느냐고 누가 묻는다면 그들은 "조상들의 시체를 묻으며 지냈다"라고 대답했을 것이다. 매일 평균 40여 명씩 죽었으니 틀린 말도 아니다. 40년째 되던 해에 미리암과 아론도 세상을 떠났다. 그 후에 하나님께서 모세에게 말씀하셨다.

> "너희가 이 (세일)산을 두루 다닌 지 오래니 돌이켜 북으로 나아가라"(신 2:3).

가는 길에 에서의 후손 에돔 족속에게 폐를 끼치지 말라고 특별히 명하셨다.

"너희는 돈으로 그들에게서 양식을 사서 먹고 돈으로 그들에게서 물을 사서 마시라. 네 하나님 여호와께서 네가 하는 모든 일에 네게 복을 주시고 네가 이 큰 광야에 두루 다님을 알고 네 하나님 여호와께서 이 사십 년 동안을 너와 함께 하셨으므로 네게 부족함이 없었느니라"(신 2:6-7).

이스라엘 자손들에게 부족함이 없었다. 에돔 족속들에게서 양식과 물을 사먹을 돈도 넉넉했다. 메마른 광야에서 도대체 무슨 산업이 있어서 넉넉하게 지낼 수 있었을까. 하나님께서 그들과 함께 하셨기 때문이다. 하나님께서 그들에게 복을 주셨기 때문이다. 광야 생활도 하나님께서 함께하시면 부족함이 없다.

창세기 26장에 나오는 이삭의 이야기가 생각난다. 그의 아버지 아브라함 때에 첫 흉년이 들었더니 또 흉년이 들었다. 이 말은 일생에 한 번이나 볼 수 있는 대흉년이 들었다는 표현이다. 아버지의 가족들이 애굽에 내려가 흉년을 피했다고 들은 기억이 났다. 그래서 이삭도 가족을 데리고 애굽을 향해 길을 떠났다. 그런데 도중에 하나님께서 이삭에게 나타나셔서 말씀하셨다.

"애굽으로 내려가지 말고 내가 네게 지시하는 땅에 거하라. 이 땅에 유하면 내가 너와 함께 있어 네게 복을 주고 내가 이 모든 땅을 너와 네 자손에게 주리라. 내가 네 아비 아브라함에게 맹세한 것을 이루어 네 자손을 하늘의 별과 같이 번성케 하며 이 모든 땅을 네 자손에게 주리니 네 자손을 인하여 천하 만민이 복을 받으리라"(창 26:2-4).

'내가 네게 지시하는 이 땅'은 바로 흉년이 든 그 땅이었다. 먹을 것이 없어 고통당하는 그 땅에 거하라고 하셨다. 이삭은 순종했다. 애굽에 내려가기를 포기하고 브엘세바에 머물렀다. 그리고 농사를 지었다. 그런데 첫 해에 소득이 백 배나 나왔다. 무엇과 비교해서 백 배였는지 우리는 모른다. 적어도 다른 농부들이 얻은 소득보다 백 배는 많았을 것이다. 흉년이 들면 식량은 금값이 되고 노비와 가축들은 동(銅)값이 된다. 종들이 먹을 곡식도 없고 짐승들이 뜯을 풀도 없기 때문이다. 이삭은 곡식을 비싸게 팔아 노비와 가축들을 헐값으로 사들였다. 그리고 얼마 후에 흉년이 지나가고 들판은 다시 푸르게 되었다. 종과 짐승의 값이 다시 정상으로 회복되었다. 성경은 이삭이 '창대하고 왕성하여 마침내 거부가 되었다'고 기록하고 있다.

하나님께서 함께하시면 흉년에도 부자가 된다. 하나님께서 동행하시면 광야에서도 부족함이 없는 삶을 살게 된다. 하나님께서 그의 백성들을 돌보시기 때문이다. 모세는 백성들을 데리고 에돔 족속의 땅을 우회(迂廻)하여 올라갔다. 그들이 길을 열어주지 않았기 때문이다. 올라가다가 모압 족속들이 살고 있는 땅에 이르렀다. 하나님께서 롯의 후손인 모압도 괴롭히지 말라고 하셨다. 그렇게 돌고 돌아서 세렛 시내를 건넜다. 가데스 바네아를 떠나 이곳까지 오는데 38년이 걸렸다. (참고로, 모세가 애굽의 라암셋을 떠난 날이 제1년 1월 15일이었고, 요단을 건너 가나안 땅에 들어선 날이 제41년 1월 10일이다. 수 4:19). 신명기 2장 10-12절은 훗날 편집자가 삽입한 내용이다. 그래서 괄호

( )로 묶어놓았다.

> "이제 너희는 일어나서 세렛 시내를 건너가라 하시기로 우리가 세렛 시내를 건넜으니 가데스 바네아에서 떠나 세렛 시내를 건너기까지 삼십팔 년 동안이라. 이때에는 그 시대의 모든 군인들이 여호와께서 그들에게 맹세하신 대로 진영 중에서 다 멸망하였나니 여호와께서 손으로 그들을 치사 진영 중에서 멸하신 고로 마침내는 다 멸망되었느니라"(신 2:13-15).

'그 시대의 군인'이란 가데스 바네아에서 정탐꾼들의 말을 듣고 반역하였던 20세에서 60세에 이르는 남자들을 말한다. 그들은 불순종함으로 멸망을 당했다. 그즈음 남편을 잃은 과부 할머니들이 많았을 것이다. 세렛 시내를 건너기 전과 후는 어떻게 다를까? 건넌 후에는 모세와 갈렙과 여호수아 외에는 나이든 남자들이 아무도 없었다. 거기서부터 새로운 세대의 행군이 시작되었다. 가데스 바네아에서 세렛 시내까지는 직선거리로 약 80마일에 불과했다. 38년 동안 광야의 이곳저곳을 돌아다녔다. 세렛은 모압과 에돔의 경계선을 이루는 와디(Wadi, 비가 오지 않을 때에는 물이 흐르지 않는 시내)로서 지금은 '와디 알 하사'(Wadi al Hasa)라고 불리는 요르단의 계곡이다. 이 계곡을 지나면서 38년의 광야생활이 끝났다. 세렛을 건너자 하나님께서 모세에게 말씀하셨다.

> "네가 오늘 모압 변경 아르를 지나리니 암몬 족속에게 가까이 이르거든 그들을 괴롭히지 말고 그들과 다투지도 말라. 암몬 족속

의 땅은 내가 네게 기업으로 주지 아니하리니 이는 내가 그것을 롯 자손에게 기업으로 주었음이라"(신 2:18-19).

성경을 보면 출애굽 과정에서 이스라엘이 무조건 다른 나라를 공격한 적이 없다. 지나갈 때에도 정중하게 길을 부탁했고 손해를 끼치지 않으려고 최선을 다했다. 양식은 물론이거니와 물조차도 돈을 내고 사먹겠다고 했다. 그러나 주변 나라들은 선을 악으로 대했다. 모압과 암몬도 아브라함의 조카 롯의 자손들이었으므로 조심스럽게 지나가려고 했다. 타인에게 해를 끼치지 않는 자세는 모든 도덕률의 기본 단위다. 그 위에 '남에게 대접을 받고자 하는 대로 남을 대접하는' 자세를 더하면 금상첨화다. (20절부터 23절은 후대에 삽입해 넣은 내용이다. 23절의 '갑돌 사람'은 그레데 섬에서 팔레스타인 남서부 해안으로 이주해온 강력한 전사들이었다.)

"너희는 일어나 행진하여 아르논 골짜기를 건너라. 내가 헤스본 왕 아모리 사람 시혼과 그의 땅을 네 손에 넘겼은즉 이제 더불어 싸워서 그 땅을 차지하라. 오늘부터 내가 천하 만민이 너를 무서워하며 너를 두려워하게 하리니 그들이 네 명성을 듣고 떨며 너로 말미암아 근심하리라 하셨느니라"(신 2:24-25).

여기에서 '너희'는 새로운 세대이다. 새 세대에게 일어나 아르논 골짜기를 건너라고 명령하셨다. 아르논 골짜기는 '와디 알 하사'보다 30여 마일 북쪽에 있는 '와디 알 무집'(Wadi al Mujib)이다. 헤스본은 아르논 강과 얍복 강 사이에 있는 모압의 옛 성읍이다. 하나님께서 아모리 왕 시혼과 그의 백성들을 이스라엘에게 넘겨주셨다. 그들로 하여금 이스라엘을 두려워하게 하셨다. 이스라엘의 명성(名聲)을 듣고 떨며 근심하게 하셨다. 어떤 명성인가. '하나님께서 함께하시는 백성'이라는 소문이었다. 이보다 더 좋은 명성은 이 세상에 없다.

하나님은 공의로우시다. 시혼 왕과 그 백성들을 넘겨주시는 과정에서도 의로우셨다. 모세가 하나님의 말씀대로 시혼 왕에게 사자를 보내어 평화의 말을 전했다.

> "나를 네 땅으로 통과하게 하라. 내가 큰 길로만 행하고(오직 길로만 가고) 좌로나 우로나 치우치지 아니하리라. 너는 돈을 받고 양식을 팔아 내가 먹게 하고 돈을 받고 물을 주어 내가 마시게 하라. 나는 걸어서 지날 뿐인즉 세일에 거주하는 에서 자손과 아르에 거주하는 모압 사람이 내게 행한 것같이 하라"(신 2:27-29).

사실은 에돔 족속들도 이스라엘을 위협하며 가까이 오지 못하게 했다. 그러나 하나님은 모세에게 시비를 가리지 말고 다른 길로 돌아가라고 하셨다. 그런데 이번에는 달랐다. 하나님께서 시혼 왕의 마음을 강퍅하게 만드셨다. 그의 교만하고 난폭한 마음을 그냥 내버려두셨다. 그러자 시혼 왕이 자기 백성들을 거느리고 나와서 이스라엘을 대적했다. 그리고 하나님께서 그들을 이스라엘의 손에 넘기셨다. 생전 처음으로 전쟁에 참가한 새 세대들이 대승을 하고 시혼 왕과 백성들을 다 죽였다. 그리고 모든 성읍들도 취했다.

2장이 헤스본 왕 시혼을 치고 그 나라를 점령한 이야기라면 3장은 바산 왕 옥을 치고 점령한 이야기다. 두 왕국 모두 아모리 족속들이었다. 헤스본의 영토는 아르논에서 얍복 강까지였고 바산의 영토는 얍복 강에서 야르묵 강과 헬몬 산에 이르는 북쪽의 평지였다. 그들의 수도는 에드레이였는데, 현재 시리아의 소도시 다라아(Daraa)였으리라고 추측된다. 모세는 아르논에서 얍복 강까지의 남부 지역을 르우벤과 갓 지파에게 주고 얍복 강 이북의 지역은 므낫세 반 지파에게 주어 거처를 삼게 하였다. 그들은 나중에 다른 지파들과 함께 가나안 땅에 들어가서 형제들을 위해 싸우기로 맹세했다. 요단 서편을 평정한 후에는 다시 요단 동편으로 돌아와 그 땅에서 살게 될 것이다.

백성들은 가나안 땅에 들어갈 생각으로 들떠 있었다. 그러나 모세의 가슴에는 진한 아쉬움이 남아 있었다. 지난 40년 동안 그렇게 열망하며 기다려 왔던 젖과 꿀이 흐르는 땅에 들어갈 수 없다는 사실이 기가 막혔다. 그래서 하나님께 다시 한 번 간청했다.

> "주 여호와여 주께서 주의 크심과 주의 권능을 주의 종에게 나타내시기를 시작하셨사오니 천지간에 어떤 신이 능히 주께서 행하신 일 곧 주의 큰 능력으로 행하신 일같이 행할 수 있으리이까. 구하옵나니 나를 건너가게 하사 요단 저쪽에 있는 아름다운 땅, 아름다운 산과 레바논을 보게 하옵소서"(신 3:24-25).

하나님의 대답은 단호하셨다.

> "그만해도 족하니 이 일로 다시 내게 말하지 말라."

그리고 모세에게 마지막 명령을 주셨다.

"너는 비스가 산꼭대기에 올라가서 눈을 들어 동서남북을 바라고 네 눈으로 그 땅을 바라보라. 너는 이 요단을 건너지 못할 것임이니라. 너는 여호수아에게 명령하고 그를 담대하게 하며 그를 강하게 하라. 그는 이 백성을 거느리고 건너가서 네가 볼 땅을 그들이 기업으로 얻게 하리라"(신 3:27-28).

3. 율법을 지키고 우상을 멀리하라

:: 신 4:1-43 ::

"이스라엘아 이제 내가 너희에게 가르치는 규례와 법도를 듣고 준행하라. 그리하면 너희가 살 것이요 너희 조상의 하나님 여호와께서 너희에게 주시는 땅에 들어가서 그것을 얻게 되리라. 내가 너희에게 명령하는 말을 너희는 가감하지 말고 내가 너희에게 내리는 너희 하나님 여호와의 명령을 지키라"(신 4:1-2).

규례와 법도는 같은 의미로 사용되었다. 굳이 구별한다면 규례는 변할 수 없는 법이고 법도는 규례를 상황에 따라 적용하는 세칙(細則, bylaws)이다. 왜 규례와 법도를 지켜야 하는가? 멸망당하지 않고 살아남기 위해서이다. 단순히 살기 위해서가 아니고 젖과 꿀이 흐르는 약속의 땅에서 잘 살기 위해서다. 그러므로 이 규례와 법도에 더

하지도 말고 덜지도 말아야 한다. 만일 더하거나 덜한다면 말씀의 능력은 약화되고 사람의 주장이 강화될 것이다. 하나님의 말씀에 사람의 말을 더할 수 없다. 그래서 하나님의 말씀은 순전(純全)하다.

> "우리는 수많은 사람들처럼 하나님의 말씀을 혼잡하게 하지 아니하고 곧 순전함으로 하나님께 받은 것같이 하나님 앞에서와 그리스도 안에서 말하노라"(고후 2:17).

물론 이 규례와 법도의 많은 부분들이 예수님께서 세상에 오신 후에 마침이 되었다. 마침이 되었다는 말은 더 이상 어떤 특정한 규례에 얽매이지 않아도 된다는 뜻이다. 특히 할례와 제사와 음식의 문제, 절기와 안식일의 문제, 그리고 종의 제도 등은 신약시대에 더 이상 적용되지 않는다. 예수님께서 십자가 위에서 다 이루셨기 때문이다. 그러나 율법의 정신, 곧 하나님을 사랑하고 이웃을 사랑하는 계명의 정신은 축소되거나 변질될 수 없다.

모세는 규례와 법도를 무시하다가 이만 사천여 명이 죽어 간 최근의 사건을 예로 들면서 당부했다(민 25장).

> "여호와께서 바알브올의 일로 말미암아 행하신 바를 너희가 눈으로 보았거니와 바알브올을 따른 모든 사람을 너희의 하나님 여호와께서 너희 가운데에서 멸망시키셨으되 오직 너희의 하나님 여호와께 붙어 떠나지 않은 너희는 오늘까지 다 생존하였느니라"(신 4:3-4).

바알브올 사건으로 젊은 세대들이 처음으로 재앙을 경험했다. 우상을 숭배한 결과가 얼마나 비극적인지 두 눈으로 똑똑히 목격했다. 그러나 하나님의 말씀을 순종했던 사람들은 아무도 죽지 않았다. 이처럼 규례와 법도는 삶과 죽음의 갈림길이 되었다. '여호와께 붙어 떠나지 않은 너희'라는 말씀이 가슴에 와 닿는다. 많은 사람들이 밀려다니는 시장터에서 아버지가 아이에게 "내 옆에 꼭 붙어 있어야 한다"라고 다짐하는 말처럼 들린다. 세상은 악하다. 사탄이 우는 사자처럼 믿는 자라도 유혹하려고 갖은 수단을 다 사용한다. 사탄과 대결하는 백 가지 비결보다 하나님께 붙어 있는 한 가지 비결이 훨씬 더 효과적이다. 말씀 읽기와 기도하기, 예배드리기와 성도의 교제, 이 모든 것이 하나님에게 붙어 살아가는 방식이다. 오늘 당신은 하나님께 붙어 있는가?

규례와 법도는 멍에가 아니다. 여러 민족 앞에서 칭찬을 받게 될 '지혜'와 '지식'이다. 이스라엘 백성들이 젖과 꿀이 흐르는 땅에서 이 규례와 법도를 지키며 살면 세상이 놀라며 이렇게 말할 것이다.

"이 큰 나라 사람은 과연 지혜와 지식이 있는 백성이로다."

모세의 설교는 언제나 하나님 중심이었다. 일말(一抹)의 자기 자랑도 찾아볼 수 없다. 주변 나라의 역사적 기록이나 명인들의 교훈도 없다. 오직 하나님뿐이다. 모세는 이스라엘 백성들, 특히 새 세대들의 가슴 속에 하나님에 대한 바른 믿음을 심어주기 위해 온 정성을 다했다.

"우리 하나님 여호와께서 우리가 그에게 기도할 때마다 우리에게 가까이하심과 같이 그 신이 가까이 함을 얻은 큰 나라가 어디 있느냐. 오늘 내가 너희에게 선포하는 이 율법과 같이 그 규례와 법도가 공의로운 큰 나라가 어디 있느냐. 오직 너는 스스로 삼가며 네 마음을 힘써 지키라. 그리하여 네가 눈으로 본 그 일을 잊어버리지 말라. 네가 생존하는 날 동안에 그 일들이 네 마음에서 떠나지 않도록 조심하라. 너는 그 일들을 네 아들들과 네 손자들에게 알게 하라"(신 4:7-9).

모세는 두 가지 질문과 두 가지 부탁을 했다. 첫째로, 그의 백성들이 기도할 때 그렇게 속히 응답하신 하나님 같은 신이 어디에 있느냐고 물었다. 우상은 응답할 수가 없다. 생명이 없기 때문이다. 그러나 하나님은 우리들의 기도를 들으시고 속히 응답하신다.

둘째로, 이스라엘처럼 공의로운 율법을 가진 큰 나라가 어디 있느냐고 물었다. 두 가지 질문 모두 '없다'는 대답을 전제하고 있다. 하나님 같은 신이 없을 뿐만 아니라 하나님께로부터 최고의 율법을 받은 이스라엘 같은 나라도 없다는 말이다. 그래서 주변의 모든 나라들이 이스라엘을 부러워할 것이다.

모세는 이런 전제 아래 두 가지를 간곡히 부탁했다. 첫째로, 지금까지 본 것을 잊지 않도록 스스로 삼가며 마음을 힘써 지키라고 했다. '네 마음을 힘써 지키라'는 말씀을 직역하면 '네 생명을 힘써 지키라'는 뜻이다. 광야에서 받은 은혜를 기억하면 살 것이고 잊으면 죽을 것이다. 은혜를 잊기는 쉬어도 기억하기는 어렵다. 원수를 잊는 일은 힘들지만 기억하는 일은 자연스럽다. 우리는 언제나 거꾸로 살아간다. 하나님의 은혜를 기억하자. 마음과 뜻과 정성을 다하지 않으면 받은 은혜를 쉽게 잊어버린다.

둘째로, "너는 그 일들을 네 아들들과 네 손자들에게 알게 하라"고 부탁했다. 이스라엘 백성들이 지키는 절기들은 일종의 '은혜 기억하기'였다. 은혜를 나누면 갑절로 커진다. 은혜를 전하면 더욱 생생하게 기억된다. 기억하는 동안 과거의 역사가 오늘 속에 재현(再現)된다. 선조들이 기억의 무대에서 걸어 나와 후손들의 손을 잡고 다시 한 번 홍해를 건너게 될 것이다.

모세는 호렙 산에서 계명을 받았던 순간을 회상했다. 40여 년이 지났는데 엊그제 일처럼 느껴졌다. 산에는 불길이 충천하고 어둠과 구름과 흑암으로 덮였다. 그 불길 가운데서 하나님의 음성이 들려왔다. 모든 백성들도 함께 들었다. 하나님께서 돌판에 직접 십계명을 써서 모세에게 주셨다. 젖과 꿀이 흐르는 땅에 들어가서 행할 규례와 법도를 주셨다. 하나님만큼 그의 백성들을 훈련시키시고 보호하시는 신이 세상 어디에 또 있는가? 오직 하나님 한 분뿐이시다. 그래서 우상을 만들지 말라고 하셨다. 우상은 처음부터 '없는 것들'이기 때문이다.

"여호와께서 호렙 산 불길 중에서 너희에게 말씀하시던 날에 너희가 어떤 형상도 보지 못하였은즉 너희는 깊이 삼가라. 그리하여 스스로 부패하여 자기를 위해 어떤 형상대로든지 우상을 새겨 만들지 말라 남자의 형상이든지, 여자의 형상이든지, 땅 위에 있는 어떤 짐승의 형상이든지, 하늘을 나는 날개 가진 어떤 새의 형상이든지, 땅 위에 기는 어떤 곤충의 형상이든지, 땅 아래 물 속에 있는 어떤 어족의 형상이든지 만들지 말라. 또 그리하여 네가 하늘을 향하여 눈을 들어 해와 달과 별들, 하늘 위의 모든 천체 곧 너희의 하나님 여호와께서 천하 만민을 위하여 배정하신 것을 보고 미혹하여 그것에 경배하며 섬기지 말라"(신 4:15-19).

성경 어디에도 하나님의 형상에 대한 분명한 기록이 없다. 모세와 백성들이 시내 산에서 하나님의 음성을 들었지만 그의 형상은 볼 수 없었다. 형상이 없어서가 아니다. 음성으로 자신을 나타내신 하나님은 분명히 형상도 가지고 계신다. 그런데 아무도 그의 형상을 본 사람이 없다. 보면 죽을 것이라고 말씀하셨다. 왜 그랬을까? 대답은 간단하다. 만일 사람들이 하나님의 형상을 보았다면 득달같이 그 형상을 만들고 새겼을 것이다. 그 후에는 살아 계신 하나님을 섬기지 않고 만들어 놓은 형상을 섬기기 시작할 것이다. '그분'에 대한 인격적 관계가 변하여 '그것'에 대한 비인격적 관계로 전락(轉落)할 것이다. 그래서 하나님은 일체의 형상을 만들지 말라고 하셨다. 모든 형상은 피조물이다. 창조주를 대신할 수 없다. 성경을 주제로 한 어떤 걸작품도 그것을 숭배하면 우상이 된다. 살아 계신 하나님과 그의 하신 일을 표현하는 예술 세계의 경계선에 모호함이 없어야 한다.

사람의 감정 중에 가장 다루기 어려운 감정이 '섭섭함'이다. 괜찮다고 하는데 괜찮지 않는 감정이다. 잊고 넘어가려 하는데 잊히지 않는 감정이다. 내색하지 않으려고 하는데 자꾸만 되돌아오는 생각이다. 원망할 자격도 없다고 생각하는데 어딘지 개운치 않은 느낌이다. 섭섭함에는 형체와 무게가 있다. 그래서 섭섭함은 다루기 어려운 감정이다. 모세의 마음속에 그런 감정이 남아 있었다. 40여 년 전, 하나님께서 그를 불꽃 가운데서 부르신 그날부터 그는 젖과 꿀이 흐르는 땅 보기를 사모했다. 그런데 막상 들어갈 수 없게 되었다. 하나님께 간청해 보았지만 단호하셨다. 다시는 그 일을 언급하지 말라고 선을 그으셨다. 그토록 차가운 말씀을 들어본 적이 없다. 몹시 섭섭했을 것이다. 그런데 모세는 그 섭섭함을 넘어갔다. 성경은 모세보다 더 온유한 사람은 없다고 했다. 모세는 온유함으로 섭섭함을 극복하고 순종했다.

> "이 사람 모세는 온유함이 지면의 모든 사람보다 더하더라"(민 12:3).

온유는 겸손과 낮아짐, 그리고 유순함을 의미한다. 겸손한 사람은 자기를 내세우지 않는다. 주인을 태운 나귀처럼 낮아진다. 모세는 섭섭한 감정을 겸손의 줄로 제어했다. 그리고 주인 되신 여호와 하나님을 바라보았다. 이스라엘 백성들을 향하신 하나님의 광대하신 생각 앞에 무릎을 꿇었다.

> "여호와께서 너희를 택하시고 너희를 쇠 풀무불 곧 애굽에서 인도하여 내사 자기 기업의 백성을 삼으신 것이 오늘과 같아도 여호와께서 너희로 말미암아 내게 진노하사 내게 요단을 건너지 못하며 네 하나님 여호와께서 네게 기업으로 주신 그 아름다운 땅에 들어가지 못하게 하리라고 맹세하셨은즉, 나는 이 땅에서

죽고 요단을 건너지 못하려니와 너희는 건너가서 그 아름다운 땅을 얻으리니 너희는 스스로 삼가 너희의 하나님 여호와께서 너희와 세우신 언약을 잊지 말고 네 하나님 여호와께서 금하신 어떤 형상의 우상도 조각하지 말라"(신 4:20-23).

"잠시 동안 하나님을 믿지 못했던 나도 약속의 땅에 들어가지 못했는데, 하물며 거듭거듭 반역하는 너희겠느냐?"라는 말이다. '기업으로 주신 그 아름다운 땅'이라는 모세의 표현이 우리 가슴을 찡하게 한다. 그는 백성들에게 두 가지를 삼가라고 했다. 하나님께서 세우신 언약을 잊지 말고, 그가 금하신 어떤 형상의 우상도 조각하지 말라고 했다. 모세는 한 번도 자신을 사역의 중심에 둔 적이 없다. 언제나 하나님 중심이고 백성 중심이었다. 하나님 중심과 이웃 중심으로 사는 사람들은 섭섭함 때문에 중심축이 무너지지 않는다. 모세는 왜 우상을 숭배하면 안 되는지 다시 한 번 경고했다.

"네 하나님 여호와는 소멸하는 불이시요 질투하시는 하나님이시니라"(신 4:24).

우상을 숭배하면 불같은 심판이 임한다. '질투하시는 하나님'은 인간의 감정을 사용하여 이해하기 쉽게 표현한 말이다. 하나님은 이스라엘 백성들을 특별한 목적을 가지고 택하셨다.

"이 백성은 내가 나를 위하여 지었나니 나를 찬송하게 하려 함이니라"(사 43:21).

택하신 백성들이 우상을 숭배하는 일은 절대로 용납될 수 없다. 앞으로 들어갈 땅에서 우상을 숭배한다면 소멸하는 불이 임할 것이다. 모세는 그 불을 이렇게 묘사했다.

"네가 그 땅에서 아들을 낳고 손자를 얻으며 오래 살 때에 만일 스스로 부패하여 무슨 형상의 우상이든지 조각하여 네 하나님 여호와 앞에 악을 행함으로 그의 노를 일으키면 내가 오늘 천지를 불러 증거를 삼노니 너희가 요단을 건너가서 얻는 땅에서 속히 망할 것이라. 너희가 거기서 너희의 날이 길지 못하고 전멸될 것이니라"(신 4:25-26).

우상을 숭배하면 속히 망할 것이다. 그들의 자손들은 여러 민족 중에 흩어질 것이요 죽지 못해 사는 삶이 될 것이다. 젖과 꿀이 흐르는 땅에서 쫓겨나면 나무와 돌로 만든 신을 섬기게 될 터인데 그것들은 보지도, 듣지도, 먹지도, 냄새 맡지도 못하는 것들이다. (불행하게도 훗날 이 말씀이 그대로 이루어져서 북왕국 이스라엘은 주전 722년에 앗수르에 망했고, 남왕국 유다는 주전 606년에 바벨론에 정복당했다.) 그러나 하나님의 심판은 짧고 인자하심은 끝이 없다. 잡혀간 땅에서 그들이 회개하고 하나님을 찾으면 다시 만나시고 구원하실 것이다. 징계의 목적은 멸망이 아니다. 멸망의 길에서 돌아서게 함이다.

"그러나 네가 거기서 네 하나님 여호와를 찾게 되리니 만일 마음을 다하고 뜻을 다하여 그를 찾으면 만나리라. 이 모든 일이 네게 임하여 환난을 당하다가 끝 날에 네가 네 하나님 여호와께로 돌아와서 그의 말씀을 청종하리니 네 하나님 여호와는 자비하신 하나님이심이라. 그가 너를 버리지 아니하시며 너를 멸하지 아니하시며 네 조상들에게 맹세하신 언약을 잊지 아니하시리라"(신 4:29-31).

나는 1983년에 개척한 로스앤젤레스의 감사한인교회에서 35년 동안 말씀을 선포하는 축복을 누렸다. 그중에서도 하나님의 성품에 대한 말씀을 나눌 때가 가장 감격스러웠다. 하나님의 거룩하심, 그리고 우리를 거룩하게 하시는 은혜를 설교할 때마다, 하나님의 선하심과 인자하심을 전할 때마다, 하나님의 오래 참으심을 증거할 때마다, 내 음성은 떨렸고 가슴은 뜨거웠다.

모세는 '하나님의 자비하심'을 세 가지로 요약했다. 첫째로, 하나님은 절대로 이스라엘을 버리지 않으신다. 모른다고 외면하지 않으신다. 붙들고 있던 손을 놓아버리지 않으신다. 끝까지 붙들어주신다. 둘째로, 하나님은 이스라엘을 멸하지 않으신다. 진멸 당해야 마땅한 죄인까지도 용서받을 길을 열어주신다. 느헤미야는 아주 멸하지 않으시는 하나님의 자비하심을 기억하고 이렇게 감사드렸다.

"주의 크신 긍휼로 그들을 아주 멸하지 아니하시며 버리지도 아니하셨사오니 주는 은혜로우시고 불쌍히 여기시는 하나님이심이니이다"(느 9:31).

셋째로, 하나님은 이스라엘과 맺은 언약을 잊지 아니하신다. 이스라엘은 하나님을 잊어버려도 하나님은 그의 언약을 잊지 않으신다. 언약은 하나님의 일방적인 약속이다. 조건을 걸고 약속하는 계약이 아니다. 모든 그리스도인들은 하나님의 언약 아래 있다. 어떤 언약인가? 그렇다. 요한복음 3장 16절의 언약이다.

> "하나님이 세상을 이처럼 사랑하사 독생자를 주셨으니 이는 저를 믿는 자마다 멸망치 않고 영생을 얻게 하려 하심이니라."

모세의 설교를 읽다 보면 그의 불타는 가슴이 다가온다. 그의 심장 박동 소리가 들려온다. 우리 모두 모세의 심정으로 그의 첫 번째 설교의 결론 부분을 소리 내어 읽어보자. (현대인의 성경 번역본이다.)

> "여러분이 태어나기 전, 하나님이 세상에 사람을 창조하신 때부터 지금까지 지나간 모든 역사에 대하여 조사해 보고 이런 큰 일이 있었는지 또 이런 일을 들어 본 적이 있었는지 온 천하에 물어 보십시오.
> 이 세상에 여러분처럼 불 가운데서 말씀하시는 하나님의 음성을 듣고도 살아남은 민족이 있습니까?
> 여러분의 하나님 여호와께서 여러분이 지켜보는 가운데 이집트에서 여러분을 위해 행하신 것과 같은 재앙과 기적과 전쟁과 큰 능력과 힘과 놀라운 일로 한 민족을 다른 민족의 노예 생활에서 인도해 낸 신이 도대체 어디 있습니까?
> 여호와께서 이런 일을 행하신 것은 그분만이 하나님이시며 그 외에는 그분과 같은 다른 신이 없음을 여러분이 알도록 하기 위해서입니다.

여호와께서 여러분을 가르치려고 하늘에서 그의 음성을 여러분에게 들려 주셨고 땅에서는 여러분에게 거룩한 불을 보여 주셨으며 또 여러분은 그 불 가운데서 들려오는 그분의 말씀을 들었습니다.
여호와께서 여러분의 조상들을 사랑하셨기 때문에 그들의 후손인 여러분을 택하시고 큰 능력으로 여러분을 이집트에서 직접 인도해 내셨습니다.
그리고 여호와께서는 여러분보다 훨씬 강한 다른 민족들을 쫓아내시고 오늘날처럼 그 땅을 여러분에게 주셨습니다"(신 4:32-38).

마지막으로 모세는 이스라엘 백성들이 마땅히 해야 할 두 가지를 들려주었다.

'여호와 외에 다른 신이 없음을 명심하라.'
'여호와의 규례와 명령을 지키라.'

그러면 대대로 복을 받고 그 땅에서 한 없이 오래 살 것이라고 단언했다.

제2장

모세의 두 번째 설교, '언약과 의무'

(신 4:44-26:19)

신명기는 새로운 언약이 아니다. 시내 산에서 받은 옛 언약의 갱신(更新)이다. 그래야 할 이유가 있었다. 그 언약을 지켜야 할 대상들이 새로운 세대들이고 그 언약이 실현되어질 땅도 새로운 곳이기 때문이다. 그래서 모세는 두 번째 설교에서 하나님의 율법을 깊이 설명하고 백성들의 의무를 강조한다. 이 설교는 신명기 전체의 약 3분의 2에 이르는 긴 내용이다.

1. 율법의 개요

:: 신 4:44-5:33 ::

시간적으로 보면 아모리 족속의 두 왕을 치고 난 후에 했던 설교다. 모세가 느보 산에 올라 가나안 땅을 바라보고 죽기 직전이다. 출애굽의 여정에서 모세가 할 일은 더 이상 없다. 이미 여호수아를 든든한 후계자로 세웠다. 이스라엘 백성들이 가나안 땅에 들어가서 해야 할 일들도 자세히 일러두었다. 모세는 율법을 다시 한 번 선포하며 언약을 새롭게 했다. 새로운 율법이 아니다. 시내 산에서 이미 받았던 율법이다.

신앙생활을 서서히 약화시키는 바이러스가 있다. 그것은 하나님의 말씀, 베푸신 은혜, 행하신 놀라운 일들을 자꾸만 '과거'라는 창고 속에 저장해 두려는 경향이다. 그때 그런 일이 있었다는 사실을 부인하지는 않는다. 세세한 내용들까지 기억하고 있다. 그러나 지금도 그런 일이 가능하다는 사실은 받아들이지 않는다. 하나님은 어제의 하나님이 아니고 오늘의 하나님이시다. 예수 그리스도는 어제나 오늘이나 영원토록 동일하신 분이다. 과거의 하나님으로만 생각하면 신앙은 석고화(石膏化)된다. 생명력이 사라지고 죽은 나무처럼 앙상하게 된다. 그러면 새로운 신을 찾아 나선다. 우상 숭배는 그렇게 해서 시작된다. 모세는 이 점을 가장 염려했다.

하나님의 언약은 언제나 현재적이다. 그것은 살아 계신 하나님께서 '오늘, 여기, 살아 있는 우리'에게 주신 약속이다. 이스라엘 백성들은 불과 구름으로 뒤덮인 시내 산에서 하나님의 음성을 들었다. 그 음성을 들었던 사람들은 이제 최소한 40세 이상이다. 그 이하의 젊은이들에게는 조상이 들려준 이야기에 불과했다. 모세는 그 젊은 세대를 시내 산의 불꽃과 뇌성 번개 속으로 다시 데리고 들어갔다.

"모세가 온 이스라엘을 불러 그들에게 이르되, 이스라엘아 오늘 내가 너희의 귀에 말하는 규례와 법도를 듣고 그것을 배우며 지켜 행하라. 우리 하나님 여호와께서 호렙 산에서 우리와 언약을 세우셨나니 이 언약은 여호와께서 우리 조상들과 세우신 것이 아니요 오늘 여기 살아 있는 우리 곧 우리와 세우신 것이라" (신 5:1-3).

하나님과의 만남도 언제나 현재적이다. 조상들의 이야기가 아니고 자신들의 이야기다. "오늘 아침에 나는 하나님의 음성을 들었습니다" 하고 고백할 수 있어야 한다. 어떻게 하면 그렇게 살 수 있을까? 율법에 연결된 네 가지 동사가 있다. 듣고, 배우며, 지키고, 행하라는 단어들이다. 이 네 가지 중에 하나만 빠져도 우리의 신앙생활은 삼각형 바퀴처럼 정체되고 만다. 그 순서를 바꾸어도 마찬가지다. 먼저 율법을 경청하고, 그 깊은 뜻을 배우며, 그 의미를 마음에 새기고, 마지막으로 삶 속에서 실천해야 한다.

십계명은 '열 가지 말씀들'로서 출애굽기 20장과 신명기 5장에 기록되어 있다. '가슴으로 읽는 성경' 시리즈 세 번째 책, 출애굽기와 민수기에서 나는 십계명을 다섯 가지로 요약했다. 첫째로, 십계명은 하나님의 직접적인 명령이다. 사람들이 만들어낸 명령이 아니다. 둘째로, 십계명은 축복의 명령이다. 우리의 자유를 구속하기 위한 명령이 아니다. 지키면 복을 받는 명령이다. 셋째로, 십계명은 포괄적인 명령이다. 최소한의 명령이 아니고 최대한의 명령이다. 그러므로 충분히 지켜야 한다. 넷째로, 십계명은 단호한 명령이다. 타협할 수 없다. 다섯째로, 십계명은 누구나 실행할 수 있는 명령이다. 예외가 없다. 다시 한 번 십계명을 소리 내어 읽어보자.

제1계명, "나 외에 내 앞에 다른 신들을 네게 두지 말라."
제2계명, "너를 위하여 우상을 만들지 말라."
제3계명, "네 하나님 여호와의 이름을 망령되게 부르지 말라."
제4계명, "안식일을 기억하여 거룩하게 지키라."
제5계명, "네 부모를 공경하라."
제6계명, "살인하지 말라."
제7계명, "간음하지 말라."
제8계명, "도둑질하지 말라."
제9계명, "네 이웃에 대하여 거짓 증거하지 말라."
제10계명, "네 이웃의 소유를 탐내지 말라."

출애굽기와 신명기에 나오는 십계명은 같은 내용이다. 그런데 왜 안식일을 기억하고 거룩하게 지켜야 하는가에 대한 설명에서 미묘한 차이가 난다. 먼저 두 구절을 비교해 보자.

"이는 엿새 동안에 나 여호와가 하늘과 땅과 바다와 그 가운데 모든 것을 만들고 일곱째 날에 쉬었음이라. 그러므로 나 여호와가 안식일을 복되게 하여 그날을 거룩하게 하였느니라"(출 20:11).

"너는 기억하라. 네가 애굽 땅에서 종이 되었더니 네 하나님 여호와가 강한 손과 편 팔로 거기서 너를 인도하여 내었나니 그러므로 네 하나님 여호와가 네게 명령하여 안식일을 지키라 하느니라"(신 5:14-15).

안식일의 근원은 하나님의 천지창조에 있다. 엿새 동안 천지를 창조하시고 일곱 째 날에 쉬셨기 때문이다. 아담은 하나님의 안식 가운데 첫날을 맞이했다. 그런데 아담과 하와가 범죄한 이후에 안식이 사라졌다. 수고와 고통에서 벗어날 수가 없었다. 기쁨은 사라지고 슬픔만 안개처럼 서렸다. 창세기에서 '안식'이라는 용어가 사라졌다. 그러다가 이스라엘 백성들을 애굽에서 구원해 내신 후에 출애굽기에서 '안식'이라는 말이 다시 나왔다.

"모세가 그들에게 이르되 여호와께서 이같이 말씀하셨느니라. 내일은 휴일이니 여호와께 거룩한 안식일이라. 너희가 구울 것은 굽고 삶을 것은 삶고 그 나머지는 다 너희를 위하여 아침까지 간수하라"(출 16:23).

모세는 신명기에서 안식일을 좀 더 깊이 설명했다. 창세기의 안식이 '피조물의 안식'이었다면 출애굽 이후의 안식은 '구원받은 자의 안식'이다. 이제부터는 하나님의 피조물로서만 아니라 구원받은 백성으로서 안식일을 기억하고 지켜야 한다. 안식일에 기억해야 할 가장 중요한 점은 '하나님께서 우리를 죄와 사망에서 구원하셨다'는 하나의 '사건적 사실'(eventual fact)이다. 주일에 우리가 모여서 예배드리는 가장 중요한 이유는 예수 그리스도의 보배로운 피로 우리가 구원받고 하나님의 자녀가 되었기 때문이다.

내가 굳이 '사건적 사실'이라고 조금 어색한 표현을 사용한 이유가 있다. 그것은 십자가의 사건이 우리의 예배 가운데서 항상 현재적인 '사실'로 기념되고 기억되며 선포되어야 하기 때문이다. 어렸을 적에 부르던 찬송가 262장이 입가를 맴돈다.

날 구원하신 예수님 영원히 찬송하겠네.
저 죄인 어서 주께 와 죄 사유하심 받으라.

구하라 주실 것이요 찾으라 얻을 것이라.
죄 중에 상한 영혼을 주 온전하게 하시네.

주 우리 죄로 인하여 피 흘려 죽으셨으니
주밖에 없는 사랑을 만백성 알게 전하세.

주 예수 사랑 못 잊어 나 항상 눈물 흘리네.
이 세상 어디 가든지 나 주만 생각합니다.

목마른 자 이 샘에 와 영생의 물을 마시라.
내 주를 사랑한대도 늘 맘에 부족하도다.

그때는 노랫말의 뜻을 잘 이해하지 못했다. 그런데 나이가 들고 보니 구절구절에 목이 멘다. 나를 죄에서 구속해 주신 은혜, 얼마나 감사한가? 진정한 안식은 구원받은 자에게 주신 하나님의 선물이다. 적어도 일주일 중의 하루, 안식일에는 마음을 다하여 그 은혜

가운데 머물러 있어야 한다.

시내 산 아래 있던 백성들이 두려움에 떨고 있었다. 더 이상 하나님의 음성을 들을 수가 없었다. 십계명에 대한 말씀이 끝날 무렵, 백성의 장로들이 모세를 찾아왔다.

"우리 하나님 여호와께서 그의 영광과 위엄을 우리에게 보이시매 불 가운데에서 나오는 음성을 우리가 들었고 하나님이 사람과 말씀하시되 그 사람이 생존하는 것을 오늘 우리가 보았나이다. 이제 우리가 죽을 까닭이 무엇이니이까. 이 큰 불이 우리를 삼킬 것이요 만일 우리가 우리 하나님 여호와의 음성을 다시 들으면 죽을 것이라…당신은 가까이 나아가서 우리 하나님 여호와께서 하시는 말씀을 다 듣고 우리 하나님 여호와께서 당신에게 이르시는 것을 다 우리에게 전하소서. 우리가 듣고 행하겠나이다"(신 5:24-25, 27).

하나님께서도 백성들의 말을 좋게 들으셨다. 그래서 십계명 외의 다른 율법들은 모세가 하나님께 직접 듣고 내려와 백성들에게 가르쳤다.

"그런즉 너희 하나님 여호와께서 너희에게 명령하신 대로 너희는 삼가 행하여 좌로나 우로나 치우치지 말고 너희 하나님 여호와께서 너희에게 명하신 모든 도를 행하라. 그리하면 너희가 살 것이요 복이 너희에게 있을 것이며 너희가 차지한 땅에서 너희의 날이 길리라(너희가 삶을 얻고 복을 얻어서 너희의 얻은 땅에서 너희의 날이 장구하리라-한글개역)"(신 5:32-33).

2. 큰 명령들과 경고

:: 신 6-11장 ::

'어떻게' 보다 '왜'가 더 중요하다. '어떻게'를 알면 잠시 쓸모가 있다. 그러나 '왜'를 알면 오랫동안 응용(應用)할 수 있다. 신명기 6-11장은 구체적인 율법 조항들을 다루지 않는다. 그보다는 왜 율법을 지켜야 하는지 그 원리를 가르친다. 구체적인 율법들은 12장에 가서야 등장한다.

여호와를 사랑하라(신 6장)

왜 율법을 지켜야 하는가? 모세는 그 이유를 세 가지로 요약했다.

첫째로, 자신들을 위해서 율법을 지켜야 한다. 율법을 잘 지키면 사는 날이 장구(長久)하게 될 것이다. 개인의 수명(壽命)뿐만 아니라 국운(國運)도 오래 갈 것이다. 자손들은 번성하게 될 것이다. 율법은 절대로 무거운 짐이 아니다. 즐겁고 기쁘게 지킬 수 있는 축복이다.

둘째로, 하나님을 사랑하기 때문에 율법을 지켜야 한다. 부모를 사랑하면 순종하게 된다. 마찬가지로 하나님을 사랑하면 율법을 지킬 수 있다.

> "이스라엘아 들으라. 우리 하나님 여호와는 오직 유일한 여호와이시니 너는 마음을 다하고 뜻을 다하고 힘을 다하여 네 하나님 여호와를 사랑하라. 오늘 내가 네게 명하는 이 말씀을 너는 마음에 새기고 네 자녀에게 부지런히 가르치며 집에 앉았을 때에든지 길을 갈 때에든지 누워 있을 때에든지 일어날 때에든지 이

말씀을 강론할 것이며, 너는 또 그것을 네 손목에 매어 기호를 삼으며 네 미간에 붙여 표로 삼고 또 네 집 문설주와 바깥 문에 기록할지니라"(신 6:4-9).

그 유명한 '쉐마 이스라엘(이스라엘아 들으라)'이다. 신명기에 이런 표현이 네 번 나온다. 그 가운데서도 신명기 6장 4절은 이스라엘 백성들이 가장 사랑하는 구절이다. 하나님은 유일신(唯一神)이라는 사상도 여기에서 나왔다. '유일'은 히브리어로 '에핟'(אֶחָד)이다. '하나'라는 이 단어는 숫자적 개념의 '하나'에 머물지 않는다. 예를 들면 하나님께서 아담의 갈비뼈로 하와를 지으시고 둘이 '한 몸'을 이루게 하셨다. 여기에서 '한'이 바로 '에핟'이다. 이 단어는 자주 집합적인 의미로 사용되었다. '한 성읍'에는 많은 사람들이 살고 있다. '한 포도송이'에는 많은 포도 낱알들이 매달려 있다. 이러므로 '유일하신 하나님'은 숫자적인 '하나'보다 '그와 같은 분이 없는'(unique)이란 뜻으로 이해해야 한다. 오직 하나님 한 분뿐이시다. 유일하신 하나님은 성부 하나님, 성자 하나님, 성령 하나님, 이렇게 삼위일체 하나님이시다.

하나님의 자녀들로서 우리는 이런 질문을 해야 한다. '나는 마음과 뜻과 힘을 다하여 하나님을 사랑하고 있는가?' 다른 말로 하면, '나는 깨어 있는 동안 얼마나 자주 하나님을 생각하고, 하나님을 주인으로 모시기 위해 얼마만큼 내 주장을 부인하며, 하나님의 뜻에 순종하기 위해 얼마나 애썼는가?' 하는 질문이다. 우리는 사랑하는 만큼 의식하고, 사랑하는 만큼 희생하며, 사랑하는 만큼 노력한다. 그래서 사랑은 뿌리가 깊어지고 오래 기억된다.

부모들은 자식들에게 하나님 사랑하기를 가르쳐야 한다. 그보다 더 큰 유산이 없다. 자녀들에게 하나님 사랑하는 법을 가르치려면 이를수록 좋다. 늦으면 배우려고 하지 않는다. 말로만 아니라 행함으로 가르쳐야 한다. 말로 하는 교육보다 보여주는 교육이 몇 배 더 효과적이다.

우리가 살고 있는 이 시대는 반(反)신앙적이다. 신앙생활을 가볍게 생각하다 못해 유치하게 여긴다. 과학은 우리를 편리하게 한다. 그러나 과학이 우리의 영혼을 구원하지는 못한다. 과학에는 선과 악의 가치가 없다. 경제가 우리를 풍요롭게 한다. 그러나 물질적 풍요로움이 우리를 천국으로 인도하지 못한다. 과학과 경제와 문화, 이런 것들은 그 놀라운 효능에도 불구하고 어느 순간 무용지물이 될 수 있다. 코로나 바이러스로 온 세계가 고통을 당하고 있는 지금, 우리는 그런 경험을 하고 있다. 지금 '오늘'이 우리에게 실존적인 질문을 던진다.

'당신은 하나님의 도움이 필요하지 않으세요?'

혹자는 신앙생활이 과학이나 경제나 문화처럼 직접적인 도움을 줄 수 없다고 생각한다. 정말 그런가? 당신은 어떻게 생각하는가? 다음 말씀을 확신하고 계신가? 믿음은 위기의 순간에 그 진가(眞價)를 드러낸다. 늘 그랬던 것처럼….

"내가 산을 향하여 눈을 들리라. 나의 도움이 어디서 올까. 나의 도움은 천지를 지으신 여호와에게서로다. 여호와께서 너를 실족하지 아니하게 하시며 너를 지키시는 이가 졸지 아니하시리로다. 이스라엘을 지키시는 이는 졸지도 아니하시고 주무시지도 아니하시리로다. 여호와는 너를 지키시는 이시라. 여호와께서 네 오른쪽에서 네 그늘이 되시나니 낮의 해가 너를 상하게 하지 아니하며 밤의 달도 너를 해치지 아니하리로다. 여호와께서 너를 지켜 모든 환난을 면하게 하시며 또 네 영혼을 지키시리로다. 여호와께서 너의 출입을 지금부터 영원까지 지키시리로다"(시 121편).

사랑하면 기억한다. 이스라엘 백성들도 하나님을 사랑하고 기억하기 위해 여러 가지 일들을 했다. 신명기 6장 4-9절에 있는 말씀을 적어서 손목에 매기도 하고, 이마에 묶기도 했다. '메주자'(Mezuzah)라는 조그만 상자에 넣어 문설주에 붙여놓고 오가며 만졌다. 우리는 십자가를 상징으로 삼아 하나님의 사랑을 잊지 않으려고 노력한다. 무엇보다도 기도 가운데 하나님의 사랑과 은혜를 기억하며 도우심을 구한다.

셋째로, 심판을 피하기 위해서 율법을 지켜야 한다. 법은 형벌을 피하기 위해 존재한다. 법을 무시하면 개인과 사회가 재난을 당하게 된다. 장차 들어갈 약속의 땅에는 이스라엘이 수고하지 않은 많은 재물들이 쌓여 있다. 파느라 수고하지 않은 우물에 물이 가득하다. 심느라 땀 흘리지 않은 과수원에 열매가 주렁주렁 맺혀 있다. 염려와 근심은 사라지고 배부른 세월이 다가온다. 그런데 그때가 위험하다. 그때 교만하여 넘어지지 않도록 하나님께서 율법을 주셨다. 받은 축복을 간직하도록 규례와 법도를 주셨다. .

"너희는 다른 신들 곧 네 사면에 있는 백성의 신들을 따르지 말라. 너희 중에 계신 너희의 하나님 여호와는 질투하시는 하나님이신즉 너희의 하나님 여호와께서 네게 진노하사 너를 지면에서 멸절시키실까 두려워하노라. 너희가 맛사에서 시험한 것같이 너희의 하나님 여호와를 시험하지 말고 너희의 하나님 여호와께서 너희에게 명하신 명령과 증거와 규례를 삼가 지키며 여호와께서 보시기에 정직하고 선량한 일을 행하라. 그리하면 네가 복을 받고 그 땅에 들어가서 여호와께서 모든 대적을 네 앞에서 쫓아내시겠다고 네 조상들에게 맹세하신 아름다운 땅을 차지하리니 여호와의 말씀과 같으니라"(신 6:14-19).

당연한 일도 세월이 지나면 부담스럽게 느껴진다. 훗날 자손들이 "왜 우리가 이 복잡한 율법들을 지켜야 하나요?"하고 불평하는 날이 다가올 것이다. 그때 들려줄 말을 모세가 미리 일러두었다.

"여호와께서 우리에게 이 모든 규례를 지키라 명령하셨으니 이는 우리가 우리 하나님 여호와를 경외하여 항상 복을 누리게 하기 위하심이며 또 여호와께서 우리를 오늘과 같이 살게 하려 하심이라"(신 6:24).

율법은 궁극적으로 이스라엘 백성들의 유익을 위해 주신 하나님의 선물이었다.

우상을 멸하라(신 7장)

예수님께서 제자들을 여러 마을로 보내시며 당부하셨다.

> "갈지어다. 내가 너희를 보냄이 어린 양을 이리 가운데로 보냄과 같도다"(눅 10:3).

제자들이 가는 길목을 서기관과 바리새인과 사두개인들이 지키고 있다. 눈에 불을 켜고 예수님을 대적했던 그들이 제자들을 그냥 놔둘 리 없다. 제자들이 그들의 함정과 올무를 분별하고 예수님의 가르치심을 온전하게 전할지, 아니면 그들의 주장에 타협하며 이상한 생각을 가지고 돌아올지, 일말의 걱정이 예수님의 말씀 속에 녹아 있다. 예수님께서 스스로 다짐하셨다. 아버지 하나님과 예수님 자신을 제자들에게 사랑의 줄로 묶어주셨다. 함께 영적인 전선(戰線)을 형성해 주셨다.

> "너희 말을 듣는 자는 곧 내 말을 듣는 것이요 너희를 저버리는 자는 곧 나를 저버리는 것이요 나를 저버리는 자는 나 보내신 이를 저버리는 것이라"(눅 10:16).

이보다 더 큰 보장이 없었다. 마침내 제자들이 승리하고 돌아왔다. 예수님의 이름으로 귀신들이 항복했다고 입을 모아 간증했다. 하나님께서 함께하시면 반드시 승리하게 된다.

잠시 후면 이스라엘이 요단을 건너 가나안 땅으로 들어간다. 모세는 양을 이리 가운데로 보내는 심정이었다. 포악한 가나안 백성들, 음란하게 우상 숭배하는 사람들, 어떻게 해서든지 이스라엘을 자기편으로 동화시키려는 음흉한 무리들, 과연 이스라엘이 견뎌낼 수 있을지 많이 걱정이 되었다. 그래서 그들이 해야 할 일들을 다시 한 번 숙지(熟知)시켜 주었다.

"네 하나님 여호와께서 그들을 네게 넘겨 네게 치게 하시리니 그때에 너는 그들을 진멸할 것이라. 그들과 어떤 언약도 하지 말 것이요 그들을 불쌍히 여기지도 말 것이며 또 그들과 혼인하지도 말지니 네 딸을 그들의 아들에게 주지 말 것이요 그들의 딸도 네 며느리로 삼지 말 것은 그가 네 아들을 유혹하여 그가 여호와를 떠나고 다른 신들을 섬기게 하므로 여호와께서 너희에게 진노하사 갑자기 너희를 멸하실 것임이니라. 오직 너희가 그들에게 행할 것은 이러하니 그들의 제단을 헐며 주상을 깨뜨리며 아세라 목상을 찍으며 조각한 우상들을 불사를 것이니라"(신 7:2-5).

가나안 땅에 들어가면 우상부터 제거해야 한다. 그들에게 악한 영향을 끼치지 못하도록 그 성의 사람들을 멸해야 한다. 현대인의 귀에는 몹시 거슬리는 말로 들릴 것이다. 그러나 이스라엘 백성들에게는 다른 길이 없었다.

요즘에야 집집마다 입지도 않고 걸어놓은 옷들이 여럿이다. 옛날에는 여름 옷 한 벌과 겨울 옷 한 벌이 전부였다. 설날에 새 옷 한 벌 얻어 입으면 행복했다. 그때는 죽은 사람의 옷도 깨끗하기만 하면 마다할 이유가 없었다. 그러나 전염병으로 죽은 사람의 옷은 아무도 원치 않았다. 동네 밖에 내다가 불 질러 버렸다. 가나안 땅에 살던 사람들을 멸해야 할 이유가 여기에 있었다. 우상 숭배라는 영적 전염병을 차단하기 위해서였다. 꼭 그렇게 유별나야 할까? 그렇다. 하나님께서 택하신 거룩한 민족이기 때문이다.

> "너는 여호와 네 하나님의 성민이라. 네 하나님 여호와께서 지상 만민 중에서 너를 자기 기업의 백성으로 택하셨나니 여호와께서 너희를 기뻐하시고 너희를 택하심은 너희가 다른 민족보다 수효가 많기 때문이 아니니라. 너희는 오히려 모든 민족 중에 가장 적으니라"(신 7:6-7).

'성민'(聖民)이란 '거룩한 무리' 혹은 '구별된 무리'를 뜻한다. 하나님께서 이스라엘을 구별하시고 자기 기업으로 택하셨다. 여기에서 기업은 '보배로운'이라는 뜻을 가진 '세굴라'(סְגֻלָּה)이다. 왜 그들을 보배롭고 거룩한 백성으로 택하셨는가? 그들은 다른 민족들보다 숫자도 적었다. 누가 보아도 택하실 만한 이유가 없었다. 그럼에도 불구하고 택하신 이유는 언약을 이행하시는 하나님의 신실하심과 인자하심에 있었다.

> "여호와께서 다만 너희를 사랑하심으로 말미암아, 또는 너희의 조상들에게 하신 맹세를 지키려 하심으로 말미암아 자기의 권능의 손으로 너희를 인도하여 내시되 너희를 그 종 되었던 집에서 애굽 왕 바로의 손에서 속량하셨나니 그런즉 너는 알라. 오직 네 하나님 여호와는 하나님이시요 신실하신 하나님이시라. 그

를 사랑하고 그의 계명을 지키는 자에게는 천 대까지 그의 언약을 이행하시며 인애를 베푸시되 그를 미워하는 자에게는 당장에 보응하여 멸하시나니 여호와는 자기를 미워하는 자에게 지체하지 아니하시고 당장에 그에게 보응하시느니라. 그런즉 너는 오늘 내가 네게 명하는 명령과 규례와 법도를 지켜 행할지니라" (신 7:8-11).

하나님께서 이스라엘을 바로의 손에서 속량(贖良)하셨다. 속량은 '몸값을 지불하고 자유인으로 해방시켜 주는 행위'다. 그런데 하나님은 해방으로 그치지 않으셨다. 그의 '보배로운 기업'으로 이스라엘을 택하시고 만천하에 선포하셨다. 무슨 연고인가? 사랑하셨기 때문이다. '하나님께서 이스라엘을 사랑하셨다.' 이는 가장 단순하면서도 신비한 문장이다. 이보다 더 강렬한 문장이 없다. 이스라엘의 자리에 당신의 이름을 넣어보라. 하나님께서 당신을 사랑하신 이유를 알겠는가? 모를 것이다. 몰라야 당연하다. 그것은 하나님과 당신 사이의 신비이다. 그 신비가 우리를 겸손하게 한다. 마치 어깨 위에 살며시 얹혀 있는 하나님의 손길처럼 우리를 행복하게 한다.

내가 섬겼던 감사한인교회는 2002년 6월부터 9년 동안 아프가니스탄의 북부에 있는 쿤두즈 주(州)에서 '감사의 집'(호나 하사쿠르)이라는 고아원을 운영했다. 쿤두즈 시에서 기증한 3천 평의 땅에 5백 평 3층 건물을 건축하고 고아들을 돌보며 지역봉사활동을 했다. 공개적으로 복음을 전할 수는 없었지만 그곳 사람들은 우리가 크리스천이라는 사실을 알고 있었다. 몇몇은 복음에 마음을 열고 신앙을 고백하기도 했다. 그때 우리 교회에서 파송한 노광조 선교사 부부가 4년 반 동안 고아원을 섬겨 주셨다. 그가 아프가니스탄에 들어간 지 1년쯤 지난 2008년 9월에 이런 편지를 보내왔다.

〈이 민족을 사랑해보겠노라고, 이 땅과 거기 사는 사람들을 사랑하겠노라고 결심하고 떠나온 지도 벌써 1년이 다가오고 있습니다. 그리고 그런 마음을 저에게 주신 분은 당연히 주님이라고 생각했습니다. 그래서 저는 열심히 사랑하려고 했습니다. 저의 삶을 통해 그 사랑을 보여주려고 했습니다. 그러나 최근에야 그것이 저의 교만과 착각이었음을 알게 되었습니다. 한계에 부닥친 저의 사랑을 보았기 때문입니다. 저의 사랑은 욕심 섞인 사랑이었습니다. 저의 기대를 만족시켜 주지 못하면 낙심하고, 미워하고, 분노까지 느끼는 그런 조건부 사랑이었습니다. 자신의 의지로 우리 아이들을 사랑하기에는 제 자신이 너무나 부족하다는 사실을 알게 되었습니다. 최근 '라마단' 기간에 우리 큰 아이들의 행동을 보면서 낙담이 되고 화가 나서 견딜 수가 없었습니다.

그러나 하나님께서 우리에게 주신 사랑은 조건 있는 사랑이 아니라는 사실을 깨닫는 데는 그리 오랜 시간이 걸리지 않았습니다. 아내가 새벽 2시에 억지로 잠을 깨우며 부엌으로 나갔습니다. 그 모습을 보고 나는 "쓸데없이…" 하고 중얼거리며 돌아누워 잠을 청했습니다. 아내는 라마단 기간 동안 금식을 하고 있는 몇몇 큰 아이들이 낮에 학교에 가서 배가 고프면 안 되니까 좀 더 영양가 있는 음식을 주어야 한다면서 음식을 만들기 시작했습니다. 라마단 금식기간에는 저녁 7시경부터 새벽 4시경까지만 음식과 물을 먹을 수 있습니다. 그런 아내를 아이들은 "엄마, 엄마" 하면서 좋아합니다. "그럼, 그렇게 속없이 잘 해주니까 당연히 좋아하겠지. 우리가 베풀어 준 사랑조차 기억하지 못한 채, 거짓 증거를 소리 내어 읽고, 거짓 신, 알지도 못하는 신에게 애써 절하고 있는 그 애들이 무엇이 예뻐서 그렇게 하냐"라고 아내에게 몇 마디 핀잔을 주었습니다. 그때 아내를 통해 하나님의 음성이 들려왔습니다.

"하나님께서는 우리가 잘나고 참 예쁜 짓만 해서 우리를 사랑하셨나요?"

몇 번을 넘어졌는지 모릅니다. 그러나 다시 그들과 함께 살아야겠다는 결심을 합니다. 속절없이 기대하면서, 토끼나라에서는 토끼처럼, 그냥 그들과 하나 되어 살기로 다짐합니다. 주님께서 이 땅에 오셔서 우리처럼, 그리고 우리와 함께 사셨듯이, 그러다 보면 우리도 주님의 인내를 배우겠지요. 그러다 보면 어느 날 누군가가 우리들에게 "왜 이렇게 사나요?" 하고 물어올 날이 있겠지요. 그리고 우리 또한 이렇게 살 수 있는 것이 하나님의 은혜라는 사실을 더욱 깊이 알게 되겠지요. 그때가 오면 "그분 때문에요" 하고 대답하면서 우리와 함께하시는 그분에 대하여 이야기하겠습니다.〉

2010년 말에 미국으로 다시 돌아온 노광조 선교사 부부는 아프가니스탄을 못 잊어 하더니 결국 4년 전에 T국에 있는 아프가니스탄 난민들을 돌보기 위해 떠났다. 그리고 그의 가슴속에 뭉쳐 있는 하나님의 사랑으로 지금은 아프가니스탄 사람들이 모여서 예배드리는 교회를 세 군데나 섬기고 있다. 기적이다. 노 선교사 부부에게

"당신들의 생명은 우리가 책임질 테니 떠나지 말라"고 강권하던 쿤드주 시의 사람들은 지금도 '감사의 집' 고아원을 자체적으로 운영하고 있다. 기회가 오면 생전에 꼭 다시 방문해보고 싶다.

하나님께서 이스라엘을 거저 사랑하셨다. 날 때부터 죄인이었던 우리들도 사랑하셨다. 바울은 그 사랑을 이렇게 표현했다.

> "찬송하리로다. 하나님 곧 우리 주 예수 그리스도의 아버지께서 그리스도 안에서 하늘에 속한 모든 신령한 복을 우리에게 주시되 곧 창세 전에 그리스도 안에서 우리를 택하사 우리로 사랑 안에서 그 앞에 거룩하고 흠이 없게 하시려고 그 기쁘신 뜻대로 우리를 예정하사 예수 그리스도로 말미암아 자기의 아들들이 되게 하셨으니, 이는 그가 사랑하시는 자 안에서 우리에게 거저 주시는 바 그의 은혜의 영광을 찬송하게 하려는 것이라. 우리는 그리스도 안에서 그의 은혜의 풍성함을 따라 그의 피로 말미암아 속량 곧 죄 사함을 받았느니라"(엡 1:3-7).

하나님께서 이스라엘 백성들에게 요구하신 일은 무엇일까? 그의 명령과 규례와 법도를 지켜 행하는 것이다. 만일 하나님의 계명을 거역하면 어떤 일이 일어날까? 당장에 재앙이 임할 것이다. 물론 아주 버리시지 않으시겠지만 불순종은 그들에게나 하나님에게나 피차 고통스러운 결과를 가져다 줄 것이다. 거룩은 엄청난 축복이면서 동시에 위험천만하다. 백성들을 보내면서 모세는 이 점을 염려하고 있었다.

법도를 지켜 행하라(신 7:12-26)

말씀대로 살면 나머지는 하나님께서 다 이루어주신다. 말씀에 순종하는 일이 어렵겠는가, 아니면 약속하신 모든 복을 내려주시는 일이 어렵겠는가? 하나님과 이스라엘 백성들 사이의 방정식은 아무리 생각해도 불공평하다. 하나님의 인자하심은 천 대(千代)에 이르고 벌(罰)은 겨우 삼사 대에 이르기 때문이다.

> "여호와께서 그의 앞으로 지나시며 선포하시되 여호와라 여호와라 자비롭고 은혜롭고 노하기를 더디하고 인자와 진실이 많은 하나님이라. 인자를 천 대까지 베풀며 악과 과실과 죄를 용서하리라. 그러나 벌을 면제하지는 아니하고 아버지의 악행을 자손 삼사 대까지 보응하리라"(출 34:6-7).

하나님의 법도를 듣고 지켜 행하는 자에게는 그가 맹세하신 언약을 지키시고 인애(仁愛)를 베푸신다. 인애는 끝없는 사랑이다. 모세가 그 언약을 다시 한 번 들려주었다.

> "곧 너를 사랑하시고 복을 주사 너를 번성하게 하시되 네게 주리라고 네 조상들에게 맹세하신 땅에서 네 소생에게 은혜를 베푸시며, 네 토지소산과 곡식과 포도주와 기름을 풍성하게 하시고 네 소와 양을 번식하게 하시리니 네가 복을 받음이 만민보다 훨씬 더하여 너희 중의 남녀와 너희의 짐승의 암수에 생육하지 못함이 없을 것이며, 여호와께서 또 모든 질병을 네게서 멀리 하사 너희가 아는 애굽의 악질에 걸리지 않게 하시고 너를 미워하

는 모든 자에게 걸리게 하실 것이라"(신 7:13-15).

요약하면, '자손을 번성케 하시고, 토산과 가축에 복을 주시며, 건강하게 해주실 것'이라는 말씀이다. 얼마나 넘치는 은혜인가? 여기에 더 끼워 넣고 싶은 축복이 무엇인가? 무엇이 부족한가. 다윗이 읊조렸던 "여호와는 나의 목자시니 내게 부족함이 없으리로다"는 시감(詩感)이 떠오르지 않은가?

그러나 만일 이스라엘이 하나님의 명령을 지키지 않고 원주민들의 우상을 섬긴다면 저주가 임할 것이다. 왜 이스라엘이 가나안 사람들의 우상을 숭배하게 될까. 생소한 땅에서 살기가 두렵기 때문이다. 거기 사는 민족들이 자기들보다 숫자로 더 많기 때문이다. 그래서 마음으로 두려워하며 그들에게 동화(同化)되어 갈 것이다. 우상 숭배에 동참하면서 원주민들에게 시그널(signal)을 보낼 것이다. "우리는 당신들의 원수가 아닙니다. 당신들과 같은 신을 섬기는 사람들입니다. 우리를 배척하지 마세요. 우리와 함께 사십시다." 모세는 그렇게 될까 근심하면서 백성들에게 당부했다.

"그들을 두려워하지 말고 네 하나님 여호와께서 바로와 온 애굽에 행하신 것을 잘 기억하되, 네 하나님 여호와께서 너를 인도하여 내실 때에 네가 본 큰 시험과 이적과 기사와 강한 손과 편 팔을 기억하라. 네 하나님 여호와께서 네가 두려워하는 모든 민족에게 그와 같이 행하실 것이요, 네 하나님 여호와께서 또 왕벌을 그들 중에 보내어 그들의 남은 자와 너를 피하여 숨은 자를 멸하시리니, 너는 그들을 두려워하지 말라. 너희의 하나님 여호와 곧 크고 두려운 하나님이 너희 중에 계심이니라"(신 7:18-21).

두려움을 이기는 두 가지 길이 있다.

첫째로, 하나님께서 행하신 일들을 기억해야 한다. 하나님께서 애굽의 바로와 그 백성들에게 행하신 열 가지 재앙들, 홍해를 가르신 일, 마라의 쓴 물을 달게 하신 일, 반석을 쳐서 솟아나게 하신 생수, 구름기둥과 불기둥, 만나와 메추라기, 아말렉을 이긴 일 등을 기억하면 두려움이 사라질 것이다. 하나님과의 관계에서 기억할 만한 일들이 많이 있다면, 그보다 더 큰 축복이 없다. 그 일을 기억하고 나누고 기념하며 감사드려 보자. 심산계곡의 밤길을 혼자 걸어도 두렵지 않을 것이다.

둘째로, 하나님을 사랑해야 한다. 하나님을 사랑하면 두려움이 우리에게서 떠나간다.

"사랑 안에 두려움이 없고 온전한 사랑이 두려움을 내쫓나니 두려움에는 형벌이 있음이라. 두려워하는 자는 사랑 안에서 온전히 이루지 못하였느니라. 우리가 사랑함은 그가 먼저 우리를 사랑하셨음이라"(요일 4:18-19).

두려움은 우리가 하나님을 떠났다는 증거다. 양이 목자의 시야에서 벗어나면 그곳에는 위험이 도사리고 있다. 마음을 다하여 하나님을 사랑하자. 그의 사랑 안에 머물자. 우리가 하나님을 사랑하려고 수고할 필요가 없다. 그가 우리를 먼저 사랑하셨으니까…. 그냥 그의 사랑을 깊이 들이마시면 된다. 그러면 두려움이 떠나갈 것이다.

모세가 재미있는 표현을 사용했다. 하나님께서 가나안 족속들에게 왕벌을 보내실 것이라고 했다. 왕벌은 일명 말벌(hornet)로서 잘못 쏘이면 생명을 잃게 된다. 요즘에도 말벌은 두려운 존재인데, 하물며 당시에는 얼마나 무서웠겠는가. 하나님께서 말벌들을 불러다가 숨어 있는 가나안 족속들을 쫓아내시겠다고 약속하셨다. 하나님께서 이스라엘과 함께 계시겠다고 맹세하셨다. 누가 그들을 대적하겠는가.

모세는 가나안을 정복할 때에 꼭 실행해야 할 일들을 신신당부했다.

> "너는 그들이 조각한 신상들을 불사르고 그것에 입힌 은이나 금을 탐내지 말며 취하지 말라. 네가 그것으로 말미암아 올무에 걸릴까 하노니 이는 네 하나님 여호와께서 가증히 여기시는 것임이니라. 너는 가증한 것을 네 집에 들이지 말라. 너도 그것과 같이 진멸 당할까 하노라. 너는 그것을 멀리하며 심히 미워하라. 그것은 진멸 당할 것임이니라"(신 7:25-26).

네 하나님께서 하신 일을 기억하라(신 8:1–10)

하나님께서 이스라엘 백성들에게 요구하신 것은 금은보화가 아니다. 하나님께서 베풀어 주신 은혜를 기억하고 그의 명령을 지키는 것이었다. 주신 명령마다 하나같이 이스라엘의 유익을 위한 내용들이었다. 그들이 계명을 지켜 행하면 세 가지 축복이 보장되었다. 죽지 않고 살게 될 것이며, 자손이 번성할 것이고, 하나님께서 조상들에게 약속하신 땅을 차지하게 될 것이다.

모세는 백성들에게 지난 40년 동안 걸어온 광야 길들을 되돌아 보라고 권면했다. 하나님은 가데스 바네아에서 곧장 가나안 땅으로 인도하기를 원하셨다. 그러나 백성들이 정탐꾼을 먼저 보내자고 고집을 부렸다. 그리고는 정탐꾼들의 부정적 보고에 현혹되어 하나님께 반역하며 불순종했다. 광야는 하나님의 뜻이 아니었다. 그들의 선택이었다. 광야를 회상할 때마다 이 사실을 기억해야 했다.

광야 길을 걷는 동안 하나님께서 그들을 낮추시고 시험하셨다. 광야는 하나님 신뢰하기를 배우는 훈련장이었다. 인생의 광야 길을 걸어갈 때가 있다. 도처에 위험이 도사리고 있다. 쉴 만한 그늘도 없고 마실 물도 없으며 음식물도 귀하다. 무엇보다도 광야에 버림받은 감정을 견딜 수가 없다. 모든 관계가 단절되고 잊힌 존재가 되었다. 인생의 가장 낮은 지점에 주저앉아 있는데 아무도 그를 기억해 주지 않는다.

그런데 그 광야에 하나님이 계신다. 그림자처럼 그와 동행하신다. 하나님을 신뢰할 수 있을까? 이런 광야에서도 하나님이 그를 위해 하실 수 있는 일이 있을까? 그것이 바로 광야의 시험이었다. 망하게 하는 시험이 아니고 살아남게 하는 시험이었다. 시험지에 나오는 질문은 의외로 간단했다.

"이스라엘아, 네가 나를 믿느냐?"

이스라엘은 시험에 통과할 때도 있고 넘어질 때도 있었다. 그러나 시험을 통하여 점차 하나님을 알아갔다. 광야에서 하나님을 신뢰하자 기적들이 일어났다. 아침마다 지면에 덮여 있는 만나를 거두면서 그들은 한 가지 진리를 깨달아야 했다.

'하나님의 말씀 때문에 우리가 살고 있다. 그가 말씀하셨기 때문에 우리가 지금 이 만나를 먹게 되었다. 하나님의 말씀이 메추라기 떼를 불러오셨고 반석에서 물이 나게 하셨다. 사십 년 동안 우리의 의복이 해지지 않았다. 모래와 자갈길을 걸었는데 발이 부르트지 않았다. 하나님의 말씀이 광야에서 우리를 살려주셨다. 앞으로도 우리는 그 말씀으로 살아갈 것이다. 그 계명과 규례와 법도를 순종하면 약속의 땅에서도 축복 받으며 살 것이다.'

모세는 이스라엘 백성들이 이런 진리를 깨닫기를 바랐다.

광야 40년을 어떻게 받아들여야 할까? 저주받은 시간으로 여겨야 할까? 고통스러운 기억으로 남겨두어야 할까? 광야 40년은 이스라엘의 역사에서 어떤 의미를 지니는가? 모세는 광야의 경험에서 하나님의 사랑을 발견하라고 가르친다. 광야 40년은 하나님께서 이스라엘을 징계하시는 시간이었다. 징계는 분노의 폭발이 아니다. 징계는 미움의 폭력이 아니다. 징계는 목적을 지닌 교육 수단이다. 징계는 아버지를 위한 것이 아니다. 아들을 위한 것이다. 다시는 그런 잘못을 저지르지 않도록 하시기 위해, 그들의 민족사(民族史)에 새겨두신 사랑의 흔적이었다. 그래서 훗날 히브리서 기자는 잠언 3장 11-12절을 인용하면서 이렇게 기록했다.

"또 아들들에게 권하는 것같이 너희에게 권면하신 말씀도 잊었도다. 일렀으되, 내 아들아 주의 징계하심을 경히 여기지 말며 그에게 꾸지람을 받을 때에 낙심하지 말라. 주께서 그 사랑하시는 자를 징계하시고 그가 받아들이시는 아들마다 채찍질하심이라 하였으니 너희가 참음은 징계를 받기 위함이라. 하나님이 아들과 같이 너희를 대우하시나니 어찌 아버지가 징계하지 않는 아들이 있으리요. 징계는 다 받는 것이거늘 너희에게 없으면 사생자요 친아들이 아니니라"(히 12:5-8).

광야는 '사랑의 교실'이다. 40년이 지나고 광야를 벗어나는 길목에 이정표가 하나 서 있다. 거기에는 이런 글귀가 새겨져 있다. '네 하나님 여호와의 명령을 지켜 그의 길을 따라가며 그를 경외할지니라.' 그 이정표를 따라가면 광야를 벗어날 것이다. 이 진리를 깨닫는 사람은 광야에서도 하나님께 감사드리며 풍성한 은혜를 받게 될 것이다. 광야에서 캐내는 보화가 무궁무진할 것이다.

광야를 벗어나 약속의 땅에 들어가면 새로운 세계가 열린다. 이전에 보지 못했던 아름다운 세계다. 아무데서나 물이 솟아나고 강물 되어 흘러간다. 실제로 이스라엘의 북쪽 지역에는 땅속에서 맑은 물이 솟아나는 곳이 여러 군데 있다. 북쪽에 있는 헬몬 산(해발 2,814미터)에 쌓여 있던 눈 녹은 물이 바위틈으로 스몄다가 솟아오른다. 이스라엘을 방문할 때마다 나는 그곳(Nahal Hermon)을 방문했다. 그리고 잡목 사이로 솟아 흐르는 맑은 냇물을 바라보면서 하나님의 성실하심을 찬송하곤 했다. 이 분천(噴泉)에서 요단 강이 시작된다. 물이 흐르는 좌우에 곡창지대가 형성된다. 밀과 보리가 자라고, 포도와 무화과와 석류와 감람나무가 무성하며, 벌들이 만들어

놓은 꿀들이 지천으로 널려 있다. 그 땅은 먹을 것이 넘쳐난다. 아무것도 부족함이 없다. 돌을 녹여 철을 얻고 산에서 동을 캐어낸다. 그 땅의 축복을 누리려면 먼저 하나님의 말씀을 따라 살아야 한다. 이전의 징계를 기억하고 하나님의 계명에 순종하며 걸어가야 한다. 그렇게만 하면 된다. 부족함이 없다.

> "네가 먹어서 배부르고 네 하나님 여호와께서 옥토를 네게 주셨음으로 말미암아 그를 찬송하리라"(신 8:10).

네 여호와를 잊지 말라(신 8:11-20)

모세는 신명기에서 '기억하라'는 명령어를 열다섯 번이나 사용했다. 여호와를 잊어버리면 안 된다. 그것은 엄청난 재난이다. 여호와의 명령과 법도와 규례를 지키는 일은 하나님 여호와를 기억하기 위한 방편이다. 지키기 위해서 잊지 않아야 하고, 잊지 않기 위해 지켜야 한다. 언제 하나님을 잊어버리는가? 모세가 말했다.

> "네가 먹어서 배부르고 아름다운 집을 짓고 거주하게 되며 또 네 소와 양이 번성하며 네 은금이 증식되며 네 소유가 다 풍부하게 될 때에 네 마음이 교만하여 네 하나님 여호와를 잊어버릴까 염려하노라"(신 8:12-14).

어렵고 힘들 때에는 하나님을 기억한다. 어려울수록 더 간절히 기도한다. 그때 하나님을 잊어버리는 사람은 아무도 없다. 누구나 시인 아삽처럼 고백한다.

“하늘에서는 주 외에 누가 내게 있으리요 땅에서는 주밖에 내가 사모할 이 없나이다”(시 73:25).

그런데 모든 일이 형통하고 부족함이 없을 때, 드디어 거친 광야를 무사히 빠져나왔다고 생각할 때, 가진 것도 다 쓰지 못하고 죽을 것 같을 때, 그때 우리는 하나님을 잊어버린다. 그때가 가장 위험하다. 모세는 그런 날이 오거든 이전 일을 기억하라고 부탁한다. 광야에서 받았던 하나님의 은혜를 회상하라고 가르친다. 그래야 인생의 위기를 면할 수 있다.

“여호와는 너를 애굽 땅 종 되었던 집에서 이끌어 내시고 너를 인도하여 그 광대하고 위험한 광야 곧 불뱀과 전갈이 있고 물이 없는 간조한 땅을 지나게 하셨으며 또 너를 위하여 단단한 반석에서 물을 내셨으며, 네 조상들도 알지 못하던 만나를 광야에서 네게 먹이셨나니 이는 다 너를 낮추시며 너를 시험하사 마침내 네게 복을 주려 하심이었느니라”(신 8:14-16).

누가 견고한 인생을 살 수 있을까. 누가 부끄럽지 않는 날들을 살 수 있을까. 지난날을 잊지 않는 겸손한 사람이다. ‘보라. 내가 손수 다 이루어낸 것들을!’ 하며 교만하지 않는 사람이다. 항상 자기를 낮추고 겸손하자. 지난날을 기억하며 오늘을 감사하자. 하나님의 이름을 높이며 살자. 매사에 “주님의 은혜입니다” 하고 고백하며 살자.

모세는 다시 한 번 백성들의 경각심을 일으켰다.

"그러나 네가 마음에 이르기를 내 능력과 내 손의 힘으로 내가 이 재물을 얻었다 말할 것이라. 네 하나님 여호와를 기억하라. 그가 네게 재물 얻을 능력을 주셨음이라. 이같이 하심은 네 조상들에게 맹세하신 언약을 오늘과 같이 이루려 하심이니라. 네가 만일 네 하나님 여호와를 잊어버리고 다른 신들을 따라 그들을 섬기며 그들에게 절하면 내가 너희에게 증거하노니 너희가 반드시 멸망할 것이라. 여호와께서 너희 앞에서 멸망시키신 민족들같이 너희도 멸망하리니 이는 너희가 너희의 하나님 여호와의 소리를 청종하지 아니함이니라"(신 8:17-20).

하나님의 계명에 순종하라(신 9장)

성경을 읽다 보면 이스라엘 백성들의 성품이 눈앞에 보인다. 자식들 중에도 아롱이다롱이가 있다. 한 번도 부모를 걱정시키지 않는 자녀가 있는가 하면, 한시도 마음을 놓지 못하게 하는 자식이 있다. 이스라엘은 후자에 속한다. 이제 곧 세상을 떠나갈 때가 이르렀는데 아직도 모세는 마음을 놓을 수가 없었다. 그래서 또 권면하며 채근했다.

"이스라엘아 들으라. 네가 오늘 요단을 건너 너보다 강대한 나라들로 들어가서 그것을 차지하리니 그 성읍들은 크고 성벽은 하늘에 닿았으며 크고 많은 백성은 네가 아는 아낙 자손이라. 그에 대한 말을 네가 들었나니 이르기를 누가 아낙 자손을 능히 당하리요 하거니와 오늘 너는 알라. 네 하나님 여호와께서 맹렬한 불과 같이 네 앞에 나아가신즉 여호와께서 그들을 멸하사 네 앞에 엎드러지게 하시리니 여호와께서 네게 말씀하신 것같이 너는 그들을 쫓아내며 속히 멸할 것이라"(신 9:1-3).

정탐꾼들이 돌아와서 "그들은 우리 키의 두 배나 되더라"고 겁을 주었던 그 아낙 자손들이 이스라엘 앞에서 맥없이 무너질 것이다. 그들이 쌓은 견고한 성들도 모래성처럼 함락될 것이다. 식은 죽 먹기다. 그때 이스라엘이 마음으로 생각하기를 '우리가 그들을 이겼다'고 교만하게 되면 어떻게 해야 할까. 미국에서 자라는 어린아이들이 슈퍼맨 복장을 하고 즐겨 사용하는 말이 있다. "Invincible!"(나는 천하무적이다.)라는 말이다. 그 아이들이 이겨낼 수 있는 상대가 부모 말고 또 누구겠는가? 모세는 그런 아이들을 남겨두고 떠나는 심정이었다. 그래서 교만하지 말라고 거듭 당부했다. 교만하면 반드시 망한다.

그들이 아낙 자손을 이긴 것이 아니다. 천하무적인 아낙 자손들을 굴복시키신 분은 하나님이시다. 하나님께서 맹렬한 불같이 그들을 치실 것이다. 그 불길 앞에 도망가는 아낙 자손들은 돌아서서 싸울 여유도 없었다. 이스라엘 백성은 뒤따라가며 그들을 치기만 하면 된다. 그래도 모세의 마음이 편치 않았다. 그래서 한 번 더 강조했다. 이스라엘 백성들은 모세의 말을 어떻게 받아들였을까? 반복하니까 듣기 싫었을까? 아직 그 땅에 발도 들여놓지 않았는데 너무 비현실적인 이야기를 하고 있다고 생각했을까? 그래서 모세의 말이 지겨웠을까?

"네 하나님 여호와께서 그들을 네 앞에서 쫓아내신 후에 네가 심중에 이르기를, 내 공의로움으로 말미암아 여호와께서 나를 이 땅으로 인도하여 들여서 그것을 차지하게 하셨다 하지 말라. 이 민족들이 악함으로 말미암아 여호와께서 그들을 네 앞에서 쫓아내심이니라. 네가 가서 그 땅을 차지함은 네 공의로 말미암음도 아니며 네 마음이 정직함으로 말미암음도 아니요 이 민족들이 악함으로 말미암아 네 하나님 여호와께서 그들을 네 앞에서 쫓아내심이라. 여호와께서 이같이 하심은 네 조상 아브라함과 이삭과 야곱에게 하신 맹세를 이루려 하심이니라. 그러므로 네가 알 것은 네 하나님 여호와께서 네게 이 아름다운 땅을 기업으로 주신 것이 네 공의로 말미암음이 아니니라. 너는 목이 곧은 백성이니라"(신 9:4-6).

모세는 이스라엘 백성들이 "보라, 우리 힘으로 저 아낙 자손들을 쫓아내었다"라고 오만할까 염려되었다. "하나님께서 우리에게 이 땅을 주심은 우리들이 그 앞에서 의롭기 때문이다" 하고 자만할까 두려웠다. 그래서 꿈 깨라고 일러주었다. 그 땅에서 그들을 내어 쫓으심은 이스라엘의 공의나 정직함 때문이 아니라고 했다. 다만 가나안 백성들이 악하기 때문이고, 또 이스라엘의 조상들에게 하신 말씀, 곧 '이 땅을 내가 너와 너의 자손들에게 주리라'는 약속 때문이라고 말했다. 은혜 가운데로 들어가면 하나님이 보이고, 은혜를 벗어나면 내가 보인다. 우리가 지금 누구에게 칭찬과 영광을 돌리고 있는지 조심스럽게 살펴보라. 그러면 지금 우리가 은혜 안에 있는지 은혜 밖에 있는지 알 수 있을 것이다.

이스라엘이 잊지 않고 기억해야 할 일이 하나 더 있다. 하나님께 거역하며 반역했던 일이다. 하나님을 가슴 아프시게 해드렸던 일이다. 하나님께서 그들을 멸하시려고 하셨던 적이 몇 번이었던가. 하나님께서 손수 떠내신 돌판에 십계명을 기록하시고 모세에게 주셨다. 그 돌판을 가지고 감격에 젖어 산을 내려오던 모세의 눈앞에 황금송아지가 나타났다. 너무 격한 나머지 십계명 돌판을 산 아래로 집어던지자 산산조각이 났다. 빨리 산을 내려가 보라고 재촉하시던 하나님의 말씀이 생각났다.

> "내가 이 백성을 보았노라. 보라. 이는 목이 곧은 백성이니라. 나를 막지 말라. 내가 그들을 멸하여 그들의 이름을 천하에서 없애고 너를 그들보다 강대한 나라가 되게 하리라"(신 9:13-14).

숨 막히는 장면이다. 하나님께서 이스라엘 백성들을 전멸시키시고 모세의 자손으로 새로운 백성을 일으키겠다고 하셨다. 모세는 주께서 기록하신 책에서 자기의 이름을 지워주시라고 울며 부르짖었다. 그렇게 해서 간신히 재앙을 면할 수 있었다. 그 후에도 이스라엘 백성들은 다베라와 맛사와 기브롯 핫다아, 그리고 가데스 바네아에서 하나님을 반역했다. 얼마 전에 있었던 발람의 사건까지 더하면 다섯 번째다. 그때마다 모세는 하나님 앞에 엎드려 제발 진노를 거두어주시라고 눈물로 간구했다. 모세는 "내가 너희를 알던 날부터 너희가 항상 여호와를 거역하여 왔느니라"고 탄식했다. 약속의 땅에 들어가서도 그런 일이 반복되면 안 된다. 절대로 안 된다. 모세는 그때 드렸던 기도를 백성들에게 들려주었다. 그의 음성이 떨리고 있었다.

"여호와께 간구하여 이르되, 주 여호와여 주께서 큰 위엄으로 속량하시고 강한 손으로 애굽에서 인도하여 내신 주의 백성 곧 주의 기업을 멸하지 마옵소서. 주의 종 아브라함과 이삭과 야곱을 생각하사 이 백성의 완악함과 악과 죄를 보지 마옵소서. 주께서 우리를 인도하여 내신 그 땅 백성이 말하기를 여호와께서 그들에게 허락하신 땅으로 그들을 인도하여 들일 만한 능력도 없고 그들을 미워하기도 하사 광야에서 죽이려고 인도하여 내셨다 할까 두려워하나이다. 그들은 주의 큰 능력과 펴신 팔로 인도하여 내신 주의 백성 곧 주의 기업이로소이다 하였노라"(신 9:26-29).

큰마음 먹고 성경통독을 시작했다가 레위기와 신명기에 이르면 주춤거리기 시작한다. 지루한 느낌이 든다. 무엇 때문인가. 모세가 같은 말을 계속 반복하고 있기 때문이다. 3천여 년 전에 있었던 이야기가 반복되면 아무래도 흥미가 떨어진다. 그런데 모세는 왜 그렇게 여러 번 반복했을까. 건망증이 왔을까? 아니다. 이스라엘 백성들 때문이었다. 그들에게 병적인 건망증이 있었다. 토끼도 똑같은 그루터기에 두 번 부딪히지 않는다는데 이스라엘은 계속해서 반역했고 그때마다 재난이 임했다. 이스라엘 백성들뿐만이 아니다. 우리도 그렇다. 그래서 바울은 성도들에게 같은 말을 계속해서 써야 했다.

"끝으로 나의 형제들아 주 안에서 기뻐하라. 너희에게 같은 말을 쓰는 것이 내게는 수고로움이 없고 너희에게는 안전하니라. 개들을 삼가고 행악하는 자들을 삼가고 몸을 상해하는 일을 삼가라"(빌 3:1-2).

'개들과 행악하는 자들과 몸을 상해하는 자들'은 할례당을 말한다. 그들은 '구원받으려면 예수도 믿고 할례도 받아야 한다'고 주장했다. 교회에 등장하는 최초의 이단이었다. 오직 예수 그리스도를 믿음으로 구원을 받는다는 진리에서 벗어나면 누구나 이단이다. 그때나 지금이나 이단의 특징은 하나님보다 사람을 신봉하게 하는 데 있다. 한국 교회에 그토록 많은 이단들이 믿는 자들을 유혹하는 것을 보면 같은 말을 반복했던 모세와 바울의 심정이 이해된다.

하나님은 "나 곧 나는 나를 위하여 네 허물을 도말하는 자니 네 죄를 기억하지 아니하리라"(사 43:25)고 말씀하셨다. 다른 사람의 죄와 허물을 기억하는 일은 우리 자신에게 불편하다. 더구나 용서한다고 해놓고 여전히 그의 허물을 기억하고 언급한다면 스스로를 속이는 셈이 된다. 그러나 우리 하나님은 공의로우실 뿐만 아니라 인자하신 분이다. 용서하신 죄는 기억도 안 하신다.

그런데 모세는 왜 이스라엘이 실족했던 일을 기억하라고 반복하고 있을까? 모세의 의도는 백성들에게 죄책감을 더하기 위해서가 아니었다. 자신들 속에 잠재해 있는 죄의 속성을 잊지 말라는 말이다. 마귀는 여전히 우는 사자처럼 우리 주위를 배회한다. 비록 성령님께서 우리를 보호하시며 사탄이 만지지도 못하게 하시지만(요일 5:18), 내 속에 있는 죄성은 우리 스스로 다스려야 한다. 이전에 넘어졌던 일들을 기억하며 하나님의 용서의 사랑에 감사드리자. 매일매일 깨어 근신하며 조심해야 한다.

여호와께서 이스라엘에게 요구하시는 것(신 10장)

보세가 이스라엘 백성들에게 물었다.

> "이스라엘아, 네 하나님 여호와께서 네게 요구하시는 것이 무엇이냐?"

사람들은 간단한 질문에 복잡하게 대답하려는 경향이 있다. 하나님께서 이스라엘 백성들에게 무엇을 요구하셨을까? 금은보화가 아니다. 비록 금과 은과 고운 베실과 조각목(木)을 가져다가 성막과 성소를 지으라고 하셨지만, 그것은 하나님을 위한 집이 아니다. 이스라엘을 위한 성전이다. 짐승을 잡아 제사를 지내라고 하셨지만, 그것은 하나님을 위한 음식이 아니다. 이스라엘의 죄 사함을 위한 제물이다. 하나님께서 무엇을 요구하실까? 복잡하게 생각하는 백성들에게 모세가 단순하게 대답해 주었다.

> "곧 네 하나님 여호와를 경외하여 그의 모든 도를 행하고, 그를 사랑하며 마음을 다하고 뜻을 다하여 네 하나님 여호와를 섬기고, 내가 오늘 네 행복을 위하여 네게 명하는 여호와의 명령과 규례를 지킬 것이 아니냐"(신 10:12-13).

모세는 네 가지의 동사(動詞)를 사용했다. '경외하고, 도를 행하고, 사랑하며, 섬기라'는 명령이다. 한마디로 요약하면 '오직 하나님 중심으로 살라'는 말이다. 그렇게 살다 보면 하나님 외에 다른 신을 섬길 수 없다. 하나님께서 싫어하시는 일도 할 수 없다. 바울의 표현을 빌리자면 '주를 기쁘시게 할 일이 무엇인지 시험하면서' 살아가야 한다(엡 5:10). 살든지 죽든지 주를 기쁘시게 하는 자가 되기를 힘써야 한다(고후 5:9). 왜 그렇게 살아야 하는가. 모세는 "오늘 네 행복을 위하여 네게 명하는 여호와의 명령과 규례를 지킬 것이 아니냐"라고 반문했다. 하나님을 위해 사는 삶이 곧 우리들의 행복을 위한 삶이 된다. 하나님의 소원은 이스라엘에게 복을 주시는 것이었다.

> "하늘과 모든 하늘의 하늘과 땅과 그 위의 만물은 본래 네 하나님 여호와께 속한 것이로되, 여호와께서 오직 네 조상들을 기뻐하시고 그들을 사랑하사 그들의 후손인 너희를 만민 중에서 택하셨음이 오늘과 같으니라"(신 10:14-15).

하나님의 뜻이 그러하다면 어떻게 살아야 할까? 우리는 뜻밖의 말씀을 읽게 된다.

> "그러므로 너희는 마음에 할례를 행하고 다시는 목을 곧게 하지 말라"(신 10:16).

모든 이스라엘의 남자 아이들에게 난 지 8일 만에 할례를 행하라는 말씀은 금과옥조(金科玉條)다. 할례는 사람의 손으로 행한다. 그렇다면 마음의 할례는 누가 행하는가? 하나님께서 직접 베푸신다. 놀라운 말씀이다. 그 파격적인 말씀을 이스라엘 백성들이 깨닫기나 했을까…

"네 하나님 여호와께서 네 마음과 네 자손의 마음에 할례를 베푸사 너로 마음을 다하며 뜻을 다하여 네 하나님 여호와를 사랑하게 하사 너로 생명을 얻게 하실 것이며"(신 30:6).

선지자들과 사도들이 이 진리에 아멘으로 응답했다.

"유다인과 예루살렘 주민들아 너희는 스스로 할례를 행하여 너희 마음 가죽을 베고 나 여호와께 속하라. 그리하지 아니하면 너희 악행으로 말미암아 나의 분노가 불같이 일어나 사르리니 그것을 끌 자가 없으리라"(렘 4:4).

"오직 이면적(裏面的, 내면적) 유대인이 유대인이며 할례는 마음에 할지니 영에 있고 율법 조문에 있지 아니한 것이라. 그 칭찬이 사람에게서가 아니요 다만 하나님에게서니라"(롬 2:29).

살갗을 베어 할례를 행한 사람은 자기를 자랑한다. 그러나 마음을 베고 할례를 받은 사람은 하나님을 사랑한다. 죄를 회개하고 거룩하게 되었기 때문이다. 모세는 마음으로 할례 받은 사람들이 살아가야 할 방식에 대해 이렇게 설명했다.

"너희의 하나님 여호와는 신 가운데 신이시며 주 가운데 주시요 크고 능하시며 두려우신 하나님이시라. 사람을 외모로 보지 아니하시며 뇌물을 받지 아니하시고 고아와 과부를 위하여 정의를 행하시며 나그네를 사랑하여 그에게 떡과 옷을 주시나니 너희는 나그네를 사랑하라. 전에 너희도 애굽 땅에서 나그네 되었음이니라"(신 10:17-19).

하나님은 '신(神) 가운데 신'이시다. 여러 신들 중에 으뜸이라는 말이 아니다. 하나님 외에 다른 신이 없다는 표현이다. '주 가운데 주'도 같은 의미다. 세상의 어떤 권력자도 하나님 앞에서 '주'가 될 수 없다. 하나님은 사람을 외모로 보지 않으신다. 뇌물을 받고 재판을 굽게 하는 분이 아니시다. 고아와 과부를 위하여 정의를 행하시고 나그네를 사랑하시며 그에게 떡과 옷을 주신다. 그런 하나님께서 이스라엘 백성들에게 요구하신다.

"너희는 나그네를 사랑하라."

신명기 10장에 사랑이라는 말이 두 번 나온다. 하나는 하나님에 대한 사랑이고(12절), 다른 하나는 나그네(이웃)에 대한 사랑이다(19절). 왜 나그네를 사랑해야 하는가? 그들도 애굽 땅에서 나그네 생활을 했기 때문이다. 왜 이웃을 사랑해야 하는가? 나도 누군가에게 이웃이기 때문이다.

잠깐 호흡을 고르고 우리가 지금 어디를 지나가고 있는지 살펴보자. 신명기는 모세의 네 편의 설교와 결론으로 구성되어 있다. 1-4장은 첫 번째 설교이고, 5-26장은 두 번째 설교이며, 27-28장은 세 번째 설교이고, 29-30장은 네 번째 설교이다. 첫째 설교는 '회상'이라는 주제를 다루고, 둘째 설교는 '언약과 의무'를 다루며, 셋째 설교는 '축복과 저주'를 다룬다. 넷째 설교는 언약의 중요성을 강조하고 나머지

31-34장에서는 모세의 사명을 정리하고 있다.

지금 우리는 두 번째 설교의 중간쯤을 지나고 있다. 둘째 설교는 두 부분으로 나누어진다. 5-11장의 전반부는 율법을 지키는 자의 자세에 대하여 설명하고 있다. 5장에서는 율법의 개요를 설명하고, 6장부터 11장까지는 여러 가지 명령들이 나온다. 하나님을 사랑하라는 명령(6장), 우상을 멸하라는 명령(7장), 하나님과 그의 행하신 일들을 기억하라는 명령(8장), 하나님의 계명에 순종하라는 명령(9장), 하나님의 요구를 실행하라는 명령(10장), 그리고 하나님을 사랑하고 그 계명을 지키라는 명령(11장)이다. 그 이후에 12장부터 26장까지는 구체적인 율법들을 자세히 가르친다.

모세는 율법 조항들보다 그 율법을 지키는 자세를 더 중요하게 여겼다. 피부에 받는 할례보다 마음에 받는 할례를 더 귀하게 생각했다. 마음으로 할례를 받는 사람은 하나님을 사랑하고 마음으로 나그네를 사랑한다. 사랑이 없으면 율법은 무의미하다. 그래서 예수님은 가장 큰 율법, 곧 율법의 핵심을 '하나님 사랑과 이웃 사랑'이라고 요약해 주셨다. 사도들은 '어떻게 우리가 마음을 다하여 하나님을 사랑하고 우리 몸처럼 이웃을 사랑할 수 있는가?'라는 질문에 십자가로 답을 대신했다. 십자가를 통하여 우리는 하나님의 사랑을 깨닫게 되고 하나님을 사랑하게 된다. 십자가를 통하여 우리는 이웃이 누구인지를 알게 되고 우리 몸처럼 사랑할 능력을 얻게 된다. 십자가 없이는 율법을 이룰 수가 없다. 그런 면에서 예수님은 율법의 마침(완성)이 되셨다.

율법을 지키는 핵심적인 자세로 '하나님 사랑'과 '나그네(이웃) 사랑'을 강조한 모세의 설교가 너무 은혜로워서 가던 길을 잠시 멈추었다. 이제 다시 신명기로 돌아가 보자. 모세의 음성이 들려온다.

> "네 하나님 여호와를 경외하여 그를 섬기며 그에게 의지하고 그의 이름으로 맹세하라. 그는 네 찬송이시요 네 하나님이시라. 네 눈으로 본 이같이 크고 두려운 일을 너를 위하여 행하셨느니라" (신 10:20-21).

하나님께서 행하신 가장 큰 일은 무엇일까? 모세는 구름같이 둘러선 백성들을 둘러보면서 "바로 너희가 아니냐?"라고 반문했다.

> "애굽에 내려간 네 조상들이 겨우 칠십 인이었으나 이제는 네 하나님 여호와께서 너를 하늘의 별같이 많게 하셨느니라"(신 10:22).

하나님을 사랑하며 그 계명을 지키라(신 11장)

> "그런즉 네 하나님 여호와를 사랑하여 그가 주신 책무와 법도와 규례와 명령을 항상 지키라"(신 11:1).

하나님의 사랑을 받은 자만이 하나님을 사랑할 수 있다. 이 세상에 이스라엘만큼 하나님의 사랑을 많이 받은 백성이 어디 있겠는가. 그러니 하나님을 향한 책임과 의무를 다하고 그의 명령을 항상 지켜야 할 것이다. 모세의 설교를 듣는 세대들 중에 50대의 남자들에게 맡겨진 사명이 특히 중요했다. 그들은 애굽에 임했던 재앙들을 직접 보았다. 애굽에서 나오던 날 밤을 생생하게 기억하고 있었다. 살라진 홍해 길로 물보라를 맞으며 건넜던 그 밤과 바닷가에 애굽군의 시체들이 떠다니던 그 아침을 잊을 수 없을 것이다. 땅이 갈라지고 다단과 아비람을 삼켰던 사건도 기억하고 있을 것이다. 그 세대는 이 모든 일들을 눈으로 보았지만 자손들은 말로만 들었다. 그러므로 부모의 세대는 그들이 보았던 일들을 자녀들에게 생생하게 들려주어야 했다.

부모의 신앙이 자녀들에게 유산으로 물려지는 축복보다 더 큰 축복은 없다. 그보다 더 중요한 부모의 책임과 의무도 없다. 그런데 우리의 능력이 거기에 미치지 못할 때가 있다. 자녀들의 신앙 때문에 탄식하며 눈물로 기도하는 부모들이 있다. 왜 믿음의 부모들에게서 믿지 않는 자녀들이 나올까? 다 큰 자식은 부모의 마음대로 되지 않는다. 어렸을 때부터 말씀으로 잘 양육해야 한다. 무엇보다도 하나님의 도우심과 은혜가 필요하다. 하나님만이 그들의 마음을 돌이키실 수 있기 때문이다.

모세는 다시 한 번 간곡히 명했다.

> "그러므로 너희는 내가 오늘 너희에게 명하는 모든 명령을 지키라. 그리하면 너희가 강성할 것이요 너희가 건너가 차지할 땅에 들어가서 그것을 차지할 것이며 또 여호와께서 너희의 조상들에게 맹세하여 그들과 그들의 후손에게 주리라고 하신 땅 곧 젖과 꿀이 흐르는 땅에서 너희의 날이 장구하리라"(신 11:8-9).

하나님께서 주시는 땅은 애굽 땅과 비교할 수 없다. 애굽에서는 논밭에 물을 대느라 땀을 흘렸지만 젖과 꿀이 흐르는 땅은 하늘에서 내린 비를 스스로 흡수한다. 하나님께서 이른 비와 늦은 비를 시기적절하게 내려주신다. 비는 곡식이 익기 직전에 내려야 한다. 추수할 때 내리는 비는 근심거리다. 하나님은 언제 비를 내려주셔야 할지 잘 알고 계셨다.

이제 온전한 마음으로 하나님만 섬기면 된다. 마음이 미혹되어 우상을 섬기면 저주가 임할 것이다. 모세는 그 점이 염려스러웠다.

> "너희는 스스로 삼가라. 두렵건대 마음에 미혹하여 돌이켜 다른 신들을 섬기며 그것에게 절하므로 여호와께서 너희에게 진노하사 하늘을 닫아 비를 내리지 아니하여 땅이 소산을 내지 않게 하시므로 너희가 여호와께서 주신 아름다운 땅에서 속히 멸망할까 하노라"(신 11:16-17).

축복과 저주가 나란히 놓여 있다. 하나님을 사랑하고 계명을 좇아 살면 축복이 임할 것이다. 그 땅에서 오래오래 살게 될 것이다. 그러나 다른 신을 섬기면 하나님께서 진노하시고 하늘을 닫으실 것이다. 비가 내리지 않으니 땅도 소산을 내지 않는다. 남은 것은 멸망뿐이다. 선택은 이스라엘의 몫이다.

> "이러므로 너희는 나의 이 말을 너희의 마음과 뜻에 두고 또 그것을 너희의 손목에 매어 기호를 삼고 너희 미간에 붙여 표를 삼으며, 또 그것을 너희의 자녀에게 가르치며 집에 앉아 있을 때에든지, 길을 갈 때에든지, 누워 있을 때에든지, 일어날 때에든지

이 말씀을 강론하고, 또 네 집 문설주와 바깥 문에 기록하라. 그리하면 여호와께서 너희 조상들에게 주리라고 맹세하신 땅에서 너희의 날과 너희의 자녀의 날이 많아서 하늘이 땅을 덮는 날과 같으리라"(신 11:18-21).

모세는 시적인 표현을 사용해서 '하늘이 땅을 덮는 날'이라고 했다. 천지가 있는 한 그들의 자손들이 그 땅에서 계속해서 살게 되리라는 말이다. 하나님께서 그 땅에 사는 강대한 사람들을 다 쫓아내주실 것이다. 그리고 이스라엘 백성들이 밟는 모든 땅을 그들에게 주실 것이다. 그 땅과 주변에 사는 사람들이 이스라엘을 두려워할 것이다.

모세는 백성들이 약속의 땅에 들어가서 가장 먼저 해야 할 중요한 행사를 일러주었다.

"네 하나님 여호와께서 네가 가서 차지할 땅으로 너를 인도하여 들이실 때에 너는 그리심 산에서 축복을 선포하고 에발 산에서 저주를 선포하라. 이 두 산은 요단 강 저쪽 곧 해 지는 쪽으로 가는 길 뒤 길갈 맞은편 모레 상수리나무 곁의 아라바에 거주하는 가나안 족속의 땅에 있지 아니하냐"(신 11:29-30).

이스라엘의 중부지대에 그리심 산(오늘날의 Jabal at Tur, 919미터)과 에발 산(854미터)이 서로 마주보고 있다. 그 사이에 세겜 성(오늘날의 Nablus)이 자리 잡고 있다. 이 세겜 성의 모레(지역) 상수리나무 곁은 그때로부터 5백여 년 전에 아브라함이 처음으로 제단을 쌓았던 곳이다(창 12:6-7). 그때의 상수리나무가 모세 때까지 있었을까? NIV 성경은 '모레의 큰 나무'(The great tree of Moreh)라고 번역했다. 훗날 여호수아는 모세의 말대로 이 두 산에 이스라엘 백성들을 세워놓고 축복과 저주의 말을 선포했다(수 8:33).

3. 특별한 규례들

:: 신 12-26장 ::

흔히 우리는 출애굽기와 레위기, 그리고 민수기에 기록된 율법들이 신명기에 다시 종합되고 반복되었으리라고 생각한다. 그러나 실제는 그렇지 않다. 정하고 부정한 짐승들의 이야기, 빚을 면제해 주는 법, 종을 대우하는 법, 절기들, 그리고 도피성에 관한 규례들이 신명기에 반복되었다. 그 나머지는 신명기에만 나오는 내용들이다. 구절의 수로 환산하면 조문들의 78%가 신명기에만 나온다. 이제 하나씩 살펴보도록 하자. 장담하지만 중간에 지루하게 되는 일은 절대 없을 것이다.

택하신 예배 처소(신 12:1-28)

사울이 이스라엘의 초대 왕이 될 때(주전 1050년)까지 4백여 년 동안 이스라엘에는 왕이 없었다. 하나님이 이스라엘의 왕이 되셨기 때문이다. 이제 가나안 땅에 들어가면 하나님께서 그의 이름을 두시기 위해 택하신 곳이 있을 것이다. 모세는 아직 그곳이 어디인지 모른다. (훗날 다윗이 왕위에 오른 후에 예루살렘에 성전 지을 준비를 하게 된다.) 그래서 신명기에 '하나님께서 자기의 이름을 두시려고 택하신(실) 곳'이라는 표현이 20번이나 나온다. 모세는 그곳을 가리켜 '그가 계실 곳'이라고 불렀다. 그곳에서만 하나님께 제사(예배)를 드려야 한다. 원주민들은 산과 골짜기마다 우상을 세우고 음란하게 섬겼다. 이스라엘 백성은 우상의 제단부터 파괴해야 했다. 그리고 '그가 계실 곳'에 모여서 하나님께 제사를 드려야 했다.

> "오직 너희의 하나님 여호와께서 자기의 이름을 두시려고 너희 모든 지파 중에서 택하신 곳인 그 계실 곳으로 찾아 나아가서 너희의 번제와 너희의 제물과 너희의 십일조와 너희 손의 거제와 너희의 서원제와 낙헌 예물과 너희 소와 양의 처음 난 것들을 너희는 그리로 가져다가 드리고 거기 곧 너희의 하나님 여호와 앞에서 먹고 너희의 하나님 여호와께서 너희의 손으로 수고한 일에 복 주심으로 말미암아 너희와 너희의 가족이 즐거워할지니라"(신 12:5-7).

대부분의 국가에는 종교의 자유가 있다. 다른 종교를 가진 자들을 박해하거나 그들의 소유를 파괴할 수 없다. 그것은 법으로 금지된 행위다. 그러나 우리는 그들의 종교를 존중히 여기지 않는다. 하나님 외에 다른 신이 없기 때문이다. 죄 사함을 받고 구원에 이르는 길도, 영원한 생명을 얻는 길도, 예수 그리스도 외에 다른 길이 없기 때문이다. 이런 면에서 기독교는 철저히 배타적이다. 다른 종교를 가진 사람과 이웃하며 살 수는 있다. 그들과 함께 경제생활을 할 수는 있다. 그러나 우상 숭배하는 일에 동참할 수는 없다. 오히려 그들이 헛된 우상을 버리고 하나님께 돌아올 수 있도록 기도해야 한다.

이스라엘 백성들은 모든 제물과 예물을 '그가 계실 곳'으로 가져와야 한다. 만일 자기가 선택한 곳에서 각자 하나님께 제사를 드린다면 시간이 지날수록 우상 숭배에 물들게 될 것이다. 하나님께서 주신 규례는 희석되고 이방인들의 생활양식에 영향을 받게 될 것이다. 그들은 한 곳에 모여 하나님의 말씀을 듣고 제사를 드려야 했다. 그곳은 하나님께서 정하실 것이다. 다만 식생활을 위해서는 자기들의 거주지에서 짐승을 잡아먹을 수 있었다. 피는 먹지 말고 땅에 쏟아야 했다. 피는 곧 생명이기 때문이다(창 9:4).

한편, 레위기 17장 3-6절에는 식용(食用)이라도 반드시 성소에 와서 짐승을 잡아야 한다고 기록되어 있다. 왜 그랬을까? 레위기의 규례는 광야생활을 위한 것이고 신명기의 규례는 앞으로 들어가서 살게 될 가나안 땅을 위한 말씀이었기 때문이다.

모세는 다시 한 번 우상 숭배를 멀리하라고 경고했다. 벌써 몇 번째인가? 그러나 아무리 반복해도 부족함이 없는 말씀이다.

> "네 하나님 여호와께서 네가 들어가서 쫓아낼 그 민족들을 네 앞에서 멸절하시고 네가 그 땅을 차지하여 거기에 거주하게 하실 때에 너는 스스로 삼가 네 앞에서 멸망한 그들의 자취를 밟아 올무에 걸리지 말라. 또 그들의 신을 탐구하여 이르기를 이 민족들은 그 신들을 어떻게 섬겼는고 나도 그와 같이 하겠다 하지 말라. 네 하나님 여호와께는 네가 그와 같이 행하지 못할 것

이라. 그들은 여호와께서 꺼리시며 가증히 여기시는 일을 그들의 신들에게 행하여 심지어 자기들의 자녀를 불살라 그들의 신들에게 드렸느니라"(신 12:29-31).

우상 숭배하는 자를 죽이라(신 13장)

시골 읍내에는 아침마다 저잣거리가 열렸다. 농부들이 갓 거둔 채소와 열매들을 읍내 사람들에게 파는 소규모 장터였다. 여름이면 어머니는 밭에서 잘 익은 토마토를 한 바구니씩 따다가 툇마루에 올려놓았다. 그리고 주무시기 전에 하나씩 다시 살펴보셨다. 그러다가 너무 익어서 짓무른 토마토를 발견하면 가차 없이 들어내셨다. 내일 아침까지 놓아두면 다른 토마토까지 다 짓무를 것이라면서 빼내셨다.

나는 하나님께서 우상 숭배하는 자들을 다루시는 말씀을 읽을 때마다 그 장면을 떠올리곤 한다. 이스라엘은 하나님의 언약의 백성이다. 하나님이 거룩하신 것처럼 그들도 거룩해야 한다. 하나님 외에 다른 신을 섬기는 사람은 죽여야 한다. 가장 엄한 형벌이다. 우상 숭배를 금하신 목적은 한 개인이나 민족 전체의 안위가 달려 있기 때문이다. 짓무른 토마토를 제거하듯이 우상 숭배하는 자도 아낌없이 제거해야 했다.

"너희 중에 선지자나 꿈꾸는 자가 일어나서 이적과 기사를 네게 보이고 그가 네게 말한 그 이적과 기사가 이루어지고 너희가 알지 못하던 다른 신들을 우리가 따라 섬기자고 말할지라도 너는 그 선지자나 꿈꾸는 자의 말을 청종하지 말라. 이는 너희의 하나님 여호와께서 너희가 마음을 다하고 뜻을 다하여 너희의 하나님 여호와를 사랑하는 여부를 알려 하사 너희를 시험하심이니라"(신 13:1-3).

선지자나 꿈꾸는 자는 지도자 그룹에 속한 사람들이다. 만일 이런 지도자들이 일어나서 놀라운 기적을 행하며 다른 신을 섬기자고 충동하면 어떻게 할까? 백성들은 그들의 유혹에 쉽게 넘어갈 것이다. 그래서 이런 지도자들을 죽이라고 하셨다. 설사 '네 형제나 네 자녀나 네 품의 아내나 너와 생명을 함께 하는 친구'가 은밀하게 유혹할지라도 숨기거나 덮어두지 말고 그들을 공개적으로 처형하라고 하셨다. 그들이 이스라엘을 멸망하는 길로 인도하기 때문이다.

"너희는 너희의 하나님 여호와를 따르며 그를 경외하며 그의 명령을 지키며 그의 목소리를 청종하며 그를 섬기며 그를 의지하며 그런 선지자나 꿈꾸는 자는 죽이라. 이는 그가 너희에게 너희를 애굽 땅에서 인도하여 내시며 종 되었던 집에서 속량하신 너희의 하나님 여호와를 배반하게 하려 하며 너희의 하나님 여호와께서 네게 행하라 명령하신 도에서 너를 꾀어내려고 말하였음이라. 너는 이같이 하여 너희 중에서 악을 제할지니라"(신 13:4-5).

이 말씀이 불편하신가? 형벌에도 단계가 있는 법인데 막무가내로 다 죽이라는 말씀이 마음에 걸리신가? 만일 그런 불편함이 우리들의 느슨한 신앙생활 때문이라면 어떻게 해야 할까? 당시 이스라엘이 처한 상황을 살펴보자. 그들은 갓 태어난 신생국가이다. 인생으로 치면 이제 겨우 첫돌이 지났다. 며칠 전에야 걸음마를 배웠다. 여전히 걷는 모습이 불안하다.

그 아이들에게 민족의 장래를 맡긴다고 상상해보라. 하나님의 마음과 모세의 심정이 느껴지지 않는가? 어린아이들은 분별력이 약하다. 젖과 꿀이 흐르는 땅에 들어가서 이런저런 우상을 보면 호기심이 발동할 것이다. 우상을 섬기면 해를 면하고 복을 받는다는 감언이설에 넘어갈 수 있다. 그러면 어떻게 되겠는가? 그들을 택하시고 구원하시고 보호하신 하나님과의 관계가 끊어진다면 어떻게 되겠는가? 두 살짜리 아이가 깊은 산 중에서 맹수를 만난다면 어떻게 되겠는가?

우상 숭배는 하나님을 떠나는 행위다. 이스라엘이 하나님을 떠나면 그 순간 저주가 임한다. 하나님께서 그들을 저주해서가 아니다. 하나님의 보호하심이 멈추기 때문이다. 그 순간에 원수 사탄이 그들을 멸망시키려고 덤벼들 것이다. 도둑이 오는 것은 도둑질하고 죽이고 멸망시키려는 것뿐이다(요 10:10). 이스라엘을 도와주시던 하나님이 떠나시면 도둑의 세상이 되고 만다.

이러므로 우상 숭배를 멀리해야 했다. 가족 중의 하나가 우상을 숭배하도록 부추긴다면 용납하지 말고 죽여야 했다. 그때나 지금이나 우상과 이단으로 유혹하는 사람은 항상 가까운 친족 중의 하나다.

"네 어머니의 아들 곧 네 형제나 네 자녀나 네 품의 아내나 너와 생명을 함께 하는 친구가 가만히 너를 꾀어 이르기를 너와 네 조상들이 알지 못하던 다른 신들을…우리가 가서 섬기자 할지라도 너는 그를 따르지 말며 듣지 말며 긍휼히 여기지 말며 애석히 여기지 말며 덮어 숨기지 말고 너는 용서 없이 그를 죽이되 죽일 때에 네가 먼저 그에게 손을 대고 후에 뭇 백성이 손을 대라"(신 13:6-9).

신명기에는 '우상', 혹은 '다른 신'이라는 단어가 30회 이상 나온다. 우상 숭배는 이스라엘을 가장 효과적으로 망하게 할 수 있는 사탄의 계략이었다. 만일 한 성읍이 다른 신을 섬기면 그 성읍 사람들을 다 죽이고 그들의 물건들을 불로 다 태우라고 하셨다. 한 성읍을 불태우고 전체 나라를 살리는 편이 훨씬 더 낫기 때문이다. 물론 그 이전에 자세히 살펴보고 철저히 조사하는 절차를 거쳐야 했다(신 13:14). 예방은 철저할수록 좋다. 코로나19 바이러스 때문에 두문불출하면서 배운 교훈이다. 하나님께서 '우상 숭배하는 자는 반드시 죽여야 한다'는 말씀으로 이스라엘 백성들에게 영적인 예방을 실시하셨다.

우리도 죄의 유혹과 싸워 이겨야 한다. 히브리서 기자는 초대교회 성도들에게 "너희가 죄와 싸우되 아직 피 흘리기까지는 대항하지 아니하였다"라고 경고했다(히 12:4). 우리는 죄를 싫어할 뿐만 아니라 두려워해야 한다. 죄에 대하여 죽고 하나님을 향하여 살아야 한다. 예수님을 주님으로 모신 후에는 뒤돌아 설 수 없다(No turning back). '두 번째 기회(Second Chance)가 있다'는 식으로 느슨하게 생각하면 안 된다. 바울은 그런 절박함 가운데 살았다.

"그러므로 나는 달음질하기를 향방 없는 것같이 아니하고 싸우

> 기를 허공을 치는 것같이 아니하며 내가 내 몸을 쳐 복종하게 함은 내가 남에게 전파한 후에 자신이 도리어 버림을 당할까 두려워함이로다"(고전 9:26-27).

우상 숭배의 길로 유혹하는 자들을 엄히 처벌하고 나면 하나님께서 돌아오신다. 진노를 그치시고 그의 백성들을 긍휼히 여기시며 자비를 더하사 번성하게 하신다.

거룩한 백성의 거룩한 생활(신 14장)

하나님께서 택하신 백성들은 어떻게 살아야 할까? 앞으로 들어가서 살게 될 땅의 거민들과 무엇이 달라야 할까? 모세는 "너희는 하나님의 자녀이니"라는 조건절(條件節)로 가르침을 시작했다.

> "너희는 너희 하나님 여호와의 자녀이니 죽은 자를 위하여 자기 몸을 베지 말며 눈썹 사이 이마 위의 털을 밀지 말라"(신 14:1).

이스라엘은 하나님의 자녀다. 모세는 신명기 서두에 "사람이 자기의 아들을 안는 것같이 너희의 하나님 여호와께서 너희가 걸어온 길에서 너희를 안으사 이곳까지 이르게 하셨느니라"고 회상했다(신 1:31). 하나님의 자녀들이기 때문에 죽은 자를 위하여 자기 몸을 베거나 눈썹 사이 이마 위의 털을 밀지 말아야 한다. 당시 가나안의 원주민들은 장례식에 자기 몸을 상하고 피를 흘리는 관습이 있었다. 모세는 장례식 절차에서도 우상을 숭배하는 자들을 본받지 말라고 했다.

사람들은 누구나 문화와 관습의 영향을 받는다. 예를 들면 한국인들은 장례식에서 거친 마포 옷을 입는다든지, 3일 장 혹은 5일장을 선호한다든지, 사흘 후에 묘지를 찾아간다든지 하는 관습이 있다. 미국에서는 검정색 옷을 입고 관을 열어 놓은 채 장례예배를 드린다. 예배 후에는 고인을 마지막으로 보는 시간도 갖는다. 고인을 보여주는 것이 부담스러울 때에는 관을 덮고 예배드린다. 그런데 가끔 외국인들이 검은 색 옷을 입지 않고 장례식에 참석할 때가 있다. 예배에 참석하신 분들과 인사를 나누다가 순간적으로 '예의에 어긋나는구나' 하는 생각이 들었다. 그러나 옷의 색깔이 무슨 소용인가. 일터에서 오다 보면 그럴 수도 있을 것이다. 장례를 지내는 기간이 이틀이면 어떻고 나흘이면 어떤가. 멀리 한국에서 가족들이 오다 보면 더 늦어질 수도 있을 것이다.

30여 년 전에 권사님 한 분이 꼭 나에게 장례예배를 부탁한다고 유언을 남기셨다. 플로리다에 있는 아들네 집을 방문했다가 운명하셨는데 로스앤젤레스까지 시신을 모셔왔다. 하필 그때 내가 선교여행 중이어서 한 주간을 기다려야 했다. 중요한 것은 문화와 관습이 아니다. 우리는 하나님의 자녀라는 확신을 가지고 모든 일에 자유로워야 한다.

'장례' 하면 기억나는 일이 하나 더 있다. 교회를 개척하고 3년쯤 지났을 때에 우리는 '로즈 힐'(Rose Hill, 앞으로도 4백 년은 사용할 수 있다는 세계에서 가장 큰 공원묘지)에 교회 이름으로 150기(基)의 묘지를 마련했다. 그리고 연로하신 성도님들에게 싼 값에 할부(割賦)로 구입하시게 했다. 몇 주가 지난 후 그 일을 담당하신 집사님이 나를 찾아오셨다. "목사님께서 먼지 묘지 번호를 정하셔야겠습니다. 아무도 묘지를 사려고 하지 않습니다." 다들 원하셔서 단체로 구입했는데, 왜 묘지 번호를 선택하지 않느냐고 물었더니 대답이 기가 막혔다. "목사님 가까이에 묻혀 있어야 주일이면 목사님과 함께 예배드릴 수 있다고 하면서 다들 기다리고 있네요." 그때 내 나이가 겨우 서른여덟이었다. 죽으면 여전히 땅속에 있으리라는 전통의식에 사로잡힌 어르신들이 안타까웠다. 그들 대부분이 미국에 오셔서 예수님을 믿으셨기 때문에 아직 옛 관습의 영향을 받고 계셨다. 그분들을 모아놓고 내가 말했다. "저는 땅속에 있지 않고 천국에서 하나님께 예배드릴 것입니다. 여러분은 눈이 오나 비가 오나 그냥 그 땅속에서 예배드리세요." 그때서야 "아이고, 목사님 알았어요" 하며 모두들 폭소를 터트렸다. 그날 우리 부부가 중앙에 자리를 잡았고 어르신들도 모두 묏자리를 정했다. 지금도 그곳에 가면 그리운 이름들이 묘비에 새겨져 있다.

신명기 14장 3-21절에는 정한 짐승과 부정한 짐승에 대한 규례가 나온다. 레위기 11장과 중복되는 내용이다. 왜 어떤 짐승은 먹을 수 있고 어떤 짐승은 먹을 수 없을까? 매치(D. I. Match)라는 의사는 이 두 종류의 고기들을 주의 깊게 조사한 후에 금지된 짐승에게서 독물질(Toxic)이 더 많이 검출되었다고 주장했다. 또 다른 이들은 금지된 짐승들이 우상 숭배와 연관이 있었다고 주장한다. 예를 들면, "너는 가증한 것은 무엇이든지 먹지 말라"는 말씀 중에서 '가증'이란 말이 우상 숭배에 사용되었다(신 7:25, 12:3). 아마도 그 두 가지 중 하나였을 것이다.

신명기 14장 22절 이하에는 십일조에 대한 규례가 있다. 십일조에 대한 규례는 레위기(27:30-33)와 민수기(18:21-32)에도 나온다. 세 곳에 기록된 십일조 규례를 종합해보면 대략 이런 내용이 된다.

곡식과 포도주와 기름의 십일조는 가축의 십일조와 함께 매년 드려야 한다. (아마도 가축의 십일조는 그해에 태어난 새끼들의 십 분의 일을 의미할 것이다.) 하나님께서 그의 이름을 두실 성에서 거리가 멀면 돈으로 바꾸어다가 드려도 된다. 드려진 십일조는 레위 지파의 몫이 된다. 레위 지파들은 그들이 받은 몫 중에서 십일조를 떼어 아론의 가족(제사장)들에게 드린다. 그리고 이스라엘 온 가족들이 하나님 앞에 감사드리며 즐겁게 음식을 먹는다.

제3년째와 6년째의 십일조는 백성들이 사는 성(城)에 모아두었다가 레위인과 성중의 객들과 고아들과 과부들로 먹게 한다. 얼마나 아름다운 장면인가. 성의 중앙에 큰 창고가 있다. 매 3년과 6년째에는 그 창고가 곡식과 마른 포도와 올리브 기름병으로 가득 채워졌다. 그리고 레위인과 가난한 사람들이 편안한 마음으로 와서 자기네 필요한 것들을 가져갔다. 성중에 궁핍한 자가 없었다. 모두가 넉넉하고 풍족했다. 십일조는 드릴 뿐만 아니라 나누는 예물이다. 십일조는 하나님의 것이다. 하나님께서 자신의 것을 가지고 궁핍한 자들을 먹이신다. 3년에 한 번씩 창고를 채워놓으면 3년 내내 넉넉하게 된다. 드린 사람도 넉넉하고 받는 사람도 넉넉하다. 이렇게 살 수는 없을까? 미국에는 푸드 뱅크(Food Bank) 제도가 있다. 일주일에 한 번씩 필요한 사람들이 와서 얻어간다. 큰 회사들이 기증한 상품(上品)의 재료들이다. 가정마다 한 상자씩 안고 돌아가는 모습은 보기만 해도 행복하다.

"네 성읍에 거주하는 레위인은 너희 중에 분깃이나 기업이 없는 자이니 또한 저버리지 말지니라. 매 삼 년 끝에 그해 소산의 십분의 일을 다 내어 네 성읍에 저축하여 너희 중에 분깃이나 기업이 없는 레위인과 네 성중에 거류하는 객과 및 고아와 과부들이 와서 먹고 배부르게 하라. 그리하면 네 하나님 여호와께서 네 손으로 하는 범사에 네게 복을 주시리라"(신 14:27-29).

대부분의 규례에는 상과 벌이 분명하다. 그러나 십일조에는 축복의 말씀만 있다. 십일조는 하나님께 드리는 예물이다. 간혹 십일조는 주의 종들(레위인들)에게만 드리는 것이라고 오해하는 경우가 있다. 주로 남미 지역에서 그런 일이 자주 일어난다. 십일조는 목회자들의 생활을 위해서 사용되어야 하지만 도움이 필요한 사람들과 선교사들을 위해서도 사용되어야 한다. 십일조를 드리면 하나님께서 축복하신다. 이른 비와 늦은 비를 넉넉히 내려주시고 풍성한 수확을 하게 하신다. 짐승의 새끼들이 사산(死産)하지 않도록 돌보시며 황충이 곡식을 해치지 못하게 하신다. 하나님께서 하늘 문을 여시고 쌓을 곳이 없도록 부어주실 것이다(말 3:10). 십일조는 하나님의 몫을 하나님께 돌려드리는 순종의 행위이다.

안식년에는 빚을 면제하고 종을 놓아 보내라(신 15:1-18)

빚진 죄인이라는 말이 있다. 감당할 수 없이 많은 빚을 지면 '대추나무에 연 걸리듯' 했다고 말한다. 빚은 갚기가 쉽지 않다. 원금이 점점 불어나기 때문이다. 크레디트 카드의 이자가 연 24%에 이른 때가 있었다. 아이들을 대학교에 보내느라 몇 만 불을 사용하면 이자 내느라 원금을 갚을 수가 없었다. 그런데 하나님은 매 7년, 곧 안식년이 이르면 모든 빚을 탕감해 주라고 하셨다. 빚 문서를 없애 버리라는 말씀이다. 빚을 갚으려고 애쓰는 사람에게 탕감(蕩減)은 기쁜 소식이다. 그러나 아예 빚 갚을 생각이 없는 사람에게는 그저 그런 소식이다. 왜 빚을 면제해 주는가? 모세의 대답이 특별했다.

"이는 여호와를 위하여 면제를 선포하였음이라."

면제받는 당사자는 형제가 아니고 하나님이시다. 하나님을 위하여 면제해 주라고 하셨다. 이방인에게 빌려준 돈은 독촉해도 된다. 그러나 형제의 빚은 안식년마다 면제해 주어야 한다. 그래서 이스라엘의 안식년은 일종의 축제였다. 풀려나고 놓여나고 면제받는 복된 해였다. 형제의 빚을 면제해 줄 때에 하나님께서 그 선행을 보시고 훗날에 되갚아 주시겠다고 하셨다.

"네가 만일 네 하나님 여호와의 말씀만 듣고 내가 오늘 네게 내리는 그 명령을 다 지켜 행하면 네 하나님 여호와께서 네게 기업으로 주신 땅에서 네가 반드시 복을 받으리니 너희 중에 가난한 자가 없으리라. 네 하나님 여호와께서 네게 허락하신 대로 네게 복을 주시리니 네가 여러 나라에 꾸어 줄지라도 너는 꾸지 아니하겠고 네가 여러 나라를 통치할지라도 너는 통치를 당하지 아니하리라"(신 15:4-6).

하나님의 명령을 따라 살면 그가 기업으로 주신 땅에서 가난한 자가 없게 될 것이다. 가난한 자가 아주 없다는 말이 아니다. 어느 시대에나 가난한 사람은 있다. 그런데 축복받은 사람이 나누고 베풀기 때문에 가난한 사람도 넉넉하게 된다. 내 것을 가지고 나누면 내 몫이 적어질까? 아니다. 하나님께서 넘치게 채워 주신다. 꾸어줄지라도 꾸지 않는 사람이 된다. 다른 나라의 통치를 받지 않는다. 경제적으로 아쉬운 소리를 할 필요가 없다. 세상에 이런 복이 어디 또 있겠는가? 나누고 베풀 수 있는 사람은 복 있는 사람이다. 그런데 탐심 때문에 그렇게 살기가 어렵다. 하나님께서 안식년이 가까워 올수록 꾸어주기를 주저하는 그들의 마음을 알고 계셨다. 멀지 않아 그 빚을 탕감해 주어야 하기 때문이다. 이런 연유로 가난한 사람을 외면하면 어떻게 될까? 하나님께서 반드시 그 죄를 묻겠다고 하셨다.

> "삼가 너는 마음에 악한 생각을 품지 말라. 곧 이르기를 일곱째 해 면제년이 가까이 왔다 하고 네 궁핍한 형제를 악한 눈으로 바라보며 아무것도 주지 아니하면 그가 너를 여호와께 호소하리니 그것이 네게 죄가 되리라"(신 15:9).

베풂도 은혜다. 하나님의 은혜가 우리 마음을 열어주셔야 너그럽게 베풀 수 있다. 탐욕을 이기고 베풀 수 있는 하나님의 은혜를 구해보자. 기쁨으로 베풀 수 있는 마음을 주시라고 간구하자. 그것은 하나님과 우리 사이에만 존재하는 은혜이다. 하나님은 절기 때에 이스라엘 백성들이 가난한 이웃들과 함께 먹고 즐기는 모습을 보기 원하셨다.

"너는 반드시 그에게 줄 것이요, 줄 때에는 아끼는 마음을 품지 말 것이니라. 이로 말미암아 네 하나님 여호와께서 네가 하는 모든 일과 네 손이 닿는 모든 일에 네게 복을 주시리라. 땅에는 언제든지 가난한 자가 그치지 아니하겠으므로 내가 네게 명령하여 이르노니 너는 반드시 네 땅 안에 네 형제 중 곤란한 자와 궁핍한 자에게 네 손을 펼지니라"(신 15:10-11).

그러나 돌려줄 것을 약속하고 빌렸다면 반드시 그 약속을 지켜야 한다. 현대 사회는 신용(信用) 사회다. 신용을 잃어버리면 아무것도 할 수 없다. 신용을 지키기 위하여 최선을 다해야 한다. 빌린 돈을 갚기 위해 열심히 일하고 절약하는 삶을 살아야 한다. 게으른 사람은 꾸고도 갚지 않는다. 슬픈 일이다. 버려야 할 잘못된 습관이다. 그래야 해묵은 가난에서 벗어날 수 있다.

땅에는 가난한 자가 그치지 않을 것이다. 만일 빌려간 사람이 도저히 갚을 능력이 없고, 또 받을 사람의 형편이 넉넉하고 여유가 있다면, 그래서 가난한 사람의 빚을 탕감해 준다면, 그것은 하나님께서 기억하실 만한 아름다운 선행이 될 것이다.

7년째에는 종을 놓아 보내라(신 15:12-18)

옛날에는 머슴 제도가 있었다. 한 해에 쌀 몇 가마를 받기로 하고 그 집에서 식사도 하고 일도 했다. 오늘로 말하면 1년 고용직인 셈이다. 자기 집에서는 잠만 자고 아침 일찍 주인네 집으로 출근하여 일하다가 밤늦게 퇴근했다. 종이라고 할 수는 없지만 "아무개 아버지는 올해 머슴살이 들어갔다"라는 말을 들으면 어린 시절에도 가슴이 찡했다. 그런데 하물며 자기 몸을 스스로 팔아버린 종살이겠는가? 하나님께서도 마음이 편치 않으셨던가 보다.

> "네 동족 히브리 남자나 히브리 여자가 네게 팔렸다 하자. 만일 여섯 해 동안 너를 섬겼거든 일곱째 해에 너는 그를 놓아 자유롭게 할 것이요, 그를 놓아 자유하게 할 때에는 빈손으로 가게 하지 말고 네 양 무리 중에서와 타작마당에서와 포도주 틀에서 그에게 후히 줄지니 곧 네 하나님 여호와께서 네게 복을 주신 대로 그에게 줄지니라. 너는 애굽 땅에서 종 되었던 것과 네 하나님 여호와께서 너를 속량하셨음을 기억하라. 그것으로 말미암아 내가 오늘 이같이 네게 명령하노라"(신 15:12-15).

개구리도 올챙이 시절이 있다. 이스라엘은 애굽에서 종살이하던 시절을 잊으면 안 된다. 오래전 중국 연변의 조선족 신문에서 '석 자 막대기 휘둘러도 거칠 것 없는 신세'라는 문구를 읽었다. 현지인에게 무슨 뜻이냐고 물었더니 '너무 가난하여 방구석에 살림살이 하나 없는 사람'이라고 설명해 주었다.

종은 너무 가난해서 자기 몸 외에 팔 것이 아무것도 없는 사람이다. 하나님은 동족으로서 종이 된 사람을 특별히 긍휼히 여기라고 하셨다. 종을 돌려보내는 해는 안식년을 기준으로 하지 않았다. 팔린 지 7년째 되는 해에 그의 가정으로 돌려보내라고 하셨다. 빈손으로 가지 않도록 넉넉히 안겨 보내라고 하셨다. 얼마나 주면 넉넉할까? "네 하나님 여호와께서 네게 복을 주신 대로 그에게 줄지니라"고 하였다. 그가 돌아가서 새로운 삶을 시작할 수 있을 만큼 주어 보내라는 뜻이다. 그것이 하나님의 소원이자 율법의 정신이었다.

간혹 주인을 사랑하고 평생 함께 살기를 원하는 종이 있었다. 아마도 그렇게 사는 것이 더 안전하다고 생각했을 것이다. 그런 사람들은 귀에 송곳으로 구멍을 뚫고 영원한 종으로 삼으라고 하셨다. 그 외에는 반드시 7년째가 되면 자기 집으로 돌려보내야 했다.

여기까지의 말씀을 다시 정리해 보자. 이스라엘 백성들은 매년 하나님께 십일조를 드려야 한다. 3년째와 6년째는 각 지방에서 십일조를 모아 레위인과 객과 고아와 과부, 그리고 가난한 사람들에게 나누어주어야 한다. 안식년에는 동족들의 모든 빚을 다 탕감해 주고 종으로 팔려온 이웃들은 7년째에 넉넉히 보상해서 자기 집으로 돌려보내야 한다. 얼마나 아름다운 법인가. 가만히 묵상해 보라. 구구절절이 하나님을 사랑하고 사람을 사랑하는 정신으로 가득하지 않은가?

신명기 16장 1-18절은 유월절과 칠칠절과 초막절, 이스라엘이 대대로 지켜야 할 세 절기들에 대하여 설명하고 있다. 레위기 23장에도 안식일을 비롯하여 여러 절기에 대한 말씀이 나왔기 때문에 여기에서는 생략하고 지나가려고 한다. 다른 점이 있다면, 세 가지 절기를 지킬 때에 반드시 하나님께서 자기 이름을 두려고 택하신 곳에 모여서 지켜야 한다. 그리고 칠칠절과 초막절에는 레위인과 가난한 이웃들을 초청하여 함께 즐겨야 한다. 가난한 이웃들에 대한 사랑과 배려가 없다면 그 절기는 하나님 앞에서 지킬 만한 의미가 없었다.

"너와 네 자녀와 노비와 네 성중에 있는 레위인과 및 너희 중에 있는 객과 고아와 과부가 함께 네 하나님 여호와께서 자기의 이름을 두시려고 택하신 곳에서 네 하나님 여호와 앞에서 즐거워할지니라"(신 16:11).

재판할 때에는(신 16:18-17:13)

가나안 땅에 들어가면 각 성마다 재판장과 지도자를 두어야 한다. 재판의 중요한 원칙은 공의(公義)다. 공의(justice)의 반대말은 불의(injustice)다. 불의는 다른 사람의 권리를 해치는 행위이다. 흔히 가난하고 힘없는 사람들의 권리가 재판에서 침해당한다. 그래서 재판장들과 지도자들은 공의로 재판해야 한다.

"너는 재판을 굽게 하지 말며 사람을 외모로 보지 말며 또 뇌물을 받지 말라. 뇌물은 지혜자의 눈을 어둡게 하고 의인의 말을 굽게 하느니라. 너는 마땅히 공의만을 따르라. 그리하면 네가 살겠고 네 하나님 여호와께서 네게 주시는 땅을 차지하리라"(신 16:19-20).

지도자들은 하나님 앞에서 두렵고 떨림으로 백성들을 다스려야 한다. 특히 예물을 바르게 드리는 일과 우상을 멀리하는 삶에 있어서 지도자는 엄격한 자세를 지녀야 한다. 우상을 숭배한 자는 먼저 두세 증인을 세우고 공정하게 조사한 후에 죄가 발견되면 돌로 쳐서 죽여야 했다. 우상 숭배는 언약의 관계를 무너뜨리기 때문이다. 백성들이 서로 싸우다가 상해하는 일이 발생했을 때, 그리고 그 사건을 스스로 재판할 수 없을 때에는 '하나님께서 택하신 곳'으로 올라가서 제사장과 당시의 재판장에게 물으라고 했다. 종교법은 제사장에게, 그리고 민법은 재판관에게 물으라는 말씀이다. 신명기에서 모세는 '하나님께서 그 이름을 두시려고 택하신 곳'이라는 표현을 자주 사용하고 있다. 하나님이 그들의 왕이시기 때문이다.

하나님께서 모세를 통하여 이스라엘 백성들에게 주신 율법은, 적어도 그 당시에는 반드시 지켜야 할 하나님의 명령이었다. 하나님의 법을 무시하는 행위는 곧 하나님을 향한 반역이었다. 사람들은 본래적으로 법 지키기를 싫어한다. 자유를 갈망해서가 아니다. 무법주의자가 되고 싶어서다. 무법주의는 자기가 주인이 되려는 자세이다. 하나님을 주인으로 삼지 않고 사는 모든 사람들은 영적인 무법주의자들이다. 하나님의 절대주권 아래 무법자는 설 자리가 없다. 반드시 심판을 받아야 한다.

> "사람이 만일 무법하게 행하고 네 하나님 여호와 앞에 서서 섬기는 제사장이나 재판장에게 듣지 아니하거든 그 사람을 죽여 이스라엘 중에서 악을 제하여 버리라. 그리하면 온 백성이 듣고 두려워하여 다시는 무법하게 행하지 아니하리라"(신 17:12-13).

사도 베드로는 '무법'을 '음란한 우상 숭배'라고 했다.

> "너희가 음란과 정욕과 술 취함과 방탕과 향락과 무법한 우상 숭배를 하여 이방인의 뜻을 따라 행한 것은 지나간 때로 족하도다"(벧전 4:3).

왕을 세울 때에는(신 17:14-20)

왕을 세우는 규례는 모세 오경 가운데 여기에만 나온다. 모세는 언젠가 이스라엘 백성들도 왕을 원하는 시대가 올 것을 예상하고 있었다. 왕을 세울 때에는 두 가지를 유념(留念)해야 했다.

첫째로, 반드시 하나님께서 택하신 자를 왕으로 세워야 한다. 이스라엘 백성들은 하나님께 그들의 왕을 세워주시라고 기도해야 한다. 그렇게 세워진 왕은 기름 부음을 받고 하나님의 권위 아래 자기를 두어야 한다.

둘째로, 외국인이 아닌 이스라엘 형제들 중에서 왕을 세워야 한다. 우상을 숭배하다가 원주민과 동화되면 타민족이 이스라엘의 왕이 될 수도 있기 때문이다.

모세는 왕이 멀리해야 할 세 가지 금지사항도 일러두었다.

첫째로, 많은 말(馬)들을 두지 말라고 했다. 말이 많으면 하나님을 의지하지 않게 된다. 말을 얻기 위해 다시 애굽으로 내려가지 말라고 했다. 단순히 말을 얻기 위해서가 아니다. 영적으로 보면 그 길은 종살이하러 내려가는 길이기 때문이다. 실제로 이스라엘의 왕들은 여러 번 애굽을 의지하다가 수치를 당했다. 오직 하나님만 의지해야 한다. 도우심이 오직 하나님께로부터 나오기 때문이다.

둘째로, 아내를 많이 두지 말라고 했다. 당시에는 이웃 나라들과 정략적인 결혼을 했다. 서로의 안전을 위해서였다. 그런데 타국에서 시집온 아내들이 자기네 신(神)도 함께 가져왔다. 그래서 왕과 백성들로 하나님을 떠나게 했다. 그 대표적인 예(例)가 솔로몬 왕이다.

셋째로, 자기를 위하여 은금을 많이 쌓아두지 말라고 했다. 부를 쌓다 보면 불의(不義)도 쌓여간다. 그리고 나라는 서서히 무너져간다.

모세는 왕이 마땅히 해야 할 일도 가르쳤다.

> "그가 왕위에 오르거든 이 율법서의 등사본을 레위 사람 제사장 앞에서 책에 기록하여 평생에 자기 옆에 두고 읽어 그의 하나님 여호와 경외하기를 배우며 이 율법의 모든 말과 이 규례를 지켜 행할 것이라. 그리하면 그의 마음이 그의 형제 위에 교만하지 아니하고 이 명령에서 떠나 좌로나 우로나 치우치지 아니하리니 이스라엘 중에서 그와 그의 자손이 왕위에 있는 날이 장구하리라"(신 17:18-20).

왕이 율법서들을 기록하여 곁에 두고 항상 읽으면 세 가지 유익이 있다.

첫째로, 겸손한 왕이 될 것이다. 백성을 형제로 여기고 그 위에 군림하려 들지 않을 것이다. 하나님의 말씀 아래 자기의 권위를 두기 때문이다.

둘째로, 실수하지 않는 왕이 될 것이다. 수레가 좌나 우로 치우치면 전복된다. 백성의 실수와 왕의 실수는 차원이 다르다. 백성의 실수는 기껏해야 자신과 가정의 앞날에 영향을 주지만 왕의 실수에는 나라의 흥망이 걸려 있기 때문이다.

셋째로, 자손들이 영구히 왕위를 물려받게 될 것이다. 훗날 이스라엘의 역사를 읽다 보면 이 말씀이 가슴에 와 닿는다.

레위 족속들(신 18:1-8)

이스라엘 열두 지파들 중에 요셉의 두 아들 므낫세와 에브라임이 들어갔다. 그 대신 요셉과 레위의 이름이 빠졌다. 여호와께서 레위 지파의 기업이 되셨기 때문에 그들은 다른 지파들처럼 땅을 분배받지 못했다. 하나님께서 그들의 의식주를 책임지셨다.

레위 지파에 속한 사람들은 그들이 거주하는 형태에 따라 크게 세 종류로 나누어졌다. 첫째로, 성소에서 하나님을 섬기고 그곳에서 나오는 제사 음식을 먹는 레위인과 제사장들이었다. 그들은 백성들로부터 '처음 거둔 곡식과 포도주와 기름과 처음 깎은 양털'을 받았다. 둘째로, 열두 지파들이 할당해준 48개의 성읍에 사는 레위인들이었다(민 35:6-8). 각 성읍들은 가축을 기를 수 있도록 사방 900미터의 목초지가 주어졌다. 그중의 여섯 성읍은 도피성으로 사용되었다. 셋째로, 다른 지파들의 성읍에 흩어져 사는 레위인들이 있었다. 그들은 그 성읍 사람들이 3년째와 6년째에 드리는 소득의 십일조를 받아서 살았다. 그중에 성소에서 섬기기를 원하는 레위인들은 언제든지 거주지를 옮길 수 있었다. 여호수아는 가나안 땅에 들어가서 이 제도를 시행했다(수 14:4). 그리고 천 년이 지난 후에 느헤미야가 이 제도를 다시 회복시켰다(느 10:37, 12:44).

원주민들의 가증한 행위를 본받지 말라(신 18:9-14)

신명기는 장차 요단 강을 건너 '여호와께서 주시는 땅'에 들어가서 행할 일들을 기록하고 있다. 이 표현이 성경에 모두 22차례 나오는데 출애굽기와 여호수아에 한 번씩 나오고 나머지 20회는 신명기에만 나온다.

"네 하나님 여호와께서 네게 주시는 땅에 들어가거든 너는 그 민족들의 가증한 행위를 본받지 말 것이니 그의 아들이나 딸을 불 가운데로 지나게 하는 자나 점쟁이나 길흉을 말하는 자(징조를 해석하는 자)나 요술하는 자나 무당이나 진언자(마법을 거는 자)나 신접자(죽은 자의 영에게 물어보는 자)나 박수(남자 무당)나 초혼자(죽은 자의 영을 불러내는 자)를 너희 가운데에 용납하지 말라"(신 18:9-11).

몰렉을 숭배하는 자들은 자녀를 불 가운데로 지나게 했다. 죽은 자의 영을 불러내는 일도, 사실은 눈속임에 불과했겠지만, 우상 숭배와 관련이 있었다. 이런 것들은 하나님 앞에서 다 가증한 일이었다. '가증하다'는 말은 '구역질 날 정도로 혐오스럽다'는 뜻이다. 하나님은 이 모든 행위들을 금하셨다. 그런 가증한 행위 때문에 하나님께서 가나안을 멸망시키셨다.

"너는 네 하나님 여호와 앞에서 완전하라"(신 18:13).

가나안의 종교 관습은 하나님을 온전하게 섬기는 데 큰 방해가 되었다. 하나님과 이스라엘 사이에는 어떤 사람도, 어떤 형태의 종교적 행위도 들어설 자리가 없었다. 이스라엘의 신앙생활은 지극히 단순했다. '마음을 다하고 뜻을 다하고 힘을 다하여 하나님 여호와를 사랑하면' 그것으로 충분했다. 하나님의 말씀에 순종하는 것이 곧 하나님에 대한 사랑이었다. 어떤 기적이나 마술적 행위, 그리고 주술행위도 하나님의 말씀을 대신할 수가 없었다.

‘나와 같은 선지자’(신 18:15–22)

> “네 하나님 여호와께서 너희 가운데 네 형제 중에서 너를 위하여 나와 같은 선지자 하나를 일으키시리니 너희는 그의 말을 들을지니라”(신 18:15).

‘나와 같은 선지자’는 모세처럼 하나님의 말씀을 받아 전하는 선지자다. 이스라엘 백성들은 모세처럼 구원하는 지도자를 기대했다. 구약 시대에는 모세가 말한 선지자를 메시아라고 불렀다. 사도행전에서 사도 베드로는 예수님이 바로 그 선지자였다고 많은 사람들 앞에서 증언했다(행 3:20-22).

구약의 선지자들이 공통적으로 인용하는 경구(警句)가 있다. 그것은 ‘여호와께서 말씀하시기를’이라는 말이다. 그들의 전하는 말이 하나님께로부터 왔다는 사실을 어떻게 확인할 수 있을까? ‘증험’(證驗)이 필요하다.

> “만일 선지자가 있어 여호와의 이름으로 말한 일에 증험도 없고 성취함도 없으면 이는 여호와께서 말씀하신 것이 아니요 그 선지자가 제 마음대로 한 말이니 너는 그를 두려워하지 말지니라”(신 18:22).

증험은 그 선지자의 말이 하나님께로부터 왔음을 확인할 수 있는 개인적 혹은 집단적 경험이다. 그 선지자가 말씀을 선포한 후에 아무 일도 일어나지 않았다면 그것은 자기 마음대로 한 말이다. 그러니 두려워할 필요가 없다. 만일 거짓 선지자들이 나와서 하나님의 이름을 빙자하며 자기 말을 한다면 그는 죽임을 당할 것이다.

도피성, 경계표, 그리고 증인에 관하여(신 19:1-21)

도피성 이야기는 민수기 35장에 자세히 나온다. 신명기 4장 말미에도 언급되어 있다. 하나님은 공의로우시기 때문에 억울한 자를 변호해 주신다. 만일 어떤 사람이 과실로 사람을 죽이면 죽임을 면할 수 있는 길을 열어두셨다. 예를 들면, 어떤 사람이 그 이웃과 함께 삼림에 들어가서 벌목할 때에 도끼가 자루에서 빠져나가 그의 이웃을 죽게 한 경우이다. 그때에는 도피성으로 도망을 가서 재판이 끝날 때까지 피해야 했다. 하나님께서 에브라임과 갓과 므낫세 반 지파가 정착한 요단 강 동편에 셋, 그리고 가나안 땅에 셋, 레위인들이 살고 있는 여섯 성을 도피처로 세워주셨다. 어느 방향에서도 재빨리 도망칠 수 있는 편리한 성이었다. 그 성에 이르는 길도 미리 닦아 놓아서 과실로 사람을 죽인 자들이 빨리 도망갈 수 있게 하셨다. 성경에서 물리적으로 길 닦은 이야기는 여기만 나온다. 그것은 하나님의 특별한 배려였다.

도피자는 성 안에서 살아야 했다. 성 밖으로 나왔다가는 원수 갚으려는 사람의 손에 죽을 수도 있었다. 그러나 사고를 냈던 그해의 대제사장이 죽으면 죄 사함을 받고 고향으로 돌아갈 수 있었다. 만일 그 후에 원수가 그를 죽이면 원수가 오히려 사형을 당하게 된다. 무죄한 자의 피를 흘렸기 때문이다. 그런데 왜 하필 대제사장이 죽는 해에 자유하게 되었을까? 예수님께서 우리의 대제사장으로 세상에 오셨다. 그리고 그가 십자가에서 죽으실 때 우리는 죄와 사망의 권세로부터 놓여났다. 우연일까?

가나안 땅에 들어가면 하나님께서 각 지파별로 땅을 나누어주실 것이다. 그리고 지파는 부족별로, 부족은 다시 가족별로 그 땅을 나누어 가질 것이다. 자손대대로 영원히 소유하게 될 땅이다. 생활이 넉넉지 않은 사람들이 땅을 팔아도 50년마다 돌아오는 희년에 되찾게 될 것이다. 이스라엘 백성들에게 땅은 생명처럼 중요했다. 그런데 밤중에 나가서 땅의 경계표를 옮겨놓으면 어떻게 되겠는가? 강도질과 다름없다. 내 땅은 넓히고 이웃의 땅은 좁혀놓았기 때문이다. 그것은 하나님께서 가장 싫어하시는 죄 중의 하나였다. 아무도 하나님을 속일 수 없다. 정직은 하나님의 전지(全知)하심에 대한 올바른 반응이다.

> "네 하나님 여호와께서 네게 주어 차지하게 하시는 땅 곧 네 소유가 된 기업의 땅에서 조상이 정한 네 이웃의 경계표를 옮기지 말지니라"(신 19:14).

세상에는 항상 억울한 일이 있게 마련이다. 수십 년 동안 감옥생활을 하던 사람이 진범이 잡혀 석방되는 경우가 있다. 더 억울한 일도 있다. 이미 사형을 당한 후에 진범이 잡힌 경우이다. 억울한 사람은 자기의 무죄를 주장하지만 벗어날 길이 없다. 더구나 증인이 한 사람뿐이면 그 가능성은 아주 적다. 그래서 하나님은 두세 증인을 세우라고 하셨다. 두 사람보다는 세 사람이 더 안전할 것이다. 간혹 세 명의 증인이 위증할 수도 있다. 그러므로 재판장은 쌍방의 주장을 주의 깊게 듣고 공평하게 재판해야 한다. 만일 증인이 위증하면 그가 위증하고 있는 죄의 형벌을 대신 받아야 한다. 생명에는 생명, 이에는 이, 눈에는 눈, 발에는 발과 같은 형벌이다. 남을 억울하게 하는 죄는 그렇게 해서라도 근절해야 한다.

전쟁을 할 때(신 20장)

전쟁에서 가장 중요한 요소는 승리의 확신이다. 승리의 확신은 말과 병거와 사람들의 숫자에 있지 않고 하나님께 대한 신뢰에 있다. 애굽에서 그들을 구원해 내신 하나님을 믿는 믿음에 있다.

> "네가 나가서 적군과 싸우려 할 때에 말과 병거와 백성이 너보다 많음을 볼지라도 그들을 두려워하지 말라. 애굽 땅에서 너를 인도하여 내신 네 하나님 여호와께서 너와 함께 하시느니라"(신 20:1).

이스라엘 백성들은 전쟁에 나가기 전에 제사장으로부터 격려의 메시지를 들었다.

> "이스라엘아 들으라. 너희가 오늘 너희의 대적과 싸우려고 나아왔으니 마음에 겁내지 말며 두려워하지 말며 떨지 말며 그들로 말미암아 놀라지 말라. 너희 하나님 여호와는 너희와 함께 행하시며 너희를 위하여 너희 적군과 싸우시고 구원하실 것이라"(신 20:3-4).

두려움은 적의 몫이고 담대함은 이스라엘의 몫이다. 하나님께서 이스라엘을 위해 싸우시기 때문이다. 전쟁은 여호와께 속하였다.

모세는 전쟁에 나가지 않아도 될 네 종류의 사람들을 구별했다. 건축하고 아직 낙성식을 하지 못한 사람은 면제되었다. 자기가 지은 집에서 아직 살아보지 못했기 때문이다. 포도원을 만들고 아직 그 열매를 먹어보지 못한 사람도 면제되었다. 포도를 심으면 첫 3년은 열매를 먹지 않고, 4년째는 하나님께 첫 열매로 드리며, 5년째 가서야 먹을 수 있었다. 여자와 약혼하고 아직 결혼하지 못한 남자도 면제되었다. 혹시라도 전사하면 다른 남자가 그 약혼녀를 데려갈까 염려해서였다. 이 세 종류의 면제는 하나님의 긍휼히 여기심을 보여주고 있다. 그런데 또 다른 종류의 면제도 있었다.

"책임자들은 또 백성에게 말하여 이르기를, 두려워서 마음이 허약한 자가 있느냐. 그는 집으로 돌아갈지니 그의 형제들의 마음도 그의 마음과 같이 낙심될까 하노라"(신 20:8).

훗날 기드온이 미디안과 싸울 때에 그런 일이 있었다. 미디안의 군사는 십삼만 오천이고 기드온을 따르는 사람은 삼만 이천이었다. 그런데 하나님께서 두려워하는 자를 다 보내라고 하셨다. 순식간에 이만 이천 명이 떠나갔다. 아직도 남은 사람이 많다고 말씀하시며 구천 삼백 명을 더 돌려보내게 하셨다. 그들도 내면에 두려움을 감추고 있었을 것이다. 남은 삼백 명은 두려움이 없는 사람들이었다. 하나님께서 그들과 함께하시니 그날 밤에 450대 1의 전투에서 완승을 거두었다. 두려움은 전염성이 강하다. 두려움은 상대적이다. 숫자와 환경에 따라 두려워한다. 그러나 담대함은 절대적이다. 어떤 경우에도 승리를 생각한다. 하나님께서 그들과 함께하시기 때문이다. 두려움을 이기고 담대하자. 십자가에서 승리하신 주님이 우리와 함께하신다.

앞으로 이스라엘이 치를 전쟁은 두 종류였다. 첫째로, 멀리 사는 성읍 사람들과 전쟁하는 경우이다. 그들은 하나님께서 주신 약속의 땅 밖에 사는 사람들이다. 그들에게 먼저 화평을 청하는 사자를 보내야 한다. 그들이 화답하면 이스라엘에게 조공을 바치고 섬기게 한다. 그러나 화평을 거절하면 그 성읍을 함락하고 모든 남자(군인들)를 다 죽이고 여자와 아이와 가축과 소유물들을 탈취할 수 있다. 이런 전쟁에는 '네 하나님 여호와께서 그 성읍을 네 손에 넘기시거든'이라는 조건이 있다. 이스라엘의 승리는 '여호와께서 그들을 이스라엘의 손에 붙이실 때'에 가능했다. 하나님의 뜻에 어긋나는 불의한 전쟁에서는 승리를 기대할 수 없었다. 이스라엘의 역사를 보면 대부분의 전쟁은 상대방이 먼저 침략해 왔을 경우에 일어났다. 이스라엘은 하나님께로부터 받은 약속의 땅을 지켜야 할 의무가 있었다.

둘째로, 약속의 땅에 거하는 일곱 족속들을 멸하는 전쟁이었다. 이때는 성 안에 있는 모든 호흡 있는 존재들을 다 멸했다. 훗날 사울 왕은 아말렉을 치고 아각 왕과 가축들을 끌고 왔다가 선지자 사무엘에게 큰 책망을 들었다(삼상 15장). 지금쯤 당신의 마음에 의문이 일어날 것이다. '왜 아이들까지 다 죽여야 했을까?' 하는 의문이다. 모세는 대답했다.

"이는 그들이 그 신들에게 행하는 모든 가증한 일을 너희에게 가르쳐 본받게 하여 너희가 너희의 하나님 여호와께 범죄하게 할까 함이니라"(신 20:18).

하나님께서 이스라엘을 잘 알고 계셨다. 걸핏하면 하나님을 원망하고 우상 숭배에 현혹되는 이스라엘의 연약함을 잘 아셨다. 그래서 이스라엘을 패망시킬 수 있는 원인을 미리 제거하기로 하셨다. 물론 기록되지 않은 이면(裏面)의 이유도 있다. 하나님께서 이스라엘을 도구로 삼아 음란하게 우상을 섬기는 그 땅의 백성들을 심판하시는 일이다. 농부는 농작물(農作物)을 심기 전에 제초제를 뿌려서 잡초를 먼저 제거한다. 하나님께서도 그의 백성들을 통하여 새로운 역사를 시작하실 때에 정지작업부터 먼저 하셨다. 그렇지 않으면 잡초가 곡식을 억누르게 될 것이다. 그래도 마음이 불편하신가? 그렇다면 하나님께서 이사야를 통해 하신 말씀을 들어보자.

"해 뜨는 곳에서든지 지는 곳에서든지 나밖에 다른 이가 없는 줄을 알게 하리라. 나는 여호와라. 다른 이가 없느니라. 나는 빛도 짓고 어둠도 창조하며 나는 평안도 짓고 환난도 창조하나니 나는 여호와라. 이 모든 일들을 행하는 자니라…질그릇 조각 중 한 조각 같은 자가 자기를 지으신 이와 더불어 다툴진대 화 있을진저. 진흙이 토기장이에게 '너는 무엇을 만드느냐', 또는 네가 만든 것이 '그는 손이 없다' 말할 수 있겠느냐"(사 45:6-7, 9).

어느 시점에 이르면 우리는 하나님의 절대 주권 아래 굴복해야 한다. 순종은 이해에서 오지 않고 믿음에서 온다. 아무리 논리가 예리해도 하나님의 의로우심과 비교할 수가 없다. 그것은 어리석은 일이다. 마치 흙으로 만들어진 그릇이 그 그릇을 만든 장인(匠人)에게 "왜 나를 이렇게 만들었느냐?"라고 항의하는 것과 같다. 그 그릇이 "나를 만든 사람은 손이 없다" 하고 불평하는 것과 마찬가지다. 어느 단계에 이르면 우리는 욥처럼 손으로 입을 가리고 하나님 앞에 엎드려야 한다. 하나님은 의로우시기 때문이다.

모세는 전쟁할 때에 과일나무를 아끼라고 했다. 승전한 후에 그 나무의 과일을 따 먹어야 하기 때문이다. 전쟁의 최종 목적은 약속의 땅을 쟁취하는 데 있었다. 단순한 분풀이가 아니었다. 전쟁 중에도 지혜가 필요했다.

누가 죽였는지 알 수 없을 때(신 21:1-9)

갑자기 외진 곳에서 살인사건이 일어났다. 범인을 본 사람은 아무도 없다. 수사는 계속하겠지만 그렇다고 언제까지 미결사건으로 놓아둘 수도 없다. 왜냐하면 그 땅은 거룩한 곳이기 때문이다. 살인사건이 일어난 지역을 말하는 것이 아니다. 이스라엘 백성들이 살고 있는 땅, 하나님께서 다스리시는 곳, 그와 같은 범죄가 일어나서는 안 될 땅에서 생명을 상징하는 피를 흘렸기 때문이다. 어떻게 해서든지 피 흘린 죄의 문제를 해결해야 했다.

그래서 인근 지역의 장로들과 재판장들이 함께 모였다. 그들은 살인 현장에서 어느 성이 가장 가까운지 측량했다. 가까운 성의 장로들이 암송아지 한 마리를 끌고 와서 물 흐르고 농사짓지 않는 외진 곳을 찾아갔다. 레위인들도 동행했다. 모든 소송과 투쟁은 레위인들의 말대로 판결되었다. 외딴 곳에 이르면 장로들이 암송아지의 목을 쳐서 꺾었다. 그것은 제사가 아니었다. 자기 성읍의 역내(域內)에서 일어난 살인사건에 책임을 지는 의식(儀式)이었다. 장로들은 꺾은 송아지의 목 위에서 손을 씻으며 이렇게 기도했다.

"우리의 손이 이 피를 흘리지 아니하였고 우리의 눈이 이것을 보지도 못하였나이다. 여호와여 주께서 속량하신 주의 백성 이스라엘을 사하시고 무죄한 피를 주의 백성 이스라엘 중에 머물러 두지 마옵소서"(신 21:7-8).

그러면 하나님께서 그들의 의식을 정직한 행위로 받아들이시고 피 흘린 죄를 용서해 주셨다. 아마도 레위인들은 곁에 서서 "너희 성읍의 죄가 사함 받았다"라고 선포했을 것이다. 그러면 사건이 완전히 해결된 것일까? 아니다. 살인자를 찾을 때까지 조사는 계속되었다. 살인자를 찾지 못하면 영구히 미제로 남을까? 아니다. 하나님은 누가 살인자인지 알고 계신다. 그는 장차 하나님의 심판대 앞에 서게 될 것이다. 그때까지 두려움의 감옥에 갇혀서 극심한 고통을 당할 것이다.

여자 포로를 아내로 삼고 싶을 때(신 21:10-14)

종이면서 동시에 아내일 수는 없다. 종이라도 주인의 여자가 되면 그녀의 신분이 아내로 격상되었다. 주인이 받아들이지 않으면 자유인이 되어 그 집을 떠날 수 있었다. 만일 전쟁 포로 중에 아름다운 여인이 있어서 아내를 삼고 싶을 때에는 어떻게 해야 할까. 물론 가나안 원주민이 아닌 먼 곳에서 잡아온 포로를 두고 하는 말이다. 먼저 집으로 데려가 머리를 밀고 손톱을 깎게 했다. 그리고 포로의 옷을 벗고 새 옷(아마도 이스라엘 여인들이 입는)으로 갈아입힌 후에 부모를 위해 한 달 동안 애곡하게 했다. 이방 여인이 그 집에 들어갈 때 하나님의 백성 중 하나로 받아들여졌다. 머리를 밀고 손톱을 깎음으로써 새로운 존재가 되었다. 한 달 동안 충분히 울며 한(限)을 풀었다. 그리고 정식으로 결혼식을 올렸다.

그런데 만일 결혼 후에 남편이 그 여인을 싫어하면 어떻게 될까? 문화적인 충격이 적지 않았을 것이다. 언어가 달라서 소통의 문제도 있을 것이다. 그런 경우 남편은 아내와 이혼할 수 있었다. 다만 여인을 종처럼 팔 수는 없었다. 그녀는 자유인이 되어 자유롭게 떠났다. 그것은 여인을 비참하게 만든 남편의 최소한의 보상이었다. 그리고 율법이 강조하는 '이웃 사랑'의 일면(一面)이기도 했다.

공평한 상속에 관하여(신 21:15–17)

상속 문제는 예나 지금이나 항상 뒷얘기가 남는다. 부모와 자식 사이가 어색해지기도 하고 형제와 자매 사이에 앙금이 쌓이기도 한다. 모세는 극적인 예를 들면서 공평한 상속에 관해 가르쳤다.

한 남자에게 두 아내가 있었다. 한 아내는 사랑을 받고 다른 아내는 미움을 받았다. 그런데 두 아내가 모두 아들을 낳았다. 하필 미움 받는 아내의 아들이 먼저 태어났다. 남편은 장자권(長子權)을 작은아들에게 넘겨주고 싶었을 것이다. 모세는 그 일을 금했다.

> "자기의 소유를 그의 아들들에게 기업으로 나누는 날에 그 사랑을 받는 자의 아들을 장자로 삼아 참 장자 곧 미움을 받는 자

의 아들보다 앞세우지 말고 반드시 그 미움을 받는 자의 아들을 장자로 인정하여 자기의 소유에서 그에게는 두 몫을 줄 것이니 그는 자기의 기력의 시작이라. 장자의 권리가 그에게 있음이니라"(신 21:16-17).

다섯 손가락 깨물어서 아프지 않는 손가락이 없다. 그런데 그중에도 조금 덜 아픈 손가락이 있는가 보다. 부모는 그렇게 생각하지 않아도 자식들이 오해할 수 있다. 모세의 권면은 단순히 장자권에서 그치지 않는다. 자식에 대한 부모의 공평한 사랑을 말하고 있다. 공평은 의로운 덕목이다.

자식이 어긋난 길로 갈 때(신 21:18-21)

자식이 부모에게 반역하고 거스르면 어떻게 해야 할까?

"사람에게 완악하고 패역한 아들이 있어 그의 아버지의 말이나 그 어머니의 말을 순종하지 아니하고 부모가 징계하여도 순종하지 아니하거든, 그의 부모가 그를 끌고 성문에 이르러 그 성읍 장로들에게 나아가서 그 성읍 장로들에게 말하기를 우리의 이 자식은 완악하고 패역하여 우리말을 듣지 아니하고 방탕하며 술에 잠긴 자라 하면, 그 성읍의 모든 사람들이 그를 돌로 쳐 죽일지니 이같이 네가 너희 중에서 악을 제하라. 그리하면 온 이스라엘이 듣고 두려워하리라"(신 21:18-21).

이 규례는 패역한 자식에게 주는 엄한 경고다. 패역은 '어그러질

패'(悖)에 '거스를 역'(逆)이다. 부모의 교훈을 거역하며 어그러진 길로 가는 자식을 두고 하는 말이다. 그런 자식은 결국 방탕하고 술독에 빠져 살 것이다. 죽이지도 못하고 살리지도 못한다. 그런 자식은 성읍의 장로들로 하여금 돌로 쳐서 죽여주라고 했다. 정작 이처럼 준엄한 율법 조항을 들어야 할 사람은 성읍의 장로들이 아니다. 부모는 더더구나 아니다. 패역한 자식이 들어야 한다. 부모에 대한 그의 반역과 불순종이 돌에 맞아 죽어야 마땅할 치명적인 죄임을 알아야 한다. 그런데 패역한 자식들은 귀까지 멀어 그런 말을 듣지 못한다.

성경에 자식 때문에 가슴앓이 하는 부모들이 한둘이 아니지만 그 자식을 돌에 맞아 죽게 한 부모는 하나도 없다. 그나저나 패역한 자식들을 어떻게 해야 할까? 부모의 간절한 눈물의 기도를 들으시고 하나님께서 그의 능력의 손길로 변화시켜 주시기를 바랄 뿐이다.

나무에 달린 저주받은 자(신 21:22-23)

> "사람이 만일 죽을죄를 범하므로 네가 그를 죽여 나무 위에 달거든 그 시체를 나무 위에 밤새도록 두지 말고 그날에 장사하여 네 하나님 여호와께서 네게 기업으로 주시는 땅을 더럽히지 말라. 나무에 달린 자는 하나님께 저주를 받았음이니라"(신 21:22-23).

구약 성경을 보면 이 말씀이 이루어진 두 번의 사례(事例)들이 있다. 여호수아가 아이 성의 왕과(수 8:29) 예루살렘과 헤브론과 야르

뭇과 라기스와 애글론의 다섯 왕들을 그렇게 처리했다(수 10:27).

예수님께서 나무로 된 십자가에 달려 죽으실 때 어떤 율법학자들이 신명기의 말씀을 기억하며 '이 예수는 저주받은 사람이로구나' 하고 생각했다. 바울은 그들을 염두에 두고 이렇게 말했다.

> "그리스도께서 우리를 위하여 저주를 받은 바 되사 율법의 저주에서 우리를 속량하셨으니 기록된 바 나무에 달린 자마다 저주 아래에 있는 자라 하였음이라"(갈 3:13).

바울의 말은 이런 뜻이다.

'모든 사람들이 율법을 완전하게 지키지 못하기 때문에 저주 아래 있다. 그런데 예수님께서 저주의 나무 십자가에 달려 죽으셨다. 이제 누구든지 예수님을 믿는 자는 율법의 저주에서 놓여나게 된다. 왜냐하면 예수님께서 우리의 저주를 대신 당하셨기 때문이다.'

단순한 바울의 해석이 아니다. 성령님의 증언이시다.

기타 규례들(신 22:1-12)

'네 이웃을 네 몸과 같이 사랑하라'는 말씀을 어떻게 이해하면 좋을까? 사랑은 개념이 아니고 행동이다. 형제의 소나 양이 길 잃은 것을 보거든 못 본 체하지 말고 반드시 그것을 끌어다가 형제에게 돌려주어야 한다. 그렇게 하려면 가외(加外)의 시간과 수고가 필요할 것이다. 그러나 내 소와 내 양이 길을 잃었는데 이웃이 그것들을 찾아다 주었다고 상상해 보라. 이웃 사랑은 '내 몸과 같이'라는 어깨 높이의 걸개(hanger)에 걸려 있는 자연스런 행동이다.

"네 형제가 네게서 멀거나 또는 네가 그를 알지 못하거든 그 짐승을 네 집으로 끌고 가서 네 형제가 찾기까지 네게 두었다가 그에게 돌려줄지니 나귀라도 그리하고 의복이라도 그리하고 형제가 잃어버린 어떤 것이든지 네가 얻거든 다 그리하고 못 본 체하지 말 것이며, 네 형제의 나귀나 소가 길에 넘어진 것을 보거든 못 본 체하지 말고 너는 반드시 형제를 도와 그것들을 일으킬지니라"(신 22:2-4).

이웃 사랑은 못 본 체하지 않는 넉넉한 사랑이다. 예수님의 비유에 나오는 레위인과 제사장은 강도 만난 사람을 못 본 체하고 지나갔다. 그러나 사마리아인은 그 사람을 안전한 곳으로 인도했다. 그가 바로 강도 만난 사람의 이웃이다.

모세는 다음으로 불쑥 의복(衣服)에 대한 규례를 가르쳤다.

"여자는 남자의 의복을 입지 말 것이요 남자는 여자의 의복을 입지 말 것이라. 이같이 하는 자는 네 하나님 여호와께 가증한 자이니라"(신 22:5).

모세는 여자가 남장을 하거나 남자가 여장을 하는 것을 금했다. 이성(異姓)의 옷을 입기 좋아하는 변태적 경향은 하나님 앞에서 가증한(토하고 싶은) 일이었다. 이 말씀은 동성애를 비롯한 성도착(性倒錯, Sexual Deviation) 행위에 대한 경계였다. 모세가 살던 시절, 어떤 종교에서는 남자들을 거세하고 여장(女裝)을 시켜서 사제로 세우기도 했다. 하나님의 창조계획은 남자가 남자로 살고 여자가 여자로 사는 것이었다. 하나님의 창조목적을 모호하게 하거나 뒤집는 것은 하나님 앞에 가증한 일이다.

이 장(章)은 여러 가지 단편적인 규례들을 다루고 있다. 어미 새와 새끼 새에 관한 내용도 있다.

> "길을 가다가 나무에나 땅에 있는 새의 보금자리에 새 새끼나 알이 있고 어미 새가 그의 새끼나 알을 품은 것을 보거든 그 어미 새와 새끼를 아울러 취하지 말고 어미는 반드시 놓아 줄 것이요 새끼는 취하여도 되나니 그리하면 네가 복을 누리고 장수하리라"(신 22:5-6).

어미 새를 잡아가는 사람은 식용으로 먹을 것이다. 새끼 새는 기껏해야 관상용으로 기를 것이다. 아직 눈도 못 뜨고 털도 나지 않은 새끼를 잡아먹을 사람은 없을 터이니까. 어미 새는 살려두면 다시 알을 낳을 수 있다. 그래서 잡지 말라고 하셨다. 이런 사소한 일에 순종하는 데 '복과 장수(長壽)'라는 놀라운 상급이 주어진다. 예수님께서 하신 말씀, "참새 두 마리가 한 앗사리온에 팔리지 않느냐. 그러나 너희 아버지께서 허락하지 아니하시면 그 하나도 땅에 떨어지지 아니하리라"는 말씀이 새삼스럽다(마 10:29).

이웃 사랑은 이웃의 생명을 귀하게 여기는 삶이다. 집을 지을 때에는 지붕 가장자리에 난간을 만들어야 한다. 팔레스타인의 지붕은 슬래브 형태여서 해가 지고 날씨가 선선하게 되면 사람들이 올라가서 더위를 식히곤 했다. 그때 사람이 지붕에서 떨어지지 않도록 가장자리에 난간을 만들어야 한다. 떨어져 죽으면 그 핏값이 그 집으로 돌아가기 때문이다.

또 다른 규례들은 '섞지 말라'는 주제를 다루고 있다.

> "네 포도원에 두 종자를 섞어 뿌리지 말라. 그리하면 네가 뿌린 씨의 열매와 포도원의 소산을 다 빼앗길까 하노라. 너는 소와 나귀를 겨리하여 갈지 말며, 양털과 베실로 섞어 짠 것을 입지 말지니라"(신 22:9-11).

우리는 이 규례의 목적을 충분히 알지 못한다. 그러나 영적으로 보면 일종의 혼합주의에 대한 경고다. '포도원의 소산을 다 빼앗길까 하노라'에서 빼앗긴다는 단어는 '깨끗하지 않다, 불결하다'는 뜻이다. 또 소는 정결하여 먹을 수 있지만 나귀는 불결하여 먹을 수 없는 짐승이다. 양털과 베실을 섞어 짜는 일도 금했다. 동물섬유와 식물섬유였기 때문일까? 한 가지 단서가 있다면, '섞어'라는 단어 '샤아트네즈'(שַׁעַטְנֵז)는 히브리어가 아니고 애굽에서 가져온 외래어다. 아마도 애굽의 어떤 풍습과 연관되었기 때문에 금했을지 모른다. 그렇다면 이 세 가지 '섞지 말라'는 규례는 하나님의 백성들이 일상생활 속에서 지켜야 할 순수함과 거룩함을 의미하고 있다.

마지막으로 모세는 옷감에 대한 규례를 이야기하다가 옷의 귀(hem)에 매다는 '술'(絠, Tassel)에 대하여 언급했다. 이스라엘 사람들은 통으로 된 옷을 입고 아랫부분을 앞뒤로 나누었기 때문에 네 모서리가 있었다. 여기에 여덟 가닥의 실로 매듭지은 술을 달게 했다. 술은 하나의 상징으로서 이스라엘 백성들의 특별한 신분, 곧 하나님의 백성이라는 사실을 기억나게 했다.

거룩한 결혼생활(신 22:13-30)

이 규례는 몇 가지 실례를 들고 있다.

(예 1). 어떤 남편이 아내를 싫어하고 누명을 씌웠다. 결혼했는데 알고 보니 처녀가 아니라는 누명이다. 요즘이야 누가 관심도 보이지 않겠지만 당시에는 여자의 생명이 걸린 중대사였다. 처녀성은 결혼 첫날밤에 신부가 입은 특별한 옷에 묻은 피의 흔적이다. 그래서 신부의 부모들은 이 옷을 잘 간직하고 있었다. 그러다가 사위가 억지 소리를 하면 그 옷을 증거로 장로들에게 제출했다. 아내에게 누명을 씌운 사실이 드러나면 그 남편은 매를 맞고 장인에게 은 백 세겔을 지불하며 평생토록 그 아내를 버릴 수가 없었다. 그러나 만일 남편의 고소가 진실로 드러나면 여인은 친정 집 앞에서 돌에 맞아 죽었다. 모세는 단호하게 말했다.

"너는 이같이 하여 너희 가운데서 악을 제할지니라."

(예 2). 어떤 남자가 유부녀와 동침하면 그 둘을 다 죽여서 "이스라엘 중에 악을 제할지니라"고 하였다

(예 3). 약혼한 처녀가 성중에서 만난 어떤 남자와 잠자리를 같이 하면 둘 다 죽이라고 했다. 그 처녀는 성 안에 있으면서도 소리 질러 도움을 구하지 않았기 때문이요, 남자는 타인의 아내를 욕보였기 때문이다. 약혼한 처녀는 이미 약혼자의 아내로 여김을 받았다.

(예 4). 약혼한 처녀를 어떤 남자가 들판에서 욕보였을 때에는 남자만 죽이고 여자는 살렸다. 소리를 질러도 도와줄 사람이 없는 한적한 곳이었기 때문이다.

(예 5). 만일 어떤 남자가 약혼하지 않은 처녀를 욕보였으면 처녀의 아버지에게 은 오십 세겔을 주고 자기 아내로 삼아야 한다. 그리고 평생 동안 그 아내와 함께 살아야 했다.

(예 6). 어떤 경우에도 아들이 아버지의 아내를 범해서는 안 된다. (아마도 계모를 가리킬 것이다.)

원칙이 없으면 얼마만큼 잘못되었는지 알 길이 없다. 규례는 하나님께서 그의 백성들에게 요구하신 '거룩한 원칙'이다. 원칙은 바꿀 수 없다. 회개하면서 원칙에 더 가까이 다가서야 한다. 선을 행하고 악을 멀리해야 한다. 이런 성결(聖潔)의 법칙들을 통하여 우리는 이웃 사랑의 본질을 깨닫게 된다.

하나님의 총회에 들어오지 못할 사람들(신 23:1-8)

'하나님의 총회'라는 의미의 '카알'(קָהָל)은 하나님께 예배하는 모임으로서 '이스라엘' 보다 더 좁은 의미이다. 이스라엘에는 섞여 사는 다른 민족들도 있었다. 그들은 '카알'에 들어갈 수 없었다. 다른 민족뿐만 아니라 하나님의 총회에 들어갈 수 없는 사람들, 예루살렘에서 열리는 이스라엘의 3대 절기에 참여할 수 없는 사람들이 또 있었다. 예를 들면, '고환이 상한 자와 음경이 잘린 자', 또는 사생자와 암몬과 모압 사람은 영구히 총회에 들어올 수 없었다. 왜 그들은 총회에 들어올 수 없었을까?

우선 '고환이 상하거나 음경이 잘린 자'는 사고나 질병 때문이 아닌, 일부러 어떤 목적을 가지고 거세당한 자를 말한다. 당시 원주민들의 우상전각에는 거세당한 남자들이 여자 복장을 하고 사제 노릇을 하는 경우가 있었다. 하나님께 절기를 지키고 제사를 드리는 자리에 우상 숭배와 관련된 자는 들어올 수 없었다. 사생자(私生子)는 불륜이나 강간을 당하여 태어난 아이로부터 근친상간을 통하여 태어난 아이들까지 여러 종류가 있었다. 모압과 암몬은 근친상간으로 태어난 민족이었다. 또 암몬은 광야에서 갓 나온 이스라엘을 대접하지 않았고, 모압은 발람의 꾀로 이스라엘을 넘어지게 했기 때문에 여호와의 총회에 들어올 수 없었다. 만일 그들이 총회에 들어오면 이스라엘을 영적으로 타락시킬 수 있었다. 그들과는 영원토록 '평안과 형통'을 함께 나눌 수가 없었다.

다만 에돔 족속은 거슬러 올라가면 이삭을 같은 조상으로 두고 있는 먼 친척이었다. 그들은 이스라엘 진영에 들어와서 삼사 대(代)를 지나는 동안에 하나님을 섬기는 신앙을 가질 수 있을 것이다. 초창기에 야곱의 후손들을 잘 접대했던 애굽 사람들도 삼사 대 후에는 총회에 들어올 수 있었다.

적군을 치기 위해 출정할 때에도 거룩함을 유지해야 했다(9-14절). 왜냐하면 하나님께서 그들의 진영에 임재해 계시기 때문이다. 진영에 불결함이 있다면 하나님께서 동행하실 수 없을 것이다. 10절의 '몽설'(夢泄)은 히브리어 원문을 직역하면 '밤에 일어난 일'이다. 그래서 어떤 학자들은 12-13절에 언급한 배설물과 연결시켜서 '밤에 천막 안에서 소변을 본 일'이라고 해석하기도 한다. 밤중의 어둠이 두렵거나 천성적으로 게으른 사람들이 그랬을 것이다.

또 다른 기타 규례들(신 23:9-25)

우선 도망 나온 종에 대한 규례가 있다.

"종이 그의 주인을 피하여 네게로 도망하거든 너는 그의 주인에게 돌려주지 말고 그가 네 성읍 중에서 원하는 곳을 택하는 대로 너와 함께 네 가운데에 거주하게 하고 그를 압제하지 말지니라"(신 23:15-16).

여기에서 말하는 종은 다른 나라에서 도망 온 종이다. 옛날 이스라엘이 애굽에서 종살이했던 일을 기억하고 도망 나온 종에게 피난처를 제공하며 잘 대우해 주라는 말씀이다. 그들은 이스라엘에서 자유인으로 대접받고 자기가 원하는 곳에서 살 수 있었다.

다음은 부정한 예물에 관한 규례다.

"이스라엘 여자 중에 창기가 있지 못할 것이요 이스라엘 남자 중에 남창이 있지 못할지니 창기가 번 돈과 개 같은 자의 소득은 어떤 서원하는 일로든지 네 하나님 여호와의 전에 가져오지 말라. 이 둘은 다 네 하나님 여호와께 가증한 것임이니라"(신 23:17-18).

당시 우상의 전각에는 여자 창기(娼妓)와 남자 창기들이 있었다. 그들의 가증한 행위들은 종교적 의식으로 포장되었다. 그들이 몸을 팔아 가져온 돈은 하나님께 드릴 수가 없었다. '개 같은 자의 소득'은 아마도 남창들의 돈을 의미했을 것이다. 모세가 이처럼 금했던 일들이 솔로몬의 아들 르호보암 때에 버젓이 자행되었다. 겨우 5백여 년 후에 일어난 일이다.

"유다(나라)가 여호와 보시기에 악을 행하되 그의 조상들이 행한 모든 일보다 뛰어나게 하여 그 범한 죄로 여호와를 노엽게 하였으니 이는 그들도 산 위에와 모든 푸른 나무 아래에 산당과 우상과 아세라 상을 세웠음이라. 그 땅에 또 남색(男色)하는 자가 있었고 여호와께서 이스라엘 자손 앞에서 쫓아내신 국민의 모든 가증한 일을 무리가 본받아 행하였더라"(왕상 14:22-24).

그런데 놀라운 반전이 예수님을 통하여 일어난다. 그것은 세상에서 버림받은 창녀들이 예수님을 믿고 변화되는 사건이었다. 바리새인들은 이 일로 예수님을 비난했지만 예수님은 이런 자들, 곧 회개하고 그들의 잘못된 길에서 돌이킨 자들이 그와 함께 하늘에 앉을 것이라고 말씀하셨다. 창녀들도 회개하고 그 가증한 길에서 돌아서면 하나님의 거룩한 자녀가 될 수 있었다.

"…예수께서 그들에게 이르시되 내가 진실로 너희에게 이르노니 세리들과 창녀들이 너희보다 먼저 하나님의 나라에 들어가리라. 요한이 의(義)의 도(道)로 너희에게 왔거늘 너희는 그를 믿지 아니하였으되 세리와 창녀는 믿었으며 너희는 이것을 보고도 끝내 뉘우쳐 믿지 아니하였도다"(마 21:31-32).

다음으로 모세는 소위 '이자놀이'에 대한 규례를 가르쳤다.

"네가 형제에게 꾸어주거든 이자를 받지 말지니 곧 돈의 이자, 식물의 이자, 이자를 낼 만한 모든 것의 이자를 받지 말 것이라.

타국인에게 네가 꾸어주면 이자를 받아도 되거니와 네 형제에게 꾸어주거든 이자를 받지 말라. 그리하면 네 하나님 여호와께서 네가 들어가서 차지할 땅에서 네 손으로 하는 범사에 복을 내리시리라"(신 23:19-20).

현대사회는 신용을 담보로 은행에서 융자를 얻고 소정의 이자를 더하여 갚는다. 융자의 목적은 대부분 사업을 시작하거나 부동산을 구입하는 데 사용된다. 그러나 이스라엘 백성들이 가나안 땅에 들어갈 무렵에는 가난한 자들이 먹고 살기 위해서 돈이나 곡식을 꾸었다. 이스라엘은 하나님의 언약의 백성들이었다. 모래알 같은 존재들이 아니고 언약으로 뭉쳐진 진흙 같은 존재들이었다. 하나님의 사랑을 함께 나누며 살아가는 '하나님의 총회' 가족들이었다. 그런데 어떤 사람은 넉넉하고 어떤 사람은 부족했다. 개인의 능력에 차이가 났을 것이다. 같은 형제 중에서도 경제적 능력이 뛰어난 형제가 어려운 형제들을 돌보는 경우가 있다. 하나님은 넉넉한 자들이 부족한 자들을 돌보아주기를 원하신다. 그들이 굶어죽지 않도록 꾸어주기를 바라신다. 만일 그들이 갚지 못한다면 하나님께서 돌려주시겠다고 약속하셨다.

그런데 가난한 이웃에게 꾸어주고 이자를 받는다면 어떻게 되겠는가? 넉넉한 사람은 더 넉넉하게 되고 가난한 사람은 더 가난하게 될 것이다. 그것은 하나님의 뜻이 아니었다. 그러나 타국인에게는 이자를 받는 일이 허락되었다.

그 다음 규례는 맹세에 대한 내용이다.

"네 하나님 여호와께 서원하거든 갚기를 더디하지 말라. 네 하나님 여호와께서 반드시 그것을 네게 요구하시리니 더디면 그것이 네게 죄가 될 것이라. 네가 서원하지 아니하였으면 무죄하리라. 그러나 네 입으로 말한 것은 그대로 실행하도록 유의하라. 무릇 자원한 예물은 네 하나님 여호와께 네가 서원하여 입으로 언약한 대로 행할지니라"(신 23:21-23).

건강한 관계는 약속을 지키는 관계다. 약속을 지키지 않는 사람은 친밀한 관계에서 멀어진다. 한두 번은 속일 수 있지만 서너 번까지 속일 수는 없다. 사람 사이가 그렇다면 하나님과 우리 사이는 어떻겠는가? 하나님은 그가 약속하신 말씀을 모두 성취하셨다. 우리는 하나님의 자녀들이다. 아버지 하나님께서 신실하시기 때문에 우리도 신실해야 한다. 서원에 대한 규례는 하나님과 그의 백성 사이의 신실한 관계에 기반을 두고 있다.

서원(誓願, vow)은 사람이 하나님께 자발적으로 하는 약속이다. 하나님은 절대로 서원을 강요하시지 않으셨다. 그러나 서원을 했으면 꼭 지켜야 한다. 가능한 한 신속하게 지켜야 한다. 자식이 없던 한나는 '아들을 주시면 하나님께 드리겠다'고 서원하고 사무엘을 얻었다. 한나는 자신의 서원을 지키기 위해 갓 젖을 뗀 어린 사무엘을 성소에 올려 보냈다. 그녀는 보고 싶은 모정(母情)을 절제하며 일 년에 단 한 번, 새 옷을 지어가지고 올라갔다. 마침내 한나의 서원은 사무엘을 통해 이스라엘을 구원하시는 하나님의 축복으로 되돌아왔다.

궁극적으로 서원의 목적은 하나님께 헌신하는 데 있다. 내 유익을 위하여 서원하는 일은 옳지 않다. 하나님의 사랑에는 조건이 없다. 우리도 하나님께 영광을 돌리고 하나님께서 기뻐하시는 일을 하기 위해서 서원해야 한다. 서원은 가볍게 하지 않아야 한다. 지킬 수 있을 만큼 해야 한다. 내 마음에 탐욕이 있으면 지킬 수 없는 약속을 한다. 지키려고 노력하지도 않는다. 흔히 교회를 건축할 때에 작정헌금(pledge offering)을 한다. 요즘은 융자를 해주는 은행에서도 작정헌금 명단을 요구할 때가 있다. 그때에도 우리는 감당할 수 있는 헌금만 약속해야 한다. 감당할 수 없는 헌금을 작정하고 시험에 들거나 교회를 떠나는 일이 없어야 한다.

23장의 마지막 규례는 음식에 대한 내용이다.

> "네 이웃의 포도원에 들어갈 때에는 마음대로 그 포도를 배불리 먹어도 되느니라. 그러나 그릇에 담지는 말 것이요 네 이웃의 곡식밭에 들어갈 때에는 네가 손으로 그 이삭을 따도 되느니라. 그러나 네 이웃의 곡식밭에 낫을 대지는 말지니라"(신 23:24-25).

이 규례는 여행 중에 음식을 먹지 못해 굶주린 사람들을 위한 말씀이다. 그들은 길을 가다가 포도원이나 밀밭에 들어가 배부르게 먹을 수 있었다. 참 좋은 규례다. 요즘이야 경찰서에 잡혀갈 일이지만 그때에는 하나님의 사랑을 나누는 아름다운 장면이었다. 세상은 바뀌었지만 굶주린 사람을 먹여주시는 하나님의 사랑은 지금도 여전하시다.

그러나 남의 포도를 따서 그릇에 담고, 남의 곡식을 낫으로 베는 일은 '도둑질'이다. 마음껏 먹는 것과 도둑질 사이에는 무엇이 다를까? 자족(自足)과 탐욕의 차이다. 그 선(line)을 지키기가 쉽지 않다.

이혼과 재혼에 관한 규례들(신 24:1-4)

"사람이 아내를 맞이하여 데려온 후에 그에게 수치 되는 일이 있음을 발견하고 그를 기뻐하지 아니하면 이혼 증서를 써서 그의 손에 주고 그를 자기 집에서 내보낼 것이요"(신 24:1).

엄밀한 의미에서 이 단락에 나오는 율법적인 규례는 한 가지다. 이혼 당한 아내가 재가한 후에, 그리고 재가한 남편에게 또 이혼을 당하거나 과부가 된 후에, 원래 남편에게로 다시 돌아가면 안 된다는 규례다. 처음 남편의 입장에서 볼 때 이미 몸을 더럽힌 여인이 되었기 때문이다. 나머지는 그 규례에 대한 부연 설명이다.

이혼의 사유로 등장하는 '수치 되는 일'은 불륜(不倫)이 아닐 것이다. 그랬더라면 벌써 돌에 맞아 죽었어야 한다. 그러면 무엇이 그토록 수치스러운 일일까. 나중에 어떤 율법학자들은 '수치스러운 일'을 '남편을 기쁘게 못하는 일'이라고 해석했다. 무엇인가 수치스럽다고 자의적(恣意的)으로 해석할 수 있는 권한이 전적으로 남편에게 있었다. 아내에게는 억울하고 불공평한 처사였다. 훗날 예수님께서 이 점을 바로잡아 주셨다. 마태복음 19장을 보면 예수님을 시험하기 위해 바리새인들이 까다로운 질문을 했다.

"사람이 어떤 이유가 있으면 그 아내를 버리는 것이 옳으니이까?"

"예수께서 대답하여 이르시되 사람을 지으신 이가 본래 그들을 남자와 여자로 지으시고 말씀하시기를 그러므로 사람이 그 부모를 떠나서 아내에게 합하여 그 둘이 한 몸이 될지니라 하신 것을 읽지 못하였느냐. 그런즉 이제 둘이 아니요 한 몸이니 그러므로 하나님이 짝지어 주신 것을 사람이 나누지 못할지니라."

"여짜오되 그러면 어찌하여 모세는 이혼 증서를 주어서 버리라 명하였나이까?"

"예수께서 이르시되 모세가 너희 마음의 완악함 때문에 아내 버림을 허락하였거니와 본래는 그렇지 아니하니라. 내가 너희에게 말하노니 누구든지 음행한 이유 외에 아내를 버리고 다른 데 장가드는 자는 간음함이니라."

우리는 이 책의 서두에서 '예수님은 율법의 마침이 되셨다'는 주제를 다루었다. 모세의 율법이 최종적인 것은 아니었다. 거기에는 인간의 연약함이 깃들어 있었다. 이혼의 문제가 그 좋은 예다. 예수님은 율법의 자구적(字句的) 해석에 얽매이지 않으셨다. 하나님의 원래 의도를 더 중하게 여기셨다. 하나님의 뜻은 한 남자와 한 여자가 한 몸이 되어 한 생애를 끝까지 동고동락하며 사는 것이었다. 그렇다면 예수님께서 말씀하신 '너희 마음의 완악함'은 신명기에서 모세가 말한 '수치 되는 일'을 보았다고 주장하는 남편들의 임의적 태도일 것이다. 오늘날 많은 이혼 사유들이 하나님 편에서 볼 때에 합당한 것들일까? 이기적이고 주관적인 판단은 아닐까?

예수님은 한 걸음 더 나아가서 '음행'마저도 죽여야 할 죄가 아니라고 하셨다. 간음하다 현장에서 잡힌 여자를 대하시는 예수님의 태도를 보라. 남편의 관용에 따라 얼마든지 용서받고 제2의 기회를 부여받을 수 있었다. 그럴 수 있다면, 그것은 깊은 사랑의 연못에서 피어나는 아름다운 꽃이 될 것이다. 나는 목회하면서 몇 차례 그런 꽃을 본 적이 있다. 하나님의 최종 판결은 죽임을 당하는 것이 아니다. 용서받고 새 삶을 사는 것이다. 그와 같은 율법의 본래 의도가 예수님의 십자가에서 다 이루어졌다.

다섯 가지 규례들(신 24:5-22)

이 부분은 크게 다섯 가지 규례들을 다루고 있다.

첫 번째 주제는 '행복한 가정'이다. 새로 장가 든 남자는 1년 동안 징집이 면제된다. 집에 편안하게 거하면서 아내와 함께 즐거운 시간을 보내야 한다. 그동안에 자식도 얻을 수 있을 것이다. 이 규례는 23장에 나오는 이혼의 규례와 균형을 이루고 있다. 하나님의 뜻은 불행한 가정이 아니고 행복한 가정이다. 행복한 가정은 자연히 이루어지지 않는다. 행복하기로 작정하는 쌍방, 혹은 일방적인 노력이 필요하다.

두 번째 주제는 '가난한 사람들을 어떻게 대우할 것인가'이다. 얼마나 가난했으면 맷돌 외에 전당 잡을 만한 물건이 없겠는가. 맷돌은 매일 곡식을 갈아서 빵을 만드는 중요한 생필품이다. 맷돌은 위짝이 없으면 제 기능을 할 수 없다. 그래서 가난한 집의 생명과 같은 맷돌 위짝을 전당물로 가져가지 말라는 말씀이다. 출애굽기에는 식기(食器)도 전당잡지 말라고 하셨다(출 22:26-27).

전당물에 대한 규례가 하나 더 있다. 남의 집에 가서 전당물을 취할 때에는 집에 들어가지 말고 밖에 서 있다가 집주인이 주는 것을 가져가야 한다. 아무리 가난해도 존중히 여김을 받아야 할 인격이 있다. 만일 그것이 가난한 사람의 겉옷이라면 해가 지기 전에 돌려주어야 한다. 겉옷 말고는 덮고 잘 만한 다른 것이 없기 때문이다. 이 정도면 기가 막힌 가난이다. 그날 밤, 가난한 사람이 겉옷을 덮고 자면서 축복하면 하나님께서 그 돌려준 사람에게 복을 내리시겠다고 하셨다. 그런데 돌이켜 보면, 겨우 그날 해질 무렵에 돌려줄 겉옷을 무엇에 쓰려고 전당물로 가져가는가? 아예 가난한 사람에게는 전당물도 잡지 말고 그냥 꾸어주라는 말씀이다.

가난한 일꾼의 품삯도 해가 지기 전에 반드시 주어야 한다. 일꾼을 부리는 사람이야 양식을 쌓아놓고 살겠지만 품꾼은 그날 벌어 그날 먹고 사는 사람들이기 때문이다. 그날의 품삯을 주지 않는 것은 가난한 사람에 대한 학대이며 하나님 앞에서 큰 죄가 된다.

> "곤궁하고 빈한한 품꾼은 너희 형제든지 네 땅 성문 안에 우거하는 객이든지 그를 학대하지 말며, 그 품삯을 당일에 주고 해 진 후까지 미루지 말라. 이는 그가 가난하므로 그 품삯을 간절히 바람이라. 그가 너를 여호와께 호소하지 않게 하라. 그렇지 않으면 그것이 네게 죄가 될 것임이라"(신 24:14-15).

세 번째 주제는 문둥병에 관한 대처 방법이다. 이런 치명적인 전염병들은 제사장의 지도 아래 온 공동체가 현명하게 다루어야 한다.

네 번째 주제는 '억울한 일을 당하는 자가 없게 하라'는 말씀이다.

"사람이 자기 형제 곧 이스라엘 자손 중 한 사람을 유인하여 종으로 삼거나 판 것이 발견되면 그 유인한 자를 죽일지니 이같이 하여 너희 중에서 악을 제할지니라"(신 24:7).

예나 지금이나 인신매매(human trafficking)는 하나님께서 가장 싫어하시는 죄 중의 하나다. 유괴당한 본인과 가정에 그보다 더 억울한 일이 없을 것이다. 그래서 살인죄처럼 처벌해야 한다. 2018년 통계로 미국 내에서만 10,949건의 인신매매 사건이 있었다. 세계적으로는 그보다 몇 십 배 더 많을 것이다.

"아버지는 그 자식들로 말미암아 죽임을 당하지 않을 것이요 자식들은 그 아버지로 말미암아 죽임을 당하지 않을 것이니 각 사람은 자기 죄로 말미암아 죽임을 당할 것이니라. 너는 객이나 고아의 송사를 억울하게 하지 말며 과부의 옷을 전당 잡지 말라"(신 24:16-17).

오래전에 걸핏하면 9족을 멸하는 끔찍한 형벌제도가 있었다. 거기에 비하면 지금으로부터 3천 4백여 년 전에 주어진 율법은 얼마나 공평한가? 누구나 자기의 잘못은 자기가 책임져야 한다. (성경에 그런 실례가 열왕기하 14:5-6에 기록되어 있다.) 연약한 사람을 억울하게 하지 말아야 한다. 하나님께서 그들과 동행하고 계신다. 듣지 않는다고 함부로 폄훼(貶毁)하지 말아야 한다. 하나님께서 곁에서 듣고 계신다. 욥에게 억울한 말을 쏟아 부었던 세 친구들은 하나님께로부터 큰 책망을 받았다. 혹시 내 주변에 나로 인하여 억울한 일을 당한 사람이 있는지 둘러보자. 있다면 그의 억울함을 풀어주자. 그것이 바로 이웃을 사랑하는 율법의 정신이다.

다섯 번째 주제는 '나그네와 과부와 고아들'을 위한 내용이다. 이 말씀을 조용히 소리 내어 읽어보자.

> "네가 밭에서 곡식을 벨 때에 그 한 뭇을 밭에 잊어버렸거든 다시 가서 가져오지 말고 나그네와 고아와 과부를 위하여 남겨두라. 그리하면 네 하나님 여호와께서 네 손으로 하는 모든 일에 복을 내리시리라. 네가 네 감람나무를 떤 후에 그 가지를 다시 살피지 말고 그 남은 것은 객과 고아와 과부를 위하여 남겨두며 네가 네 포도원의 포도를 딴 후에 그 남은 것을 다시 따지 말고 객과 고아와 과부를 위하여 남겨두라. 너는 애굽 땅에서 종 되었던 것을 기억하라. 이러므로 내가 네게 이 일을 행하라 명령하노라"(신 24:19-22).

이것은 '함께 나누어 먹는 지혜'다. 필요한 만큼만 가져가고 다른 사람들도 뒤이어 가져가게 하는 인자한 마음이다. 레위기 19장 10절에서는 포도를 일부러 남겨두라고 했다. 보아스는 모압에서 올라온 과부 룻을 위해 곡식단의 일부를 흘려 놓았다. 그날 룻은 한 에바(22리터)나 되는 이삭을 주웠다. 이처럼 인자한 보아스에게 하나님은 룻을 아내로 주셨고 그의 노년에 오벳이라는 아들을 얻게 해주셨다.

공정(公正)함에 대한 규례들(신 25:1-19)

1-3절은 재판의 공정함을 다루고 있다. 예나 지금이나 재판에서

가장 조심해야 할 점이 불공정(不公正)이다. 재판장이 충분히 살피지 못했거나 뇌물에 현혹되어 공정한 재판을 베풀지 못한다면 억울한 사람이 생겨난다. 하나님은 공정하신 분이다. 재판장은 하나님 앞에서 공정한 재판을 해야 한다. 악한 자가 형벌을 받아야 한다면 죄의 경중에 따라 40대까지 태형(笞刑)을 가할 수 있다. 태형은 널빤지 위에 엎드리게 하고 몽둥이로 볼기짝을 때리는 형벌이다. 40대를 넘게 때리면 위험하기도 하거니와 인격적인 모멸과 수치감을 주기 때문에 이를 금했다.

4절은 일하는 짐승에 대한 공정함을 다루고 있다.

"곡식 떠는 소에게 망을 씌우지 말지니라"(신 25:4).

오직 여기에만 나오는 규례다. 말 못하는 짐승에게 고된 일을 시키면서 밥도 주지 않는다면 그런 행위는 창조주 하나님 앞에서 매우 불공정한 행위다. 그래서 곡식을 떨면서 먹을 수 있도록 입에 망을 씌우지 말라고 하셨다. 넓은 의미로 해석하면 일꾼은 그가 일하는 만큼 보수를 받아야 한다는 말씀이다. 바울도 이 구절을 인용하여 사역자들이 필요한 만큼의 보수를 받아야 한다고 가르쳤다(고전 9:9-14).

5-10절은 형제 사이의 공정함에 대한 규례다. 만일 함께 사는 형제 중 하나가 결혼했다가 자식 없이 죽으면 남은 형제가 그 부인에게로 들어가서 아들을 낳게 하는 규례다. 그렇게 해서 낳은 아들은 죽은 형의 자식이 되고 형의 기업을 물려받는다. 소위 계대결혼

법(繼代結婚法)이다. 이 법을 지키지 않아서 유다의 두 아들은 죽임을 당했고, 이 법을 지킴으로 보아스는 룻을 통해 아비멜렉의 가문을 지켜주었다. 왜 이런 규례가 생겼을까? 그때에는 후사가 끊어지는 상태를 저주로 생각했고, 또 아들이 부모를 책임진다는 의식이 강했으며, 나아가서 조상의 기업을 이어받아야 했기 때문이다.

만일 살아 있는 형제가 이런 규례를 따르지 않는다면 죽은 형제의 아내가 그의 신을 벗기고 그에게 침을 뱉었다. 신발을 벗기는 행위는 '그가 형제의 의무를 이행하지 않았다'는 선언이다. 의무를 다하지 않는 형제는 침 뱉음을 당해야 마땅했다. 이런 형제는 가문에 먹칠을 한다고 생각했다. 오늘날에는 이런 법이 필요 없지만 당시에는 중요한 법이었다. 어떤 율법 조항들은 시대가 바뀌면서 이처럼 폐기처분(廢棄處分)되었다. 그러나 자식이 없는 형수의 노년을 돌보아주는 사랑의 법은 변치 않고 남아 있다.

11-12절에는 남자의 음낭(陰囊)을 잡은 여인에 대한 형벌 규례다. 이 법도 여기에만 나온다. 예를 들면 이런 경우이다. 두 남자가 싸우는데 한 남자의 아내가 (아마도 말리려고) 끼어들었다가 상대 남성의 성기를 잡았을 경우, 그 여인의 손을 자르라고 했다. 그 행위 이면에 음란함이 엿보였기 때문이다. 이 법이 말하는 공정성은 '목적이 수단을 정당화하지 못한다'(The end does not justify the means.)는 점이다. 이스라엘 백성들은 거룩함을 해치지 않도록 매사에 조심해야 했다. 훗날 율법 선생들은 벌금으로 그와 같은 형벌을 대신하게 했다.

13-16절은 공정한 거래에 대한 규례이다.

"너는 네 주머니에 두 종류의 저울추 곧 큰 것과 작은 것을 넣지 말 것이며 네 집에 두 종류의 되 곧 큰 것과 작은 것을 두지 말 것이요, 오직 온전하고 공정한 저울추를 두며 온전하고 공정한 되를 둘 것이라. 그리하면 네 하나님 여호와께서 네게 주시는 땅에서 네 날이 길리라"(신 25:13-15).

두 종류의 저울추는 상대방을 속이는 행위이다. 내가 물건을 구입할 때는 무거운 추를 사용하고 팔 때는 가벼운 추를 사용한다. 그러면 같은 돈으로 남의 것은 많이 가져오고 내 것은 적게 줄 수 있다. 곡식을 사고팔 때에도 두 종류의 되를 사용하면 안 된다. 그것은 대단히 불공정한 일이다. 사람은 속일 수 있지만 하나님은 속일 수 없다. 자기 잇속을 채우기 위하여 이웃을 속이는 악한 행위를 하나님께서 우상 숭배처럼 가증히 여기신다(신 25:16).

마지막으로 '아말렉을 공정하게 다루라'는 규례가 17-19절에 나온다.

"너희는 애굽에서 나오는 길에 아말렉이 네게 행한 일을 기억하라…너는 천하에서 아말렉에 대한 기억을 지워버리라. 너는 잊지 말지니라"(신 25:17, 19).

르비딤에서 있었던 일을 두고 하신 말씀이다. 하나님께서 반석을 터트려 물을 마시게 하신 직후에 아말렉이 이스라엘의 후방을 쳐들어왔다. 그들은 영적으로 보면 하나님의 뜻을 대적하는 사탄의 세력이었다. 이스라엘을 구원하시고 그의 계명을 주시며 훗날 그 민족에서 예수님이 태어나실 것을 방해하는 악한 세력이었다. 그들은 집요하게 이스라엘을 괴롭혔다(삿 3:13). 앞으로 약속의 땅을 다 점령한 후에는 반드시 아말렉에게 하나님의 공정하심을 보여야 한다. 그리하여 아말렉이 이스라엘에 남긴 흔적(trauma)을 지워버리라고 명령하셨다. 성경을 보면 훗날 시므온 지파가 일어나서 남은 아말렉 사람들을 다 쳤다는 기록이 있다(대상 4:43). 이 명령도 일회성(一回性) 규례이다.

감사에 대한 규례들(신 26:1-15)

두 종류의 감사제사에 대한 규례가 있다.

첫째로, 가나안 땅에 들어가서 거둔 첫 곡식을 가지고 하나님께서 택하신 곳에 올라가서 드리는 제사이다. 그 '택하신 곳'은 어디일까? 여호수아는 벧엘에서 직경으로 12마일 정도 북쪽에 있는 에브라임의 한 성읍 실로(Shiloh)에 성막을 세웠다(수 18:1). 실로는 다윗이 언약궤를 예루살렘으로 옮겨올 때까지 396년 동안 하나님께서 그 이름을 두신 곳이다. 이스라엘 백성들은 약속의 땅에서 거둔 첫 소산을 광주리에 담아 가지고 실로에 올라갔다. 그리고 제사장 앞에서 이렇게 고백했다.

> "내가 오늘 당신의 하나님 여호와께 아뢰나이다 내가 여호와께서 우리에게 주시겠다고 우리 조상들에게 맹세하신 땅에 이르렀나이다"(신 26:3).

제사장이 그 광주리를 받아 여호와의 제단 앞에 놓으면 백성들은 이렇게 하나님께 감사드렸다.

> "내 조상은 방랑하는 아람 사람으로서 애굽에 내려가 거기에서 소수로 거류하였더니 거기에서 크고 강하고 번성한 민족이 되었는데 애굽 사람이 우리를 학대하며 우리를 괴롭히며 우리에게 중노동을 시키므로 우리가 우리 조상의 하나님 여호와께 부르짖었더니 여호와께서 우리 음성을 들으시고 우리의 고통과 신고와 압제를 보시고 여호와께서 강한 손과 편 팔과 큰 위엄(두려움)과 이적과 기사로 우리를 애굽에서 인도하여 내시고 이곳으로 인도하사 이 땅 곧 젖과 꿀이 흐르는 땅을 주셨나이다. 여호와여 이제 내가 주께서 내게 주신 토지소산의 맏물을 가져왔나이다"(신 26:5-10).

왜 모세는 백성들로 하여금 과거를 회상하며 감사드리라고 했을까? 백성들의 고백을 주의 깊게 살펴보면 그중에서 한 가닥 중요한 흐름을 발견할 수 있다. 그것은 땅에 대한 이야기다.

여기에서 그들의 조상은 야곱을 가리킨다. 왜 그를 '아람 사람'이라고 불렀을까? 그의 어머니 리브가가 아람 사람 브두엘의 딸이었고(창 25:20), 그 자신이 아람 사람이었던 외삼촌 라반의 딸들과 결혼했다(창 28:2). 그리고 아람 땅에서 20년 동안 살았다. 그러나 그것이 전부였을까? 야곱의 할아버지였던 아브라함도 하란에서 살지 않았던가? 히브리서 기자는 아브라함에 대하여 이렇게 기록했다.

> "믿음으로 아브라함은 부르심을 받았을 때에 순종하여 장래의

유업으로 받을 땅에 나아갈새 갈 바를 알지 못하고 나아갔으며" (히 11:8).

아브라함도 이삭도 야곱도 사실은 모두 '방랑하는 아람 사람'들이었다. 이 표현은 그들에게 머물 땅이 없었다는 뜻이다. 그런데 그 조상 야곱이 130세에 소수의 가족을 데리고 애굽으로 내려갔다. 그리고 요셉이 준비해둔 고센 땅에서 살았다. 물론 그 땅도 빌려서 살고 있는 땅이었다. 백성의 숫자는 2백여만 명에 이르렀지만 그들은 여전히 '방랑하는 아람 사람'의 후손으로 남의 땅에 얹혀살고 있었다.

고센 땅에서 살던 4백여 년이 끝나갈 무렵, 그들이 당한 수모와 학대는 말로 다 할 수가 없었다. 모세는 '고통과 신고와 압제'라는 세 단어로 그들이 받은 수난을 압축했다. 고통은 육체적 고통이고, 신고(辛苦)는 정신적 고통이며, 압제는 사회적 고통을 뜻했다. 그런데 하나님께서 야곱이 데리고 내려간 소수의 가족을 큰 민족으로 만들어주셨다. 그리고 '강한 손과 편 팔과 큰 위엄(두려움)과 이적과 기사'로 이스라엘 백성들을 애굽에서 인도하여 내시고 조상들에게 약속하셨던 '젖과 꿀이 흐르는 땅'으로 인도해 주셨다. 그냥 주신 것이 아니다. 이스라엘 모든 백성들이 자기 땅으로 소유하게 해주셨다. 백성들에게 자기 땅이 생겼다. 그리고 그 땅에서 난 첫 곡식을 광주리에 담아가지고 실로에 올라왔다. 얼마나 감격스럽고 감사한가? 그중에 눈물을 흘리지 않는 사람은 하나도 없었으리라.

이스라엘 백성들은 그 광주리를 하나님의 성소에 드린 후에 레위인과 거류하는 객들과 함께 즐겁게 먹었다. 얼마나 아름다운 장면인가. 그날 규례를 가르치는 모세의 눈에도 눈물이 고였을 것이다.

둘째로, 3년째의 십일조와 함께 드리는 감사제사가 있었다. 이 제사는 각자가 사는 성읍에서 드렸다. 레위인들과 객과 과부와 고아들에게 십일조의 곡식을 배부르게 나누어 주며 하나님께 감사드렸다. 이때의 감사기도는 처음 드리는 감사기도와 내용이 조금 달랐다.

> "내가 성물을 내 집에서 내어 레위인과 객과 고아와 과부에게 주기를 주께서 내게 명령하신 명령대로 하였사오니 내가 주의 명령을 범하지도 아니하였고 잊지도 아니하였나이다. 내가 애곡하는 날에 이 성물을 먹지 아니하였고 부정한 몸으로 이를 떼어두지 아니하였고 죽은 자를 위하여 이를 쓰지 아니하였고 내 하나님 여호와의 말씀을 청종하여 주께서 내게 명령하신 대로 다 행하였사오니 원하건대 주의 거룩한 처소 하늘에서 보시고 주의 백성 이스라엘에게 복을 주시며 우리 조상들에게 맹세하여 우리에게 주신 젖과 꿀이 흐르는 땅에 복을 내리소서"(신 26:13-15).

어려운 사람들에게 곡식을 나누어줄 수 있을 만큼 축복을 받았다. 그래서 감사드렸다. 오늘날의 표현을 빌리자면 '하나님 말씀대로 살고 복 받게 해주셔서 감사합니다'라는 뜻이다. '애곡하는 날'과 '부정한 몸'과 '죽은 자를 위하여'는 모두 우상 숭배와 관련된 표현이다. 바알을 숭배하는 자들은 사람이 죽으면 자기 몸에 피를 내면서 슬퍼했다(신 14:1). 그때에 '이 성물을 먹지 아니하였고'라는 표현은 '우리가 우상에게 이런 제물을 바치지 않았다'는 뜻이다. 그들로 하여금 순전하고 거룩한 삶을 살게 해주신 하나님께 드린 감사예물이었다. 그들은 '젖과 꿀이 흐르는 땅'과 그곳에서 살아갈 자손들을 대대로 축복해 주시라고 간절히 기도했다.

약속의 선포(신 26:16-19)

모세가 선포하고 가르친 규례는 단순한 절차가 아니다. 그렇게 살아야 할 이유와 과정과 결과를 망라한 삶의 총체적인 삶의 방식이었다. 백성들은 이 규례들을 마음과 뜻을 다하여 지켜야 했다. 17절과 18절은 하나님과 그의 백성들이 거룩한 약속을 맺는 하나의 의식(儀式)이었다.

"네가 오늘 여호와를 네 하나님으로 인정하고 또 그 도를 행하고 그의 규례와 명령과 법도를 지키며 그의 소리를 들으라. 여호와께서도 네게 말씀하신 대로 오늘 너를 그의 보배로운 백성이 되게 하시고 그의 모든 명령을 지키라 확언하셨느니라."

'확언'(確言, declaration)은 나라와 나라 사이에 조약을 맺고 맹세를 선포하는 의식이다. 이 단어가 두 번 나온다. 하나는 백성들의 확언이고 다른 하나는 하나님의 확언이다. 백성들은 '여호와를 그들의 하나님으로 인정하고 그의 말씀을 따라 살며 항상 그의 음성을 듣겠다'고 맹세한다. 그러면 하나님께서 '오늘 너를 나의 보배로운 백성이 되게 하고 그의 명령을 지키게 하겠다'고 맹세하신다. 언약은 이 두 가지 확언으로 완성된다. 하나님과 언약을 맺은 백성은 어떤 축복을 받게 될까?

> "그런즉 여호와께서 너를 그 지으신 모든 민족 위에 뛰어나게 하사 찬송과 명예와 영광을 삼으시고 그가 말씀하신 대로 너를 네 하나님 여호와의 성민이 되게 하시리라"(신 26:19).

하나님과 맺은 언약 아래 살면, 세 가지의 축복이 임한다. 첫째로, 그들로 모든 민족 위에 뛰어난 민족이 되게 하신다. 둘째로, 그들로 하나님의 찬송과 명예와 영광을 삼으신다. 셋째로, 그들로 하나님의 거룩한 백성이 되게 하신다. 이 세 가지 축복 외에 또 무슨 축복이 필요한가.

제3장

모세의 세 번째 설교, '축복과 저주의 선포'

(신 27:1-29:1)

1. 언약의 갱신

:: 신 27:1-10 ::

지금까지는 모세 혼자서 말했다. 그러나 이제 모세와 장로들이 함께 백성들에게 말한다. 앞으로 며칠 후면 모세가 이 세상을 떠나 하나님의 나라로 가게 될 것이다. 앞으로는 장로들과 제사장들이 백성들을 가르치고 지도해야 한다.

모세는 요단 강을 건너가서 해야 할 중요한 두 가지 일을 명했다.

"너희가 요단을 건너 네 하나님 여호와께서 네게 주시는 땅에 들어가는 날에 큰 돌들을 세우고 석회를 바르라. 요단을 건넌 후에 이 율법의 모든 말씀을 그 위에 기록하라. 그리하면 네 하나님 여호와께서 네게 주시는 땅 곧 젖과 꿀이 흐르는 땅에 네

> 가 들어가기를 네 조상들의 하나님 여호와께서 네게 말씀하신 내로 하리라. 너희가 요단을 건너거든 내가 오늘 너희에게 명령하는 이 돌들을 에발 산에 세우고 그 위에 석회를 바를 것이며 또 거기서 네 하나님 여호와를 위하여 제단 곧 돌단을 쌓되 그것에 쇠 연장을 대지 말지니라"(신 27:2-5).

첫째로, 큰 돌들 위에 하얀 회(灰)를 바르고 그 위에 율법의 규례들을 기록하여 사람들로 하여금 항상 볼 수 있게 했다. 큰 돌들을 에발 산 위에 세우고 하나님께서 그 땅을 다스리신다는 상징을 삼았다. 에발 산은 세겜(지금의 Nablus)의 동쪽에 있고 그리심 산은 서쪽에 있다. 그 두 산 사이에는 야곱의 우물과 동서의 교역로(交易路)가 있었다. 세겜은 아브라함이 가나안 땅에 들어와 처음으로 제단을 쌓았던 곳이다. 이곳에 율법을 기록한 돌비를 세움으로 하나님께서 아브라함에게 주셨던 약속이 성취되었음을 온 천하에 선포하실 것이다.

둘째로, 에발 산 위에 제단을 쌓고 번제와 화목제를 드리게 했다. 제단의 돌은 다듬지 않은 자연석을 사용했다. 철 연장을 사용하여 정교하고 거대하게 쌓았던 가나안 원주민의 제단과 차별하기 위해서였을 것이다. 번제가 제물을 완전히 태워 드리는 제사였다면, 화목제는 짐승의 기름만 드리고 고기는 제사장들과 백성들이 즐겁게 먹는 제사다. 모세와 장로들의 말이 끝나자 제사장들이 큰 소리로 외쳤다.

> "이스라엘아 잠잠하여 들으라. 오늘 네가 네 하나님 여호와의

백성이 되었으니 그런즉 네 하나님 여호와의 말씀을 청종하여 내가 오늘 네게 명령하는 그 명령과 규례를 행할지니라"(신 27:9-10).

2. 에발 산에서 선포한 저주

:: 신 27:11–26 ::

에발 산에서 저주를 선포했기 때문일까? 그리심 산에는 많은 유적지들이 있지만 에발산은 그저 평범하다. 모세는 그리심 산자락에 여섯 지파(시므온, 레위, 유다, 잇사갈, 요셉과 베냐민)를 세우고 에발 산자락에 다른 여섯 지파(르우벤, 갓, 아셀, 스불론, 단, 납달리)를 세우라고 했다. (여기는 요셉이 들어가고 그의 두 아들 므낫세와 에브라임의 이름이 빠졌다.) 그리고 레위 사람은 큰 소리로 모든 사람에게 저주에 관한 율법을 외쳤다. 그러면 백성들은 '아멘'으로 응답했다. 그 말씀에 동의한다는 뜻이다.

그런데 한 가지 질문이 있다. 왜 저주만 있고 축복은 없을까? 실제로 이 행사가 진행되었던 여호수아 8장을 보면 이 질문에 대한 해답이 나온다.

"온 이스라엘과 그 장로들과 관리들과 재판장들과 본토인뿐 아니라 이방인까지 여호와의 언약궤를 멘 레위 사람 제사장들 앞에서 궤의 좌우에 서되 절반은 그리심 산 앞에, 절반은 에발 산 앞에 섰으니 이는 전에 여호와의 종 모세가 이스라엘 백성에게 축복하라고 명령한 대로 함이라. 그 후에 여호수아가 율법책에 기록된 모든 것대로 축복과 저주하는 율법의 모든 말씀을 낭독하였으니 모세가 명령한 것은 여호수아가 이스라엘 온 회중과 여자들과 아이와 그들 중에 동행하는 거류민들 앞에서 낭독하지 아니한 말이 하나도 없었더라"(수 8:33-35).

모세가 언급하지 않는 언약궤가 여기에 나온다. 이런 그림을 그려 볼 수 있다. 모든 백성들이 여섯 지파씩 에발 산과 그리심 산 앞에 나누어 서고 그 두 산 사이에 레위인들이 언약궤를 메고 서 있다. 그때 여호수아가 모든 축복과 저주에 관한 율법을 낭독한다. 여호수아가 축복이나 저주의 항목을 하나씩 말하면 수십 명의 제사장들이 자기가 선 편을 향하여 외치고, 다시 수백 명의 레위인들이 그 말을 함께 복창하며, 나중에는 수천 명의 레위인들이 그 말을 한 번 더 큰 소리로 복창한다. 그러면 산자락에 서 있는 수십만 명이 그 말에 '아멘'으로 응답한다. 나팔 소리처럼 그리심 산과 에발 산을 향해 율법의 말씀이 퍼져 올라가고 나중에는 메아리처럼 거대한 함성이 '아멘'으로 되돌아온다. 눈앞에 한 폭의 그림이 그려지는가? 율법 중에 낭독하지 않은 것이 하나도 없었다고 하니 그날 내내 그 계곡에 아멘 소리가 울려 퍼졌을 것이다. 그것은 온 이스라엘이 하나님 앞에서 다시 한 번 언약을 새롭게 하는 엄숙한 의식이었다.

이제 신명기에 기록된 열두 가지의 저주들을 살펴보자.

첫째로, 우상을 만드는 자는 저주를 받을 것이다.

"장색의 손으로 조각하였거나 부어 만든 우상은 여호와께 가증하니 그것을 만들어 은밀히 세우는 자는 저주를 받을 것이라 할 것이요 모든 백성은 응답하여 말하되 아멘 할지니라"(신 27:15).

우상은 사람들이 나무를 조각하거나 철물을 부어 만든 신의 형상이다. 어떻게 사람이 하나님을 만들 수 있겠는가. 아무리 작은 우상을 지니고 있어도 하나님은 아신다. 그래서 저주가 임할 것이다.

둘째로, 부모를 경홀히 여기는 자는 저주를 받을 것이다.

셋째로, 이웃의 땅의 경계표를 옮기는 자는 저주를 받을 것이다.

넷째로, 맹인에게 길을 잃게 하는 자는 저주를 받을 것이다.

다섯째로, 객이나 고아나 과부의 송사(訟事)를 억울하게 하는 자는 저주를 받을 것이다.

여섯째로, 아버지의 아내와 동침(同寢)하는 자는 저주를 받을 것이다.

일곱째로, 짐승과 교합하는 자는 저주를 받을 것이다.

여덟째로, 아버지나 어머니의 딸과 동침하는 자는 저주를 받을 것이다.

아홉째로, 장모와 동침하는 자는 저주를 받을 것이다.

열째로, 이웃을 암살(暗殺)하는 자는 저주를 받을 것이다.

열한째로, 무죄한 자를 죽이려고 뇌물을 받는 자는 저주를 받을 것이다.

열두째로, 이 율법을 실행하지 않는 자는 저주를 받을 것이다.

대부분의 항목들은 십계명과 관계가 있다. 그런데 맹인에게 길을 잃게 하지 말라는 항목이 특별하다. 그것은 이웃에게 행할 수 있는 대표적인 악이다. 재판에 대한 항목은 하나인데, 부정한 성생활에 대한 항목은 넷이나 된다. 그때 가나안 사람들이 그런 삶을 살고 있었다. '아버지의 딸'과 '어머니의 딸'은 양부모 중에 한 부모와 연결된 누이를 가리킨다. 장모는 아내의 어머니이자 '나의 어머니'다.

마지막으로 살인에 대한 규례가 두 번 나오고 모든 율법을 다 지키겠다는 맹세로 끝을 맺는다. 음식에 대한 율법은 한 가지도 없다. 왜 모세는 그 많은 율법들 중에서 (율법학자들에 의하면 613가지나 된다) 열두 가지만 언급했을까. 젖과 꿀이 흐르는 땅에서 살아가는 데 가장 중요한 규례들이었기 때문이다.

3. 축복과 저주

:: 신 28:1-29:1 ::

28장은 신명기에서 가장 많은 절수를 가지고 있다(68절). 이 긴 장은 두 개의 조건절에 의해 축복(1-14절)과 저주(15-68절)로 나누어진다.

1) 순종함으로 받는 축복(신 28:1-14)

"네가 네 하나님 여호와의 말씀을 삼가 듣고 내가 오늘 네게 명령하는 그의 모든 명령을 지켜 행하면 네 하나님 여호와께서 너를 세계 모든 민족 위에 뛰어나게 하실 것이라"(신 28:1).

만일 이스라엘 백성들이 하나님의 말씀을 경청하고 지켜 행하면 모든 민족들 위에 뛰어난 민족이 될 것이다. 축복은 하나님께서 베푸시는 은혜다. 말씀을 듣고 순종하면 축복은 하나님께로부터 내려온다.

"성읍에서도 복을 받고 들에서도 복을 받을 것이며, 네 몸의 자녀와 네 토지의 소산과 네 짐승의 새끼와 소와 양의 새끼가 복을 받을 것이며, 네 광주리와 떡 반죽 그릇이 복을 받을 것이며, 네가 들어와도 복을 받고 나가도 복을 받을 것이니라"(신 28:3-6).

축복을 받은 사람 앞에서 적군이 혼비백산하여 도망갈 것이다. 창고에 곡식이 가득 쌓이고, 손으로 하는 모든 일들이 잘되며, 주신 땅에서 평안히 살게 된다. 온 이스라엘 백성들로 하나님의 거룩한 백성이 되게 하시고, 자손들을 축복하시며, 가축이 새끼들을 순산하고, 밭의 소산은 풍성하게 된다. 시절을 좇아 비를 내려주신다. 다른 민족들에게 꾸어주되 꾸지 않는 나라가 된다. 머리가 되게 하시고 꼬리가 되게 하지 않으시며, 위에 있고 아래에 있지 않게 하신다. 얼마나 좋은 말씀들인가. 그런데 사람들은 이 축복의 앞뒤에 있는 조건에는 관심을 두지 않는다. 그래서 축복을 받지 못한다.

"내가 오늘 너희에게 명령하는 그 말씀을 떠나 좌로나 우로나 치우치지 아니하고 다른 신을 따라 섬기지 아니하면 이와 같으리라"(신 28:14).

하나님의 말씀에 순종하는 사람은 하나님의 살아 계심을 믿는다. '하나님은 그를 찾는 자에게 상주시는 이심'도 믿는다. 그는 하나님의 축복하심을 의심하지 않는다. 그래서 매일매일 하나님께 순종해야 할 일이 무엇인지 찾아본다. 그 길에 축복받는 비결이 있기 때문이다.

2) 순종하지 않는 자가 받는 저주(신 28:15-29:1)

여기에도 조건절이 있다. 15절 말씀이다.

> "네가 만일 네 하나님 여호와의 말씀을 순종하지 아니하여 내가 오늘 네게 명령하는 그의 모든 명령과 규례를 지켜 행하지 아니하면 이 모든 저주가 네게 임하며 네게 이를 것이니."

순종함으로 받는 축복이 감당할 수 없는 축복이라면, 불순종함으로 받는 저주는 피할 수 없는 저주다.

> "네가 성읍에서도 저주를 받으며 들에서도 저주를 받을 것이요, 또 네 광주리와 떡 반죽 그릇이 저주를 받을 것이요, 네 몸의 소생과 네 토지의 소산과 네 소와 양의 새끼가 저주를 받을 것이며, 네가 들어와도 저주를 받고 나가도 저주를 받으리라"(신 28:16-19).

나머지 구절들은 이 말씀을 구체적으로 풀어놓은 내용이다. 저주의 내용이 너무 끔찍해서 상상할 수도 없다. 아마 대부분의 사람들은 이 구절들을 읽고 싶지 않을 것이다. 그래도 마음을 단단히 먹고 한 번 살펴보자. 길고도 상세하게 기록된 저주들은 크게 여섯 묶음으로 나누어진다.

첫째로, 전염병과 자연재해로 인하여 파멸에 이르는 저주다(20-24절). 이스라엘 백성들이 하나님을 잊어버리고 우상을 숭배할 때에 저주와 혼란과 책망이 임하여 속히 파멸될 것이다. 사람들은 전염병들로 인하여 쓰러진다. 들판의 곡식들은 추위에 얼어붙고 바람에 넘어지며 그나마 남은 것은 썩어간다. 가뭄으로 하늘과 땅은 불에 달군 무쇠 솥이 되고 온 땅은 모래바람으로 뒤덮일 것이다.

둘째로, 전쟁에 패하여 죽거나 도망가는 저주다(25-26절). 전사자들의 시체는 새와 짐승의 밥이 되고 겨우 살아남은 자들은 일곱 길로 도망가서 다른 나라에 흩어져 살게 될 것이다.

셋째로, 계속되는 각종 질병과 재난으로 정신적 파멸에 이르는 저주다(27-35절). 애굽 백성들에게 임했던 똑같은 질병들이 임하는데 치유 받을 길이 없다. 사람들은 공황상태에 빠지고 대낮에도 길을 더듬는다. 사방에서 노략꾼들이 몰려오지만 도와줄 사람 하나 없다. 약혼자는 납치당하고 방금 지은 새 집에는 다른 민족이 들어와서 살고 있다. 포도원의 열매와 잡아 놓은 소도 다 그들이 먹어치우고 남은 것이 없다. 두 눈 뜬 채 나귀와 양을 빼앗아가지만 "왜 내 것을 가져가느냐" 하고 불평 한마디 못한다. 잡혀간 어린 자식들을 찾느라 종일 헤매고 다녀도 헛수고다. 수고해서 거둔 곡식들은 다른 사람들이 먹고, 남은 것은 압제와 학대뿐이다. 온몸에는 종기가 나고 성한 곳이 없다. 사람들은 너나할 것 없이 서서히 미쳐간다.

넷째로, 백성들이 포로로 잡혀가는 저주다(36-46절). 알지 못한 먼

나라로 잡혀간 왕과 귀족들이 그곳 사람들의 조롱거리가 되고 그들의 신을 섬기게 될 것이다. 남은 백성들은 농사를 짓지만 소출이 적고, 그나마 벌레와 메뚜기 떼가 먹으며, 나무 열매들은 익기도 전에 땅에 떨어진다. 땅도 저주를 받았다. 젊은이들은 포로로 잡혀가고 노인들만 남을 것이며 성내에는 이방인들이 주류를 이룰 것이다. 오늘 먹을 양식을 꾸러 다녀야 하고 머리가 아닌 꼬리의 삶을 살게 될 것이다. 왜 이런 저주들이 꼬리를 물고 다가오는가? 모세는 다시 한 번 더 그 원인을 들려주었다.

"네가 네 하나님 여호와의 말씀을 청종하지 아니하고 네게 명령하신 그의 명령과 규례를 지키지 아니하므로 이 모든 저주가 네게 와서 너를 따르고 네게 이르러 마침내 너를 멸하리니 이 모든 저주가 너와 네 자손에게 영원히 있어서 표징과 훈계가 되리라" (신 28:45-46).

다섯째로, 성이 함락되는 저주다(47-57절). 점령당한 백성들의 목에 철 멍에가 씌워진다. 종살이가 시작된다. 자유도 없고 사유재산도 없다. 하나님을 떠난 이스라엘을 치기 위해 저 멀리로부터 강한 군대가 독수리처럼 날아온다. (훗날 바벨론 군대가 그렇게 날아와서 예루살렘 성을 함락시켰다.) 그들은 노인도 아이들도 불쌍히 여기지 않는다. 닥치는 대로 죽이고 약탈한다. 성 안에 갇힌 사람들은 먹을 것이 없어서 결국에는 자기 자식을 잡아먹게 된다. (실제로 이런 일이 열왕기하 6장에 기록되어 있다.) 서로를 쳐다보는 눈에 살기(殺氣)가 흐른다. 요즘 말로 하면 좀비(zombie)들이 사는 곳으로 변한다. 끔찍해서 상상하기도 싫은 장면이다.

여섯째로, 다시 한 번 그 모든 저주들을 요약한다(58-68절).

> "네가 만일 이 책에 기록한 이 율법의 모든 말씀을 지켜 행하지 아니하고 네 하나님 여호와라 하는 영화롭고 두려운 이름을 경외하지 아니하면 여호와께서 네 재앙과 네 자손의 재앙을 극렬하게 하시리니 그 재앙이 크고 오래고 그 질병이 중하고 오랠 것이라"(신 28:58-59).

그래도 이스라엘 백성들이 회개하지 않으면 그 모든 저주와 재앙들이 오래 계속되어 마침내 멸망에 이르게 될 것이다. 역병은 떠나지 아니하고, 하늘의 별같이 많던 백성들은 소수로 전락하며, 잡혀간 땅에서도 뿔뿔이 흩어지고 마침내 잊힐 것이다. 토착민들의 우상을 숭배하지만 아무 효험도 없다. 수고해도 얻은 것이 없고 안식도 없으며 정신적으로 깊은 혼란에 빠진다. 살아도 사는 것이 아니다. 마음에는 분노의 불길이 꺼지지 않는다. 배가 고파서 종살이라도 찾아보지만 그나마 몸뚱이 하나 사 줄 사람이 없다.

저주의 내용들이 너무 끔찍해서 요약하기도 힘들다. 한결같이 이스라엘이 하나님의 보호하심을 벗어났을 때에 찾아오는 저주들이다. 하나님께서 그들을 떠나시는 순간 각종 저주들이 그들에게 다가온다. 왜 하나님께서 이스라엘을 떠나시는가? 그들이 우상을 숭배하면서 하나님을 떠났기 때문이다. 자승자박(自繩自縛)이다. 하나님을 원망할 일이 아니다.

왜 이스라엘 백성들은 그토록 넘치는 하나님의 축복을 받았음에도 불구하고 우상을 숭배할까? 하나님의 말씀에서 떠났기 때문이다. 하나님의 말씀을 그들의 입에서 떠나게 하지 말라고 하셨는데 그 말씀을 잊어버렸다. 묵상하지 않았다. 하나님의 말씀을 들어본 적이 없으니 자기들 소견에 좋은 대로 살았다. 그러자 처참한 결과가 다가왔다. 성경에서 그 예를 찾아보자.

사울은 주전 1050년에 이스라엘의 초대 왕이 되어 40년을 다스렸다(행 13:21). 다윗이 주전 1010년에 뒤를 이어 40년을 다스렸다. 그의 아들 솔로몬은 주전 970년에 왕이 되어 40년을 다스렸다. 그는 7년 동안 성전을 지어 하나님께 봉헌했다. 그 후 어느 시점부터 이방 여인들을 아내로 맞이했는데 후궁이 7백이요 첩이 3백이었다. 이들은 각자 자기의 신상을 가지고 와서 섬겼다. 시돈 사람의 여신 아스다롯, 암몬 사람의 밀곰과 몰렉, 모압의 가증한 그모스 같은 신들이 주를 이루었다. 그로 인하여 하나님의 심판이 임하였고 그의 아들 르호보암 때는 나라가 남북으로 갈라졌다.

다윗의 후손들은 남왕국을 다스렸고, 남은 열 지파는 북왕국 이스라엘을 이루었다. 두 나라 모두 언제부터인가 하나님의 율법이 사라지고 우상 숭배가 만연했다. 남왕국 유다에서 요아스와 히스기야 같은 왕들이 하나님께로 돌아가는 개혁운동을 일으켰지만 다음 세대가 오면 신속히 이전 상태로 돌아갔다. 그러다가 주전 640년, 8세에 왕위에 오른 요시야 왕 18년(주전 622년)에 성전에서 율법책을 발견했다. 솔로몬이 죽은 지 318년이 지나서였다. 요시야 왕은 선지자들에게 사람을 보내어 하나님께 묻게 했다.

"너희는 가서 나와 백성과 온 유다를 위하여 이 발견한 책의 말씀에 대하여 여호와께 물으라. 우리 조상들이 이 책의 말씀을 듣지 아니하며 이 책에 우리를 위하여 기록된 모든 것을 행하지 아니하였으므로 여호와께서 우리에게 내리신 진노가 크도다" (왕하 22:13).

얼마 후에 선지자 훌다가 하나님의 말씀을 전해왔다.

"여호와의 말씀이 내가 이곳과 그 주민에게 재앙을 내리되 곧 유다 왕이 읽은 책의 모든 말대로 하리니 이는 이 백성이 나를 버리고 다른 신에게 분향하며 그들의 손의 모든 행위로 나를 격노하게 하였음이라. 그러므로 내가 이 곳을 향하여 내린 진노가 꺼지지 아니하리라 하라 하셨느니라"(왕하 22:16-17).

그 말을 듣고 요시야 왕은 옷을 찢고 하나님 앞에 회개하며 기도했다. 다시 훌다 선지자에게 하나님의 말씀이 임했다. 왕에게 주신 말씀이었다.

"내가 이곳과 그 주민에게 대하여 빈 터가 되고 저주가 되리라 한 말을 네가 듣고 마음이 부드러워져서 여호와 앞 곧 내 앞에서 겸비하여 옷을 찢고 통곡하였으므로 나도 네 말을 들었노라. 여호와가 말하였느니라. 그러므로 보라 내가 너로 너의 조상들에게 돌아가서 평안히 묘실로 들어가게 하리니 내가 이곳에 내리는 모든 재앙을 네 눈이 보지 못하리라 하셨느니라"(왕하 22:19-20).

요시야 왕은 철저한 회개 운동을 전개했다. 유다 성읍들에 있는 모든 우상들을 불태웠다. 그 중에는 3백여 년 전에 솔로몬이 그모스와 밀곰을 위해 세운 산당도 있었다. 요시야 왕은 성전 안에 세워두었던 아세라와 바알 우상들을 제거하고 정결케 했다. 더 끔찍한 이야기도 나온다. 성전 안에서 여인들이 아세라 우상을 위해 휘장을 짜던 집을 헐어냈는데 그 집에는 남창(男娼, male prostitute)들이 살고 있었다. 기가 막힌 일이다.

요시야는 온 유다를 정결하게 한 후에 율법책에 기록된 대로 유월절을 지켰다. 성경은 그같이 온 백성들이 온전하게 유월절을 지킨 적은 요시야 왕의 이전에도 없었고 이후에도 없었다고 기록하고 있다. 그러면 이 대대적인 종교혁명이 얼마나 오래갔을까. 종교개혁을 일으킨 지 16년 후, 그러니까 요시야 왕이 죽은 지 3년 후인 주전 606년에 예루살렘은 바벨론의 1차 침략을 받았고, 586년 3차 공격 때에는 완전히 함락되었다. 솔로몬의 성전은 불에 타서 재가 되고 예루살렘 성벽은 무너져 돌 위에 돌 하나도 남지 않았다. 요시야 왕 이후 23년 동안에 네 사람의 왕들이 명멸(明滅)하듯이 암살당하거나 포로로 잡혀갔다. 왜 요시야의 종교혁명이 오래가지 못했을까? 지도자들과 백성들이 또다시 율법책을 멀리했기 때문이다.

예레미야 33장에 이런 이야기가 기록되어 있다. 요시야 왕의 아들 여호아하스는 왕이 된 지 3개월 만에 애굽으로 사로잡혀가고 그의 형 여호야김이 왕위를 물려받았다. 그로부터 3년 후, 예루살렘은 바벨론 군대들에게 1차 침략을 당하고 조공을 바치기 시작했다. 나라의 운명이 풍전등화 같았다. 그런데 왕과 백성들은 다시 하나님을 떠났다. 예레미야는 비서(秘書) 바룩으로 하여금 그동안 하나님께서 주신 예언의 말씀들을 두루마리에 기록하게 했다. 그리고 왕의 대신들에게 보내어 읽게 했다. 여호야김 왕 5년째에 있었던 일이다. 대신들은 두려워 떨며 왕에게 그 두루마리를 가져갔다. 겨울 궁전에 앉아 있던 여호야김은 여후디라는 신하가 그 두루마리를 읽으면 서너 쪽씩 칼로 베어서 화롯불에 던져버렸다. 그렇게 해서 모든 두루마리를 다 불로 태웠다. 왕과 백성들이 이처럼 하나님의 말씀을 멸시했다. 말씀이 멀어지면 하나님도 멀어지는 법이다. 결국 여호야김은 6년을 더 버티다가 바벨론에 포로로 잡혀갔다.

심판의 주체는 하나님이시다. 저주를 물리치시고 그들을 구원하실 분도 하나님이시다. 이스라엘이 회개하고 하나님께 돌아오면 즉시 회복시켜 주실 것이다. 하나님의 소원은 그의 백성들이 저주 가운데 사는 것이 아니다. 그것은 하나님의 본심이 아니다. 신명기 28장에 기록된 모든 저주가 예레미야 선지자 때에 실제로 임했다. 유다가 망해갈 무렵, 예레미야 선지자는 백성들에게 하나님께로 돌아오라고 눈물로 호소했다. 그때 하나님께서 예레미야를 통해서 이렇게 말씀하셨다.

> "여호와의 말씀이니라. 너희를 향한 나의 생각을 내가 아나니 평안이요 재앙이 아니니라. 너희에게 미래와 희망을 주는 것이니라. 너희가 내게 부르짖으며 내게 와서 기도하면 내가 너희들의 기도를 들을 것이요 너희가 온 마음으로 나를 구하면 나를 찾을 것이요 나를 만나리라. 이것은 여호와의 말씀이니라. 나는 너희들을 만날 것이며 너희를 포로 된 중에서 다시 돌아오게 하되 내가 쫓아 보내었던 나라들과 모든 곳에서 모아 사로잡혀 떠났

던 그곳으로 돌아오게 하리라. 이것은 여호와의 말씀이니라"(렘 29:11-14).

많은 이들이 신명기 28장 1-14절에 기록된 축복의 말씀을 사랑한다. '광주리와 떡 반죽 그릇이 복을 받고…들어가도 복을 받고 나가도 복을 받으며…꾸어줄지라도 꾸지 아니하며…머리가 되고 꼬리가 되지 않으며…', 이런 말씀들을 좋아한다. 그러나 저주의 말들은 듣기 싫어한다. 그렇더라도 다시 한 번 더 읽어보자. 우리에게 깊은 경각심을 일으켜 줄 것이다.

한 가지 더 부연(敷衍)할 점이 있다. 모든 고통이 다 저주의 상징은 아니라는 점이다. 특히 신약에 오면 이 가르침이 두드러진다. 대표적인 예가 바울의 몸에 있던 가시(아마도 질병)였다. 그는 자기 몸에서 가시를 제거해 주시라고 세 번이나 기도하다가 받은 계시를 이렇게 기록하고 있다.

"나는 이 고통이 내게서 떠나게 해 달라고 세 번이나 주님께 기도하였습니다. 그러나 주님께서는 '내 은혜가 너에게 충분하다. 내 능력은 약한 데서 완전해진다'라고 말씀하셨습니다. 그러므로 나는 나의 약한 것을 더욱 기쁜 마음으로 자랑하여 그리스도의 능력이 나에게 머물러 있도록 하겠습니다. 그래서 나는 그리스도를 위해서 약해지고 모욕을 당하고 가난하며 핍박과 괴로움 받는 것을 기뻐하고 있습니다. 이것은 내가 약할 그때에 강해지기 때문입니다"(고후 12:8-10, 현대인의 성경).

훗날 신명기를 읽고 연구했던 이들이 29장 1절에 결론 한 구절을 첨가해 두었다.

> "호렙에서 이스라엘 자손과 세우신 언약 외에 여호와께서 모세에게 명령하여 모압 땅에서 그들과 세우신 언약의 말씀은 이러하니라."

이 말씀은 지금까지 모세가 가르친 말씀의 결론이기도 하고 29장부터 요약해서 가르칠 말씀의 서론이기도 하다.

제4장

모세의 네 번째 설교, '언약의 요약'

(신 29-30장)

1. 언약에 복종하라

:: 신 29:2-29 ::

모세가 마지막으로 온 이스라엘을 다시 소집했다. 그리고 '보았다'와 '깨달았다'에 대한 주제로 말씀을 전했다. 시력이 있으면 누구나 볼 수 있다. 그러나 육체적 시력으로는 깨달을 수가 없다. 깨달음은 마음의 눈을 통해서만 가능하다. 마음의 눈은 하나님께서 열어주신다.

모세가 신명기의 말씀을 가르칠 무렵 이스라엘 남자 중에 가장 나이가 많은 사람은 60세였을 것이다. 물론 모세와 여호수아와 갈렙, 세 사람을 제외하고 말이다. 그 이상의 남자들은 모두 광야에 묻혔다. 지금 살아 있는 남자들 중에 적어도 45세 이상은 출애굽과 홍해 사건을 기억할 것이다. 메추라기를 먹었던 일도 기억할 것이다. 하나님께 불순종하던 사람들이 떼죽음을 당해 모래 구덩이에 묻혔던 일도 기억할 것이다. 지금까지 그들은 매일 만나로 만든 과자를 먹고 낮과 밤에 성막 위에 머물러 있는 구름기둥과 불기둥을 보며 살아왔다.

그런데 그들은 보면서도 깨닫지 못했다. 그래서 지금 '깨닫는 마음과 보는 눈과 듣는 귀'를 하나님께서 이스라엘 백성들에게 주시려고 한다. 젖과 꿀이 흐르는 땅으로 들어가기 전에 주시는 깨달음이다.

> "주께서 사십 년 동안 너희를 광야에서 인도하셨거니와 너희 몸의 옷이 낡아지지 아니하였고 너희 발의 신이 해어지지 아니하였으며 너희에게 떡도 먹지 못하며 포도주나 독주를 마시지 못하게 하셨음은 주는 너희의 하나님 여호와이신 줄을 알게 하려 하심이니라"(신 29:5-6).

지난 40년 동안의 일들을 줄줄이 꿰고 있어도 이런 깨달음, 곧 "내가 너희를 구원하는 하나님인 줄 알게 하기 위해서였다"라는 음성을 듣지 못하면 아무 의미가 없었다. 하나님께서 행하신 모든 일들이 이 진리를 선포하고 있다. 모압 땅으로 올라와서 아모리의 두 왕 시혼과 옥을 치고 그 땅을 르우벤과 갓과 므낫세 반 지파에게 기업으로 주신 역사적인 사건도 마찬가지다. 그 놀라운 사건을 통해 '나는 너의 하나님이 되고 너는 나의 백성이 되게 함'이라는 하나님의 뜻을 깨달아야 했다.

그래서 모세가 백성들을 소집했다. 수령들과 온 지파의 장로들과 지도자들과 모든 남자들과 어린아이들과 아내들은 말할 것도 없고, 진중에 섞여 사는 객들과 성소를 위하여 나무를 패고 물을 긷는 낮은 계층의 사람들까지, 한 사람의 예외도 없이 다 소집했다. 하나님과 그들 사이에 언약을 갱신(更新)하기 위해서였다. 이보다 더 중요한 일이 없었다. 모세가 소리 높이 외쳤다.

> "…(너희가) 다 너희의 하나님 여호와 앞에 서 있는 것은 네 하나님 여호와의 언약에 참여하며 또 네 하나님 여호와께서 오늘 네게 하시는 맹세에 참여하여 여호와께서 네게 말씀하신 대로 또 네 조상 아브라함과 이삭과 야곱에게 맹세하신 대로 오늘 너를 세워 자기 백성을 삼으시고 그는 친히 네 하나님이 되시려 함이니라"(신 29:11-13).

그것은 하나님과 이스라엘이 언약을 맺는 거룩한 모임이었다. 아무도 이 언약의 체결에서 예외가 될 수 없었다. 이 언약에서 이스라엘은 하나님의 백성이 되고 하나님은 그들의 하나님이 되셨다. 이 언약 체결식 이후에 이스라엘 백성은 말할 것도 없고 타국인들까지도 이스라엘을 '하나님의 백성'이라고 부를 것이다. 마찬가지로 하나님께서도 '이스라엘의 하나님'이라고 칭함을 받게 되실 것이다.

이렇게 해서 하나님과 이스라엘 백성들은 서로가 서로에게 얽매이게 된다. 서로가 벗어날 수 없는 의무(obligation)를 지니게 된다. 이스라엘의 의무는 하나님을 사랑하며 언약의 말씀을 지켜 행하는 것이고, 하나님의 의무는 이스라엘을 눈동자같이 돌보시는 것이다. 그것은 순종하는 백성들과 축복하시는 하나님의 언약 관계였다. 이 언약은 하나님께서 주도적으로 맺어주셨다. 이스라엘이 그의 백성이 되게 하신 것도 그가 이스라엘의 하나님이 되신 것도 모두 하나님께서 '친히 하신 일'이었다. 하나님께서 자신을 이스라엘 백성들에게 스스로 묶으셨다. 다만 그들을 사랑하셨기 때문이다.

모세가 백성들을 향해 소리 높여 외쳤다.

> "내가 이 언약과 맹세를 너희에게만 세우는 것이 아니라. 오늘 우리 하나님 여호와 앞에서 우리와 함께 여기 서 있는 자와 오늘 우리와 함께 여기 있지 아니한 자에게까지이니…너희 중에 남자나 여자나 가족이나 지파나 오늘 그 마음이 우리 하나님 여호와를 떠나서 그 모든 민족의 신들에게 가서 섬길까 염려하며 독초와 쑥의 뿌리가 너희 중에 생겨서 이 저주의 말을 듣고도 심중에 스스로 복을 빌어 이르기를, 내가 내 마음이 완악하여 젖은 것과 마른 것이 멸망할지라도 내게는 평안이 있으리라 할까 함이라"(신 29:14-15, 18-19).

성경은 언제나 이스라엘 백성들을 공동체로 표현했다. 그래서 한 사람이 죄를 범하면 공동체가 책임을 져야 했다. 여리고 성에서 물품을 숨겼던 아간의 경우가 대표적인 예다. 어떤 사람이 "아, 나는 그날 몸이 아파서 그 언약 체결식에 참석하지 못했어. 나는 아무런 의무도 없어"라고 말할 수가 없었다. 만일 한 사람이 우상을 숭배한다면 언약에 기록된 모든 저주들이 그들에게 임할 것이다. 앞으로 태어날 모든 후손들도 이 언약으로부터 자유로울 수가 없다. 그날 모압 땅에서 체결한 언약은 이스라엘 자손들이 지구상에 존재하는 동안 변개할 수 없는 약속이요 맹세였다.

하나님께서 이스라엘 백성들을 너무나 잘 알고 계셨다. 그들의 마음에는 독초와 (개똥)쑥이 자라고 있었다. 개똥쑥(wormwood)이 밭을 이루면 아무리 뽑아도 여전히 나온다. 이스라엘은 변명하기 좋아하고 불평하기 좋아하는 민족이었다. 잘못을 저지르고도 '다 복 받는데 나도 받아야지' 하고 얼굴에 철판을 깐다. 그 의미가 바로 "내가 내 마음이 완악하여 젖은 것과 마른 것이 멸망할지라도 내게는 평안이 있으리라"는 옛 속담이다. ('마른 걸레 끝에 물 좀 묻었다고 누가 아나. 함께 쓸려 가면 그만이지'라는 뜻이다. 영어로는 'The moist along with the parched shall be swept away'라는 표현이다.) 개인으로 인하여 공동체가 피해를 입어도 개의치 않는다. 그러나 아무도 모를 것 같지만 하나님께서 그 사람을 보고 계신다. 그리고 이스라엘 공동체를 심판하신다.

훗날 이스라엘 백성들이 저주 가운데 있을 때에 주변 국가의 사람들이 서로 묻고 대답할 것이다.

> "여호와께서 어찌하여 이 땅에 이같이 행하셨느냐? 이같이 크고 맹렬하게 노하심은 무슨 뜻이냐?"(신 29:24).

> "그 무리가 자기 조상의 하나님 여호와께서 그들의 조상을 애굽에서 인도하여 내실 때에 더불어 세우신 언약을 버리고 가서 자기들이 알지도 못하고 여호와께서 그들에게 주시지도 아니한 다른 신들을 따라가서 그들을 섬기고 절한 까닭이라. 이러므로 여호와께서 이 땅에 진노하사 이 책에 기록된 모든 저주대로 재

앙을 내리시고 여호와께서 또 진노와 격분과 크게 통한하심으로 그들을 이 땅에서 뽑아내사 다른 나라에 내던지심이 오늘과 같다"(신 29:25-28).

모세의 말은 '주변의 다른 민족들로부터 이런 부끄러운 말을 듣지 않도록 잘 처신하라'는 뜻이다. 하나님의 말씀을 따라 우리와 우리 자손들이 대대로 축복받고 살아야 하지 않겠느냐는 말이다.

2. 회개하면 받는 축복

:: 신 30:1-10 ::

바울이 디모데에게 보낸 편지에 '하나님의 말씀'에 대한 내용이 있다.

"모든 성경은 하나님의 감동으로 된 것으로 교훈과 책망과 바르게 함과 의로 교육하기에 유익하니 이는 하나님의 사람으로 온전하게 하며 모든 선한 일을 행할 능력을 갖추게 하려 함이라" (딤후 3:16-17).

하나님의 말씀은 우리가 살아가야 할 길을 가르쳐 주신다. 잘못된 길로 가면 그 말씀이 우리를 책망하신다. 책망하실 뿐만 아니라 바르게 고쳐 주신다. 그리고 다시 가야 할 바른 길을 보여주신다. 하나님의 말씀이 일으키는 선순환(善循環) 과정이다. 하나님의 말씀 없이는 회개가 불가능하다. 후회는 회개가 아니다. 후회는 과거의 실수에 대한 유감(遺憾)에 불과하다. 말씀이 있어야 무엇이 잘못되었으며 어떻게 고쳐야 할지 알 수 있다. 그때 진정으로 회개하게 된다.

이스라엘 백성들이 율법으로 다시 돌아와서 회개하면 하나님께서 다시 회복시켜 주시겠다고 약속하셨다. 잡혀갔던 땅에서 돌아오게 하신다. 이전의 조상들보다 더 번성하게 하신다. 마음에 할례를 베푸사 진심으로 하나님을 사랑하게 하신다. 생명을 더욱 풍성히 얻게 하신다. 그들을 핍박하던 자들에게 저주를 내리실 것이다. 그래서 회개는 축복이다.

> "네가 네 하나님 여호와의 말씀을 청종하여 이 율법책에 기록된 그의 명령과 규례를 지키고 네 마음을 다하며 뜻을 다하여 여호와 네 하나님께 돌아오면 네 하나님 여호와께서 네 손으로 하는 모든 일과 네 몸의 소생과 네 가축의 새끼와 네 토지소산을 많게 하시고 네게 복을 주시되 곧 여호와께서 네 조상들을 기뻐하신 것과 같이 너를 다시 기뻐하사 네게 복을 주시리라"(신 30:9-10).

3. 살기로 작정하라

:: 신 30:11-20 ::

하나님께서 주신 명령은 실천 가능한 내용이다. 하늘 위에 있는 말씀도 아니고 바다 건너에 있는 말씀도 아니다. 오늘, 지금, 여기에서 얼마든지 순종하며 살 수 있는 말씀이다.

> "보라 내가 오늘 생명과 복과 사망과 화를 네 앞에 두었나니 곧 내가 오늘 네게 명령하여 네 하나님 여호와를 사랑하고 그 모든 길로 행하며 그의 명령과 규례와 법도를 지키라 하는 것이라. 그리하면 네가 생존하며 번성할 것이요 또 네 하나님 여호와께서 네가 가서 차지할 땅에서 네게 복을 주실 것임이니라. 그러나 네가 만일 마음을 돌이켜 듣지 아니하고 유혹을 받아 다른 신들에게 절하고 그를 섬기면 내가 오늘 너희에게 선언하노니 너희가 반드시 망할 것이라. 너희가 요단을 건너가서 차지할 땅에서 너희의 날이 길지 못할 것이니라"(신 30:15-18).

모세가 모여 있는 이스라엘 백성들을 둘러보며 큰 소리로 외쳤다.

> "내가 오늘 하늘과 땅을 불러 너희에게 증거를 삼노라. 내가 생명과 사망과 복과 저주를 네 앞에 두었은즉 너와 네 자손이 살기 위하여 생명을 택하고 네 하나님 여호와를 사랑하고 그의 말씀을 청종하며 또 그를 의지하라. 그는 네 생명이시요 네 장수이시니 여호와께서 네 조상 아브라함과 이삭과 야곱에게 주리라고 맹세하신 땅에 네가 거주하리라"(신 30:19-20).

생명과 사망, 복과 저주가 눈앞에 놓여 있다. 생명을 선택하면 복을 받게 되고 사망을 택하면 저주를 받게 될 것이다. 여호와를 사랑하고 그 모든 길로 행하며 그의 명령과 규례와 법도를 지키면 생존하고 번성할 것이다. 앞으로 주실 땅에서 복을 받게 될 것이다. 그러나 마음을 돌이켜 하나님의 명령을 듣지 않고 유혹을 받아 다른 신들을 섬기면 반드시 망할 것이다. 그날, 언약을 체결하는 그 자리에서 이스라엘 백성들은 죽지 않고 살기로 결단했다.

제5장

모세로부터 여호수아에게로

(신 31-34장)

지금까지 모세는 백성들에게 계명과 율법과 규례를 자세하게 설명했다. 그 말씀을 지키고 살면 큰 축복을 받겠지만 거역하면 상상할 수도 없는 저주를 받게 될 것이라고 경고했다. 모세는 온 힘을 다해 백성들을 가르쳤다. 120세의 모세는 정신적으로 육체적으로 소진되었을 것이다. 이제 율법에 대해서는 더 할 말이 없었다. 여호수아를 기름 부어 세우는 일만 남았다.

1. 강하고 담대하라

:: 신 31:1-8 ::

"또 모세가 가서 온 이스라엘에게 이 말씀을 전하여 그들에게 이르되 이제 내 나이 백이십 세라. 내가 더 이상 출입하지 못하겠고 여호와께서도 내게 이르시기를 너는 이 요단을 건너지 못하리라 하셨느니라"(신 31:1-2).

나는 70세 생일이 지난 지 이틀 후에 은퇴했다. 우리 교회가 속한 교단에는 은퇴 제한 연령이 없다. 나의 경우 은퇴의 기준은 내 자신에게 있었다. 온 마음을 다하여 교회를 사랑하지만 섬길 수 있는 열망과 능력이 더 이상 이전처럼 상승곡선을 그릴 수 없다고 생각될 때 나는 은퇴했다. 7년 전부터 기도하며 준비해 왔는데 계획과 큰 차이가 나지 않도록 성령님께서 도와주셨다. 그래서 나는 "이제 내 나이 백이십 세라. 내가 더 이상 출입하지 못하겠고"라는 모세의 말을 백 번 이해한다. "너는 이 요단을 건너지 못하리라"는 여호와의 말씀은 모세에게 개인적으로 주신 말씀이다. 개인적으로 그런 말씀을 듣고 은퇴한 목회자들은 행복하다.

나는 지난 2년 동안 남은 에너지로 《가슴으로 읽는 성경》을 저술하고 있다. 책 한 권을 마칠 때마다 진액이 빠져나가는 것 같다. 이 책이 다섯 권째다. 그러나 내 책을 읽은 후에 '성경을 제대로 한 번 읽어보고 싶은 열망이 생겼다'는 피드백(feedback)을 받을 때가 가장 행복하다. 그 목적으로 저술을 시작했으니까….

다시 본문으로 돌아가 보자.

여호수아와 백성들에게 모세가 주었던 개인적인 교훈은 '강하고 담대하라'는 두 마디였다. 모세는 왜, 그리고 어떻게 강하고 담대할 수 있는지를 논리적으로 설명해 주었다. 하나님 여호와께서 먼저 건너가셔서 가나안에 사는 민족들을 멸하시고 이스라엘의 손에 넘기실 것이다. 이스라엘은 뒤따라가면서 그 땅을 밟기만 하면 된다. 하나님께서 아모리의 두 왕, 곧 시혼과 옥을 치실 때처럼….

전투에 참여한 군사들이 적군의 숫자를 보면 두려움이 몰려온다. 적군의 함성은 '빨리 항복하거나 도망가라'는 겁박을 준다. 그래서 도망칠 생각부터 한다. 전투에 임할 때에는 용맹스럽게 앞서가는 우리들의 대장에게 시선을 고정해야 한다. 그 대장이 누구신가? 만군의 주 여호와 하나님이시다. 애굽에서 이스라엘을 구원해 내시고, 홍해를 건너게 하시며, 반석을 쳐서 물을 내시고, 만나와 메추라기로 먹여주신 전능하신 하나님이시다. 무엇이 두려운가?

백성을 둘러보며 모세가 큰 소리로 외쳤다.

> "너희는 강하고 담대하라. 두려워하지 말라. 그들 앞에서 떨지 말라. 이는 네 하나님 여호와 그가 너와 함께 가시며 결코 너를 떠나지 아니하시며 버리지 아니하실 것임이라"(신 31:6).

지도자는 앞서 가시는 하나님만 바라보아야 한다. 모세는 곁에 서 있는 여호수아를 향해 백성들이 들을 만큼 큰 소리로 외쳤다.

> "너는 강하고 담대하라. 너는 이 백성을 거느리고 여호와께서 그들의 조상에게 주리라고 맹세하신 땅에 들어가서 그들에게 그 땅을 차지하게 하라. 그리하면 여호와 그가 네 앞에서 가시며 너와 함께하사 너를 떠나지 아니하시며 버리지 아니하시리니 너는 두려워하지 말라. 놀라지 말라"(신 31:7-8).

2. 안식년의 초막절에 율법을 낭독하라

:: 신 31:9-13 ::

모세는 율법책을 많이 복사했다. 그리고 그 책들을 레위 자손의 제사장들과 이스라엘 모든 장로들에게 나누어 주었다. 그리고 7년마다 오는 안식년의 초막절에 그 율법책을 백성들에게 읽어주게 했다. 초막절은 조상들이 40년 동안 광야에서 살았던 날들을 기념하며 한 주간동안 초막집에서 지내는 절기다.

> "온 이스라엘이 네 하나님 여호와 앞 그가 택하신 곳에 모일 때에 이 율법을 낭독하여 온 이스라엘에게 듣게 할지니 곧 백성의 남녀와 어린이와 네 성읍 안에 거류하는 타국인을 모으고 그들에게 듣고 배우고 네 하나님 여호와를 경외하며 이 율법의 모든 말씀을 지켜 행하게 하고 또 너희가 요단을 건너가서 차지할 땅에 거주할 동안에 이 말씀을 알지 못하는 그들의 자녀에게 듣고 네 하나님 여호와 경외하기를 배우게 할지니라"(신 31:11-13).

이 말씀은 네 글자로 요약된다. '듣고, 배우고, 경외하고, 행하라'는 말씀이다. 들어도 깨닫지 못하면 마이동풍(馬耳東風)이다. 아무리 많이 배우고 깨달아도 하나님을 경외하지 않으면 말씀을 실천에 옮길 수 없다. 율법을 지키려면 먼저 하나님과 인격적 관계를 회복해야 한다. 다른 말로 하면 사랑의 관계이다.

요즘 코로나19로 미국인들의 일상생활이 멈추었다. 하늘을 그렇게 분주하게 날아다니던 비행기 소리도 들리지 않는다. 고속도로도 막히지 않는다. 40년 전 미국에 왔던 시절로 돌아간 것 같다. 이 적막한 시간에 사람들은 무엇을 생각할까? 하루 24시간이 부족하다고 사업에 매달려 살던 초로의 부부로부터 전화가 걸려왔다. 사업장의 문을 닫고 집 안에 칩거하면서 비로소 하나님의 은혜를 깨닫기 시작했다고, 회개할 일이 얼마나 많은지 해도 해도 끝이 없다고, 이민 생활에서 부부가 처음으로 이런 축복의 시간을 나누고 있다고 말했다. 안식년, 특히 초막절은 하나님과의 관계를 새롭게 할 수 있는 가장 좋은 시간이었다. 누구에게나 이렇게 고요한 시간이 필요할 때가 있다.

3. 모세의 우려(憂慮)

:: 신 31:14-29 ::

나이가 들면 걱정이 많아진다. 모세라고 다를 바 없었다. 그가 세상을 떠난 후에 이스라엘 백성들이 하나님을 거역하는 모습이 눈에 보이는 듯했다. 하나님께서 모세의 우려를 잘 알고 계셨다. 하나님께서도 같은 생각을 하고 계셨으니까….

"여호와께서 모세에게 이르시되 네가 죽을 기한이 가까웠으니 여호수아를 불러서 함께 회막으로 나아오라. 내가 그에게 명령을 내리리라"(신 31:14).

둘이 함께 회막에 들어가기는 처음이다. 여호수아는 레위인이 아니고 에브라임 족속이었다. 하나님께서 구름기둥 가운데 나타나셔서 말씀하셨다.

> "또 여호와께서 모세에게 이르시되, 너는 네 조상과 함께 누우려니와 이 백성은 그 땅으로 들어가 음란히 그 땅의 이방 신들을 따르며 일어날 것이요 나를 버리고 내가 그들과 맺은 언약을 어길 것이라. 내가 그들에게 진노하여 그들을 버리며 내 얼굴을 숨겨 그들에게 보이지 않게 할 것인즉 그들이 삼킴을 당하여 허다한 재앙과 환난이 그들에게 임할 그때에 그들이 말하기를 이 재앙이 우리에게 내림은 우리 하나님이 우리 가운데에 계시지 않은 까닭이 아니냐 할 것이라. 또 그들이 돌이켜 다른 신들을 따르는 모든 악행으로 말미암아 내가 그때에 반드시 내 얼굴을 숨기리라"(신 31:16-18).

우려는 했지만 막상 여호와 하나님께로부터 장차 일어날 일들을 직접 듣고 나니 심장이 멎는 듯했다. 이 일을 어떻게 하면 좋을까? 모세 못지않게 여호수아도 두려웠을 것이다. 그때 하나님께서 해결책을 제시해 주셨다.

> "그러므로 이제 너희는 이 노래를 써서 이스라엘 자손들에게 가르쳐 그들의 입으로 부르게 하여 이 노래로 나를 위하여 이스라엘 자손들에게 증거가 되게 하라"(신 31:19).

어떻게 노래가 증인의 역할을 할 수 있을까. 신명기 32장에 기록된 모세의 노래에는 깊은 영감(靈感)이 담겨 있다. 훗날 백성들이 하나님을 떠나 우상을 숭배하고, 그들이 알지 못하는 나라로 잡혀갈 때, 어린아이들의 입에서 흥얼거리듯 나오는 수백 년 묵은 노래가 그들에게 증거가 될 것이다.

4. 모세의 노래

:: 신 32장 ::

모세가 지은 '증거의 노래'에는 이스라엘의 과거와 미래가 담겨 있다. 그런 면에서 역사적이고도 예언적인 노래다. 이 노래에는 암울한 면과 밝은 면이 서로 균형을 이루고 있다. 실용적인 권면과 가르침도 들어 있다. 52절이나 되는 긴 노래 가사를 주제별로 나누어 보았다. 본문은 현대인의 성경을 사용했다.

1) 부르는 소리(1-3절)

"하늘이여, 땅이여, 내 말을 들어라!
내 교훈은 비처럼 내리고 이슬처럼 맺히며
연한 풀밭 위에 내리는 보슬비요 채소에 내리는 단비라네.
내가 여호와의 이름을 선포하리니
너희는 우리 하나님의 위대하심을 찬양하라!"

왜 모세는 하늘과 땅을 불러서 그의 말을 들으라고 했을까? 이것은 하늘과 땅에 대한 노래가 아니다. 자주 배신하고 반역하는 이스라엘에 대한 경고다. 하나님께서 창조하신 하늘과 땅처럼 변치 않는 백성이 되라는 말이다. 이슬 같고 단비 같은 교훈은 바로 '여호와의 이름'에 대한 관한 것이다. 하나님의 신실하심과 위대하심이 그 이름 '여호와'에 담겨 있다.

2) 신실하신 하나님, 불성실한 이스라엘(4-9절)

"그는 반석이시요,
그의 일은 완전하며 그가 하는 모든 일이 공정하니
그는 진실하고 정직한 분이시다.
이스라엘이 부패하여 악을 행하니
이제 하나님의 자녀가 아니요,
고집스럽고 비뚤어진 민족이구나.
어리석고 미련한 백성들아,
이것이 여호와께 보답하는 길이냐?
그는 너희 아버지요 창조주가 아니시냐?
그가 너희를 강한 민족으로 세우셨다.
지난날을 회상해 보아라!
과거의 모든 역사를 생각해 보아라!
너희 부모들과 나이 많은 어른들에게 물어 보아라!
그들이 너희에게 설명해 줄 것이다.
하나님이 모든 민족들에게 땅을 나누어 주실 때,

모든 인종을 구분하실 때에,
각 민족들의 경계를 정하셨다.
여호와께서 이스라엘을 택하셨으니
야곱의 후손이 그의 백성이 되었네”

모세는 신실하신 하나님과 불성실한 이스라엘을 비교했다. 하나님은 이스라엘이 의지할 만한 반석이시다. 이 노래에 하나님을 반석으로 묘사한 구절이 다섯 번이나 나온다(5, 15, 18, 30, 31절). 하나님께서 하시는 일은 반석처럼 안전하고 공정하다. 하나님은 정직하시다. 변함이 없으시다. 동시에 하나님은 정결하시고 거룩하시다. 하나님 같은 분이 없다. 다윗은 “여호와 외에 누가 하나님이며 우리 하나님 외에 누가 반석이냐”라고 노래했다(시 18:31). 반석과 같은 하나님에 비하면 이스라엘은 여름 숙주나물처럼 쉽게 부패한다. 악을 행하고 고집은 세며 감사할 줄 모르는 민족이다. 모세는 한탄했다.

“이것이 여호와께 보답하는 길이냐?”

하나님은 누구신가. 이스라엘 민족을 창조하시고 강한 민족으로 세우신 아버지시다. 이스라엘의 과거 역사는 하나님께서 하신 일들의 기록이다. ‘지난날을 회상해 보라’는 말은 하나님께로 돌아오라는 뜻이다. 지난날을 회상하는 사람은 겸손하게 된다. 하나님의 선하심과 인자하심 외에는 자랑할 것이 없다. 세계를 지으시고 다스리시는 하나님께서 특별히 야곱의 후손을 택하셨다. 아무도 그 이유를 모른다. 왜 그들의 조상들을 부르시고 축복을 약속하셨는지 아무도 모른다. 그러므로 이스라엘을 강대한 나라로 세우신 하나님의 온혜를 잊지 말라는 말씀이다. 이 노래를 제대로 부르면 아무도 교만할 수 없다.

3) 하나님의 선하심(10-14절)

"여호와께서 사막 같은 땅에서,
짐승이 울부짖는 광야에서,
그들을 자기 눈동자처럼 보호하고 지켜 주셨으니
독수리가 그 보금자리를 흔들어 새끼가 떨어지면
날개를 펴서 새끼를 받아 올리듯 하셨네.
여호와께서 자기 백성을 혼자 인도하셨고,
그들을 도와준 다른 신이 없었다.
여호와께서 기름진 고원(高原)을 그들에게 주셔서
그들이 밭의 농산물을 먹게 하시고
바위에서 꿀을 빨게 하시며
단단한 바위에서 기름을 얻게 하셨다.
그가 우유와 고기를 주시고
살진 양과 염소와 좋은 밀을 먹게 하시며
맛있는 포도주를 마시게 하셨네"

모세는 선하신 하나님께서 행하신 일들을 열거했다. 아버지가 아들을 보호하고 인도하신 것처럼 이스라엘을 사막과 광야에서 인도하시고 눈동자 같이 지켜주셨다. 마치 새끼를 훈련시키는 어미 독수리처럼 철없는 이스라엘을 가르치시고 훈련시키셨다. 그들은 고센 땅에서 종노릇 하는 생활에 익숙해져 가고 있었다. 그때 하나님께서 그들의 안락한 둥지를 흔들어 불편한 곳이 되게 하셨다. 그리고 마치 독수리가 새끼를 내던지고 다시 등으로 받아 날면서 훈련시키듯, 이스라엘 백성들을 광야에서 훈련시키셨다. 누구의 도움도 없이 홀로 이스라엘을 그렇게 기르셨다. 어느 순간에 증거의 노래는 과거에서 미래로 넘어간다. 하나님께서 높은 지역에 있는 좋은 땅에서 꿀과 기름과 우유와 밀을 주시고 극상품(極上品)의 포도주도 주시는 장면이 펼쳐진다. 이만하면 선하지 않으신가?

4) 이스라엘의 번영과 배신(15-18절)

"이스라엘이 살찌고 비대하며 윤택해지자
자기를 창조하신 하나님을 저버리고,
자기들의 반석 되신 구원자를 멸시하였다.
그들이 이방신을 섬기므로 여호와께서 질투하시고,
그들이 악을 행하므로 여호와께서 분노하셨다.
그들이 하나님이 아닌 마귀에게 제사하였으니
그들이 알지 못한 신, 최근에 나타난 신,
그들의 조상들이 두려워하지 않은 신이었다.
그들은 자기들을 낳은 반석 되신 하나님을 잊어버렸다"

모세는 하나님의 선하심과 이스라엘의 패역함을 비교했다. 이스라엘은 잘살게 되자 하나님을 버리고 이방신을 섬겼다. 마귀에게 제사 드리는 역겨운 일을 했다. 새로운 신에 대한 소문을 들으면 앞다투어 찾아갔다. 그리고 그들을 창조하신 하나님, 그들의 반석 되신 하나님은 까맣게 잊어버렸다. 그들의 조상 아브라함과 이삭과 야곱은 그렇게 살지 않았다. 미래에 일어날 일들을 모세가 눈으로 본 것처럼 묘사하고 있다. 그래서 어떤 사람들은 이 노래가 후대에 기록되어 신명기에 삽입되었을 것이라고 생각한다. 아니다. 모세는 이스라엘 백성들의 사람됨을 잘 알고 있었다. 광야에서 40년 동안 그들과 함께 살아온 경험으로 그들을 알았다. 또 성령님께서 그런 일이 있을 것을 모세에게 미리 알게 해주셨다. 모세의 우려는 훗날 이스라엘의 역사에 그대로 현실이 되었다.

5) 이스라엘의 배신과 그 결과(19-22절)

"여호와께서 이것을 보시고 그들을 미워하셨으니
그의 자녀들이 그를 노하게 하셨음이라.
여호와께서 이런 말씀을 하셨다.
'내가 그들을 외면하고 그들의 종말을 지켜볼 것이니
그들은 악하고 신실하지 못한 백성임이라.
그들이 신이 아닌 것으로 나를 질투하게 하고,
무가치한 우상으로 나를 분노하게 하였으니
나도 내 백성이 아닌 사람들에게 애정을 주어
그들을 질투하게 하고
어리석은 민족으로 그들을 분노하게 하리라.
내 분노가 불같이 일어나 땅속 깊은 곳까지 태우며

땅에 있는 모든 것을 삼키고 산들의 터를 소멸하리라…'"

하나님께서 이스라엘의 배신을 보시고 진노하셨다. 얼굴을 숨기신 채 그들의 종말을 지켜보겠다고 하셨다. 하나님의 분노는 소멸시키는 불꽃이 될 것이다. 그들이 우상으로 하나님을 분노케 한 것처럼 하나님께서 이방인들을 축복하셔서 그들로 질투의 불길에 사로잡히게 하실 것이다. 그들의 질투가 하나님을 다시 찾게 했으면 얼마나 좋을까. 과연 그들이 하나님의 깊은 뜻을 깨달을 수나 있으려나? 훗날 바울은 이방인의 구원에 대하여 언급할 때 이 말씀을 인용했다.

"그러나 내가 말하노니 이스라엘이 알지 못하였느냐 먼저 모세가 이르되 내가 백성 아닌 자로써 너희를 시기하게 하며 미련한 백성으로써 너희를 노엽게 하리라 하였고"(롬 10:19).

6) 하나님의 심판(23-27절)

"내가 그들에게 끝없는 재앙을 내리고
그들에게 내 화살을 마구 쏠 것이다.
내가 그들에게 심한 기근과 무서운 전염병을 보내고
사나운 들짐승과 독사로 그들을 해하리라.
밖에서는 칼날에 죽고
집 안에서는 겁에 질려 쓰러질 것이니
젊은 남녀와 젖먹이와 백발노인이 다 멸망하리라.

내가 그들을 완전히 없애 버려
아무도 그들을 기억하지 못하게 하려고 하였으나
그들의 원수들이 오해하여
나 여호와가 이렇게 한 것이 아니라
자기들이 내 백성을 멸망시켰다고 자랑하며 우쭐댈까 두렵구나."

하나님의 심판이 임한다. 끝없는 재앙이 임한다. 심한 기근과 전염병, 사나운 들짐승들과 독사들, 이방인의 칼날들이 성읍의 백성들을 멸망시킨다. 젖과 꿀이 흐르는 가나안 땅에 들어와서 이스라엘 백성들이 했던 것처럼, 이번에는 이방인들이 와서 이스라엘 백성들에게 똑같은 일을 하게 된다. 밖에 있으나 집 안에 있으나 망하기는 매한가지다. 하나님께서 이스라엘을 지면에서 쓸어버리시려나 보다. 기억도 남지 않게 하시려나 보다. 이 일을 어떻게 해야 하는가? 그런데 한 가지 염려가 있다. 원수들이 와서 "우리가 이스라엘을 멸망시켰다" 하면서 우쭐댈까 걱정스러웠다. 그것이 하나님의 심판인 줄 알지 못하고….

7) 어리석은 이스라엘(28-33절)

"이스라엘은 어리석고 지혜가 없는 민족이다.
그들이 지혜가 있어서 패망할 것을 알고
자기들의 종말이 어떻게 될 것인지 알았더라면!
그들의 반석 되시는 하나님이 그들을 버리지 않고
여호와께서 그들을 내주지 않는다면

어떻게 한 사람의 적이 천 명을 추격하고
두 사람의 적이 만 명을 도망치게 할 수 있겠는가?
원수들의 신이 우리 하나님과 같지 않으며
그들도 이 사실을 인정하는구나.
그들은 소돔과 고모라 사람들처럼 부패하여 그 행위가 쓰고
독한 열매를 맺는 포도나무 같으며,
독사의 독으로 만든 독주와 같다"

심판의 돌개바람이 지나가고 고요가 흐른다. 하나님의 탄식 소리가 들려온다. 반역의 종말을 알지 못하고 사지(死地)로 내닫는 이스라엘 백성들을 보며 탄식하시는 음성이다. 이스라엘 백성만큼 말을 잘하는 민족도 없을 것이다. 그들은 하나님께서 앞서 가시면서 원수를 쫓아내셨다고 고백한다. 하나님께서 한 사람으로 천을 추격하게 하시고 두 사람으로 만 명의 적을 치게 하셨다고 자랑한다. 하나님이 원수의 신보다 훨씬 더 강하시다고 증거한다. 말은 그렇게 하면서 행동으로는 우상을 숭배한다. 기가 막힌 백성이다. 가증한 백성들을 보시면서 하나님이 탄식하신다. 그런데 아무도 그 탄식 소리를 듣지 못한다. 비극이다.

8) 불쌍히 여기시는 하나님(34-38절)

"'이것이 내 창고에 쌓여 밀봉되어 있지 않은가?
원수 갚는 것은 나의 일이다. 내가 갚아 주겠다.
환난 날이 가깝고 멸망의 때가 속히 오리라.'

여호와께서 자기 백성을 심판하실 것이며
자기 종들이 무력해지고
종이나 자유인이나 남은 자가 없을 때
그들을 불쌍히 여기실 것이다.
여호와께서 이런 말씀을 하시리라.
'그들의 신들이 어디 있으며,
그들이 피난처로 생각하던 반석이 어디 있느냐?
그들이 제사 지낸 기름을 먹고 포도주를 마시던 신들아,
너희는 지금 어디 있느냐? 일어나서 그들을 도와라.'"

하나님은 선하시고 인자하시다. 선함이 그의 성품이라면 인자하심은 그의 선한 행동이다. 이스라엘의 악행이 하나님의 선하심을 가로막을 수가 없다. 하나님의 선하심이 드디어 이스라엘의 어리석음과 반역을 헤치고 나타나셨다. 하나님께서 그의 창고에 쌓여 있는 심판을 부으신다. 이스라엘의 어리석음을 심판하신다. 그러나 아주 망하게 하지 않으시고 다시 회복시키신다. 불쌍히 여기신다. 그리고 이스라엘이 섬기던 우상들을 향하여 천둥 치듯 일갈(一喝)하신다.

'너희가 과연 살아 있는 신이라면 망해가는 이스라엘을 나처럼 한 번 도와줘 보아라!'

9) 이스라엘을 변호하시고 원수를 갚아주시는 하나님(39-44절)

"'나만 하나님인 것을 알지 못하느냐?
나 외에는 참된 신이 없다.
내가 죽이기도 하고 살리기도 하며
상하게도 하고 고치기도 하는데
내가 하는 일을 누가 막을 수 있겠는가?
내가 하늘을 향해 손을 들고 분명히 말하지만
내가 심판의 칼을 갈아
내 원수들과 나를 미워하는 자에게 복수하리라.
내 화살이 그들의 피로 물들 것이며
내 칼이 그들을 죽일 것이니
피를 흘릴 자는 피살자와 포로들과 적장들이다.'
만민들아, 여호와의 백성과 함께 기뻐하라.
여호와께서 자기 종들의 원수들을 죽이시고
그들에게 보복하여 자기 땅과 백성을 깨끗하게 하시리라"

모세의 노래는 하나님 자신의 자비하심에 대한 증언으로 끝을 맺는다. 이스라엘이 어리석어 스스로 넘어졌지만 하나님은 모른 척 하지 않으신다. 아주 버리지 않으신다. 훗날 느헤미야는 이스라엘을 위하여 회개하며 이렇게 기도했다.

"그러나 주께서 그들을 여러 해 동안 참으시고 또 주의 선지자들을 통하여 주의 영으로 그들을 경계하시되 그들이 듣지 아니하

> 므로 열방 사람들의 손에 넘기시고도 주의 크신 긍휼로 그들을 아주 멸하지 아니하시며 버리지도 아니하셨사오니 주는 은혜로우시고 불쌍히 여기시는 하나님이심이니이다"(느 9:30-31).

이방신들은 이스라엘을 구원하지 못한다. 도와줄 수도 없다. 그들은 죽은 신들이 아니다. 처음부터 '없는 신들'이었다. 오직 하나님만 살아 계신다. 생명과 죽음, 상함과 치료가 하나님의 손에 달려 있다. 이제 하나님께서 이스라엘을 위해 일어나실 것이다. 수치와 치욕 가운데 종살이하는 이스라엘을 다시 구원해 내실 것이다. 그동안에 이스라엘을 학대했던 자들은 피 흘리며 죽어 갈 것이다. 하나님께서 그들과 싸우시기 때문이다. 이스라엘 백성들이 다시 기뻐하며 춤을 추는 날이 돌아올 것이다. 하나님께서 그들의 원수들을 죽이시고 젖과 꿀이 흐르는 땅을 다시 회복시키시며, 그들의 죄를 깨끗하게 씻어주시고, 거룩한 백성이 되게 하실 날이 올 것이다.

모세가 부른 '증거의 노래'는 모세의 노래가 아니다. 하나님의 노래다. 전체 44절의 노래 가운데 하나님께서 일인칭으로 자신을 가리켜 말씀하신 내용이 16절이나 된다(20-27, 34-35, 37-42절). 이스라엘 백성들은 장차 역사의 긴 터널을 지나면서 이 노래를 부를 것이다. 특히 우상 숭배의 죄를 회개하고 하나님께로 돌아올 때 눈물 흘리며 소리 높여 부를 것이다. 이것은 심판의 노래가 아니고 축복의 노래다. 감사하며 부르는 은혜의 노래다. 하나님께서 이스라엘 백성들에게 주신 보배로운 노래다. 이스라엘 백성들뿐만 아니라 예수님을 믿고 하나님의 자녀들이 된 우리들이 부르는 회개와 축복의 노래다.

그런데 궁금한 점 하나가 있다. 모세는 이 노래에 어떤 음률을 붙였을까? 노랫말을 읽다 보면 어떤 오페라보다 더 다이내믹한 곡이 되어 귓전에 울려온다. 훗날 천국의 자료실에 가면 모세의 노래 악보를 발견할 수 있을까? 아니다. 천사들의 합창으로 울려 퍼질 것이다. 기다려진다.

모세는 노래를 지어 부른 후에 이스라엘 백성들에게 이렇게 말했다.

"내가 오늘 너희에게 증언한 모든 말을 너희의 마음에 두고 너희의 자녀에게 명령하여 이 율법의 모든 말씀을 지켜 행하게 하라. 이는 너희에게 헛된 일이 아니라 너희의 생명이니 이 일로 말미암아 너희가 요단을 건너가 차지할 그 땅에서 너희의 날이 장구하리라"(신 32:46-47).

그리고 바로 그날, 하나님께서 모세에게 말씀하셨다.

"너는 여리고 맞은편 모압 땅에 있는 아바림 산에 올라가 느보 산에 이르러 내가 이스라엘 자손에게 기업으로 주는 가나안 땅을 바라보라. 네 형 아론이 호르 산에서 죽어 그의 조상에게로 돌아간 것같이 너도 올라가는 이 산에서 죽어 네 조상에게로 돌아가리니 이는 너희가 신 광야 가데스의 므리바 물 가에서 이스라엘 자손 중 내게 범죄하여 내 거룩함을 이스라엘 자손 중에서 나타내지 아니한 까닭이라. 네가 비록 내가 이스라엘 자손에게 주는 땅을 맞은편에서 바라보기는 하려니와 그리로 들어가지는 못하리라"(신 32:49-52).

5. 모세의 축복

:: 신 33장 ::

축복할 수 있는 사람은 복 있는 사람이다. 인생의 마지막 순간에 자손들의 머리에 손을 얹고 축복해 줄 수 있는 사람은 영광스러운 사람이다. 모세는 야곱이 그랬던 것처럼 열두 지파의 이름을 불러가며 축복했다. 영광스러운 장면이다. 그날 이스라엘 열두 지파의 수령들이 모세 앞에 무릎을 꿇었다. 모세의 축복기도에는 예언적 말씀이 들어 있다.(5절의 '여수룬'은 시적인 표현으로서 '하나님의 사랑을 받고 의롭게 된 이스라엘'을 가리킨다.)

"르우벤은 죽지 아니하고 살기를 원하며 그 사람 수가 적지 아니하기를 원하나이다"(신 33:6).

실제로 이스라엘의 역사를 보면 르우벤 지파는 점점 더 위축되어 갔다.

"유다에 대한 축복은 이러하니라. 일렀으되, 여호와여 유다의 음성을 들으시고 그의 백성에게로 인도하시오며 그의 손으로 자기를 위하여 싸우게 하시고 주께서 도우사 그가 그 대적을 치게 하시기를 원하나이다"(신 33:7).

유다 지파는 광야에서 행군할 때에도 제일 앞에 섰다. 유다 지파에서 민족의 지도자가 나올 것이다.

다음은 레위 지파에 대한 축복인데 유난히 길었다. 아마도 그들이 책임을 맡은 성막과 제사에 대한 엄중한 사명 때문이었을 것이다. 그들은 하나님을 위하여 백성 중에서 따로 떼어 드려진 지파였다. 광야에서 백성들이 하나님을 거역할 때마다 레위족은 앞장서서 하나님의 영광을 위해 싸웠다. 하나님께서 그들에게 율법과 규례를 맡기셨다.

"레위에 대하여는 일렀으되, 주의 둠밈과 우림이 주의 경건한 자에게 있도다. 주께서 그를 맛사에서 시험하시고 므리바 물가에서 그와 다투셨도다. 그는 그의 부모에게 대하여 이르기를 내가 그들을 보지 못하였다 하며 그의 형제들을 인정하지 아니하며 그의 자녀를 알지 아니한 것은 주의 말씀을 준행하고 주의 언약을 지킴으로 말미암음이로다. 주의 법도를 야곱에게, 주의 율법을 이스라엘에게 가르치며 주 앞에 분향하고 온전한 번제를 주의 제단 위에 드리리로다. 여호와여 그의 재산을 풍족하게 하시고 그의 손의 일을 받으소서. 그를 대적하여 일어나는 자와 미워하는 자의 허리를 꺾으사 다시 일어나지 못하게 하옵소서" (신 33:8-11).

베냐민은 하나님의 사랑을 받은 지파였다. 바울은 성도를 가리켜

'하나님의 사랑을 입은 자녀'라는 표현을 자주 사용했다. 편지 서두에 그렇게 써보시라. 읽는 분의 마음이 따뜻해질 것이다.

> "베냐민에 대하여는 일렀으되 여호와의 사랑을 입은 자는 그 곁에 안전히 살리로다. 여호와께서 그를 날이 마치도록 보호하시고 그를 자기 어깨 사이에 있게 하시리로다"(신 33:12).

요셉 지파에 대한 축복도 긴 편이다. 애굽에 먼저 내려가서 이스라엘을 위한 기초를 놓았던 그의 희생적인 역할 때문이었을 것이다. 요셉에게서 므낫세와 에브라임 두 지파가 나왔다.

> "요셉에 대하여는 일렀으되, 원하건대 그 땅이 여호와께 복을 받아 하늘의 보물인 이슬과 땅 아래에 저장한 물과 태양(해)이 결실하게 하는 선물과 태음(달)이 자라게 하는 선물과 옛 산의 좋은 산물과 영원한 작은 언덕의 선물과 땅의 선물과 거기 충만한 것과 가시떨기나무 가운데에 계시던 이의 은혜로 말미암아 복이 요셉의 머리에, 그의 형제 중 구별한 자의 정수리(머리 꼭짓점)에 임할지로다. 그는 첫 수송아지같이 위엄이 있으니 그 뿔이 들소의 뿔 같도다. 이것으로 민족들을 받아 땅 끝까지 이르리니 곧 에브라임의 자손은 만만이요 므낫세의 자손은 천천이리로다"(신 33:13-17).

가나안 땅에 들어가면 이웃처럼 붙어살게 될 스불론과 잇사갈에 대해서는 한 문장으로 축복했다. 그들은 집 안에 있든지 밖에 있든지 항상 형통할 것이다.

"스불론에 대하여는 일렀으되, 스불론이여 너는 밖으로 나감을 기뻐하라. 잇사갈이여 너는 장막에 있음을 즐거워하라. 그들이 백성들을 불러 산에 이르게 하고 거기에서 의로운 제사를 드릴 것이며 바다의 풍부한 것과 모래에 감추어진 보배를 흡수하리로다"(신 33:18-19).

갓은 다른 지파들보다 먼저 요단 강 동편에서 넓고 기름진 땅을 기업으로 받았다. 그리고 요단 서편을 정복할 때는 다른 지파들보다 앞장서서 혁혁한 전과를 올렸다.

"갓에 대하여는 일렀으되, 갓을 광대하게 하시는 이에게 찬송을 부를지어다. 갓이 암사자같이 엎드리고 팔과 정수리를 찢는도다. 그가 자기를 위하여 먼저 기업을 택하였으니 곧 입법자의 분깃으로 준비된 것이로다. 그가 백성의 수령들과 함께 와서 여호와의 공의와 이스라엘과 세우신 법도를 행하도다"(신 33:20-21).

"단에 대하여는 일렀으되, 단은 바산에서 뛰어나오는 사자의 새끼로다"(신 33:22).

"납달리에 대하여는 일렀으되, 은혜가 풍성하고 여호와의 복이 가득한 납달리여 너는 서쪽과 남쪽을 차지할지로다"(신 33:23).

"아셀에 대하여는 일렀으되, 아셀은 아들들 중에 더 복을 받으며 그의 형제에게 기쁨이 되며 그의 발이 기름에 잠길지로다. 네 문빗장은 철과 놋이 될 것이니 네가 사는 날을 따라서 능력이 있으리로다"(신 33:24-25).

모세는 마지막으로 백성 전체를 한 번 더 축복했다.

"여수룬이여 하나님 같은 이가 없도다. 그가 너를 도우시려고 하늘을 타고 궁창에서 위엄을 나타내시는도다. 영원하신 하나님이 네 처소가 되시니 그의 영원하신 팔이 네 아래에 있도다. 그가 네 앞에서 대적을 쫓으시며 멸하라 하시도다. 이스라엘이 안전히 거하며 야곱의 샘은 곡식과 새 포도주의 땅에 홀로 있나니 곧 그의 하늘이 이슬을 내리는 곳에로다. 이스라엘이여 너는 행복한 사람이로다. 여호와의 구원을 너같이 얻은 백성이 누구냐. 그는 너를 돕는 방패시요 네 영광의 칼이시로다. 네 대적이 네게 복종하리니 네가 그들의 높은 곳을 밟으리로다"(신 33:26-29).

모세의 축복에 시므온 지파가 빠졌다. 정확한 이유는 알 수 없지만 두 가지로 추측해볼 수 있다. 하나는 이스라엘이 모압 평지에서 발람의 꾀에 빠져 우상 숭배를 하다가 전염병으로 2만 4천 명이 죽었다. 그때 시므온 지파가 앞장서서 범죄했는데, 두 번째 인구조사를 해보니 시므온 지파가 37,100명(62.5%)이나 줄어들었다. 이 범죄 때문에 모세가 시므온 지파를 축복하지 않았을지 모른다. 다른 하나는 유다 지파에 삽입된 경우이다. 실제로 유다 지파의 땅이 너무 넓으므로 시므온 지파가 그중의 얼마를 나누어 받았다는 기록이 여호수아 19장에 나온다. 시므온 지파는 유다 지파의 남쪽에 자리를 잡았는데 대표적인 성읍이 브엘세바였다.

> "둘째로 시므온 곧 시므온 자손의 지파를 위하여 그들의 가족대로 제비를 뽑았으니 그들의 기업은 유다 자손의 기업 중에서라…시므온 자손의 이 기업은 유다 자손의 기업 중에서 취하였으니 이는 유다 자손의 분깃이 자기들에게 너무 많으므로 시므온 자손이 자기의 기업을 그들의 기업 중에서 받음이었더라"(수 19:1, 9).

좋은 말로 하면, 시므온 지파는 유다 지파에 더부살이를 했다는 말이다.

6. 모세의 죽음

:: 신 34장 ::

이제 우리는 신명기의 마지막 장에서 모세의 죽음을 맞이하게 된다. 모세는 젖과 꿀이 흐르는 땅에 들어가고 싶어서 하나님께 두 번 간청했다가 거절당했다. 40년 동안 꿈속에 그리던 땅이다. 단 며칠만 그 땅을 걸어 다닐 수 있다면, 단 하루 동안만 그 땅의 풀과 나무와 돌들을 만져볼 수 있다면 얼마나 좋을까. 그런데 모세의 소원이 그뿐이있을까? 혹시 이런 생각은 하지 않았을까?

'하나님, 어린아이들을 강 건너로 보내는 것 같습니다. 제가 잠시만 더 그들과 동행하면 안 될까요? 조금만 더 그들을 바른길로 인도하면 안 될까요? 주님, 제 나이 120세, 분에 넘치게 살았습니다. 아시잖아요. 더 살고 싶어서 드리는 말씀이 아닙니다. 마음이 놓이지 않아서 그렇습니다. 하나님, 한두 달만 더 그들을 돌보면 안 될까요?'

물론 모세의 그런 말은 성경에 없다. 생각에 그쳤을 것이다. 왜 말로 표현하지 않았을까. 혹시 다음과 같은 하나님의 말씀이 그의 마음속에 먼저 들려왔기 때문일까?

'모세야, 알고 있다. 너의 염려와 근심을 내가 잘 알고 있다. 걱정하지 마라. 내가 그들을 젖과 꿀이 흐르는 땅으로 인도할 것이다. 광야에서처럼 내가 그들과 동행하고 보호하며 버리지 않을 것이다. 내가 내 신을 여호수아에게 부어주어서 너처럼 내 백성들을 잘 돌보게 할 것이다. 내 사랑하는 종 모세야, 이제 올라오너라. 와서 편히 쉬어라.'

맞는 말씀이다. 모세가 이스라엘을 인도해 오지 않았다. 하나님께서 인도해 오셨다. 가나안 땅에서도 인도해 가실 것이다. 무슨 걱정인가? 가슴으로 성경을 읽다 보면 이런 소리가 들려온다.

모세는 하나님의 말씀에 순종하여 느보 산으로 올라갔다. 느보 산은 비스가 산맥의 가장 높은 봉우리로 해발 835미터에 이른다. 모세는 그곳에서 시계 반대 방향으로 젖과 꿀이 흐르는 땅을 찬찬히 둘러보았다. 먼저 요단 강 동편에 있는 땅을 북쪽 끝까지 올려다보았다. 다음에는 서쪽으로 눈을 돌려 지중해까지 바라보고, 다시 중부를 거쳐 남쪽에 있는 네게브 사막을 바라본 후에 발밑에 있는 여리고 평지와 사해를 내려다보았다. 모세의 시력이 흐리지 않았다고 성경은 기록하고 있다. 모세가 보았던 북쪽의 '단'은 160킬로미터나 떨어져 있다. 아무리 시력이 좋아도 거기까지 볼 수 있을까? 성경은 단순하게 '하나님께서 보여주셨다'고 기록하고 있다(신 34:4). 하나님께서 모세를 위해 가장 청명(淸明)한 날을 준비해 두셨을 것이다.

그리고 모세는 느보 산에서 죽었다. 그의 시체를 어느 골짜기에 묻었다는데 아는 사람이 없다. 신명기의 마지막 장은 모세가 아닌 다른 사람이 기록했다. 원래의 신명기에 첨부된 시점이 언제인지 모른다. 그러나 적어도 그때까지는 모세와 같은 선지자가 그들 가운데 다시 나타난 적이 없었다. 훗날 베드로와 스데반은 모세가 말한 '나와 같은 선지자'가 바로 예수님이라고 증언했다(행 3:22, 7:37).

이스라엘 백성들이 30일 동안 모세의 죽음을 애곡했다. 자신들의 완악함 때문에 모세가 젖과 꿀이 흐르는 땅으로 함께 들어가지 못해서 더 슬펐다.

모세의 뒤를 이어 여호수아가 백성들의 지도자가 되었다. 백성들은 하나님의 지혜의 영이 여호수아에게 충만하게 임하여 계심을 보았다.

이렇게 해서 출애굽과 광야생활 40년 대여정의 막이 내렸다.

모세의 죽음을 기록한 사람이 말미에 모세의 간략한 약력을 소개하고 있다. 아마도 모세의 무덤이 있었다면 그 묘비에 꼭 새기고 싶은 내용이었으리라.

> "그 후에 모세와 같은 선지자가 없었다.
> 그는 하나님을 대면(對面)하여 알았다.
> 하나님께서 그를 애굽의 바로 왕에게 보내셨다.
> 그리고 모든 큰 권능과 위엄을 행하게 하셨다.
> 온 이스라엘도 그가 행한 이적과 기사들을 보았다.
> 우리 모두가 이 일에 산 증인이다."

'다섯 가지 경계선'

우리는 자주 선을 긋는다. 선은 소리 없는 말이다. 그 선이 때로는 배척하고 때로는 받아들인다. 선은 그것을 긋는 주체에 따라 해석이 달라진다. 나는 레위기와 신명기를 읽으면서 몇 가지 선들을 발견했다. 그것은 하나님께서 그어 놓으신 경계선(境界線)이었다. 일반적으로 경계선에는 푯말이 붙어 있다. 그 선을 넘어오면 불이익을 당한다는 경고다. 그런데 레위기와 신명기에 있는 경고는 좀 색다르다.

〈이 선을 넘어가면 화를 당하고 이 선 안에 머물러 있으면 축복을 받게 될 것이다.〉

율법에는 다섯 가닥의 경계선이 선명하게 그어져 있다.

1. 인간의 연약함: 율법은 인간을 처음부터 신뢰하지 않는다. 인간은 선보다 악을 좋아하고 변덕스러우며 철저히 이기적인 존재라고 선을 긋는다. 만일 인간이 스스로를 신뢰하고 교만하면 그 선을 넘어가게 될 것이다. 그리고 개인적, 사회적 파멸에 이르게 될 것이다. 겸손한 자만이 그 선 안에 머물러 있게 된

다. 우리의 연약함을 인정(認定)함이 바로 경계선이다.

2. 하나님의 전지하심: 율법을 읽다 보면 하나님께서 인간을 너무 평가절하하시는 것처럼 느껴진다. '설마 이스라엘 백성들이 그렇게 배은망덕하겠는가?' 하는 생각이 든다. 하나님께서 필요 없는 걱정을 하시는 것 같다. 정말로 그러실까? 아니다. 하나님은 전지(全知)하셔서 이스라엘이 장차 어느 지경까지 추락할지 다 알고 계신다. 우리는 하나님의 전지하심을 신뢰해야 한다. 그리고 '아, 우리가 그렇게까지 타락할 수도 있구나' 하며 자기를 부인해야 한다. 하나님께서 우리의 연약함을 아시기 때문에 사망의 음침한 골짜기에서 인도해 내실 것이다. 하나님의 전지하심은 우리의 안전을 위한 경계선이다.

3. 하나님의 거룩하심: 거룩하심을 생각할 때마다 나는 양날이 날카로운 칼을 연상한다. "내가 거룩하니 너희도 거룩하라"는 말씀에 순종하고 계명을 지키면 우리는 안전한 지대에 머물게 될 것이다. 그러나 거룩함에 반(反)한 삶을 살면 심판이 임할 것이다. 미국에서 매월 집값(mortgage)을 보낼 때에 대략 2주 동안의 유예기간(grace period)이 있다. 그러나 하나님의 거룩하심에는 유예지대(grace zone)가 없다. 그 선이 얼마나 분명한지 마치 칼날과 같다. 해도 좋고 하지 않아도 좋은 모호함이 없다. 순종하면

살고 불순종하면 죽는다. 거룩함은 생과 사의 경계선이다.

4. 하나님의 용서하시는 사랑: 율법을 읽다 보면 뜻밖에도 용서와 회복에 대한 구절들을 자주 발견하게 된다. 다섯 가지의 제사들도 모두 용서와 화목에 연결되어 있다. 죄로 인해 죽어야 할 사람이 자신의 죽음을 죄 없는 짐승에게 전가시켰다. 율법은 용서와 회복을 위한 경계선이다. 율법은 하나님께 나아가는 길이다. 그 길은 '하나님의 선하심과 인자하심'이라는 경계선 안쪽에 있다.

5. 하나님의 은혜: 우리는 하나님의 은혜의 경계선 안쪽에 머물러야 한다. 은혜의 경계선 밖으로 우리를 유혹하는 두 가지 요소가 있다. 탐욕과 교만이다. 은혜 가운데 사는 사람들은 자족하며 범사에 감사한다. 애초에 내가 한 일이 없으므로 교만할 수 없다. 모세와 이스라엘 백성도 스스로 행한 일이 없었다. 시작부터 끝까지 하나님께서 다 이루셨다. 몇 구절만 읽어 보자.

> "내가 명령하여 여섯째 해에 내 복을 너희에게 주어 그 소출이 삼 년 동안 쓰기에 족하게 하리라"(레 25:21).

> "내가 그 땅을 그들에게 주어 산업이 되게 하리라"(신 1:39)

"나에게 백성을 모으라. 내가 그들에게 내 말을 들려주어 그들이 세상에 사는 날 동안 나를 경외함을 배우게 하며 그 자녀에게 가르치게 하리라"(신 4:10).

우리는 이런 경계선들을 십자가 위에서 볼 수 있다.

십자가에서 우리의 연약함을 본다. 하나님 앞에서 의롭다 하심을 얻을 육체가 없음을 본다.

십자가 위에서 하나님의 전지하심을 본다. 그냥 두면 모두 지옥에 갈 존재임을 하나님께서 알고 계셨다. 그래서 그의 아들을 어둔 세상에 참 빛으로 보내셨다.

십자가 위에서 하나님의 거룩하심을 본다. 우리의 죄를 그의 아들에게 담당시키시고 심판하시는 거룩하심을 본다. 하나님의 거룩하심은 타협할 수가 없다.

십자가 위에서 하나님의 사랑을 본다. 예수님의 보배로운 피로 우리를 용서하시고 새 생명을 주시는 그의 선하심과 인자하심을 본다.

그리고 우리는 십자가 위에서 하나님의 은혜를 본다. 예수님은 우리를 위한 하나님의 모든 약속에 "예"(yes)가 되셨다. 절대 보증이 되셨다.

율법은 십자가를 통하여 우리에게 다시 한 번 큰 유익이 되었다.

가슴으로 읽는 성경 5 레위기 & 신명기

십자가로 푸는 율법

1판 1쇄 인쇄 _ 2020년 7월 20일
1판 1쇄 발행 _ 2020년 7월 30일

지은이 _ 김영길
펴낸이 _ 이형규
펴낸곳 _ 쿰란출판사

주소 _ 서울특별시 종로구 이화장길 6
편집부 _ 745-1007, 745-1301~2, 747-1212, 743-1300
영업부 _ 747-1004, FAX 745-8490
본사평생전화번호 _ 0502-756-1004
홈페이지 _ http://www.qumran.co.kr
E-mail _ qrbooks@gmail.com / qrbooks@daum.net
한글인터넷주소 _ 쿰란, 쿰란출판사
페이스북 _ www.facebook.com/qumranpeople
인스타그램 _ www.instagram.com/qrbooks
등록 _ 제1-670호(1988.2.27)
책임교열 _ 최진희 · 최가영

 ISBN 979-11-6143-397-4 94230
979-11-6143-143-7 (세트)

책값은 뒤표지에 있습니다.